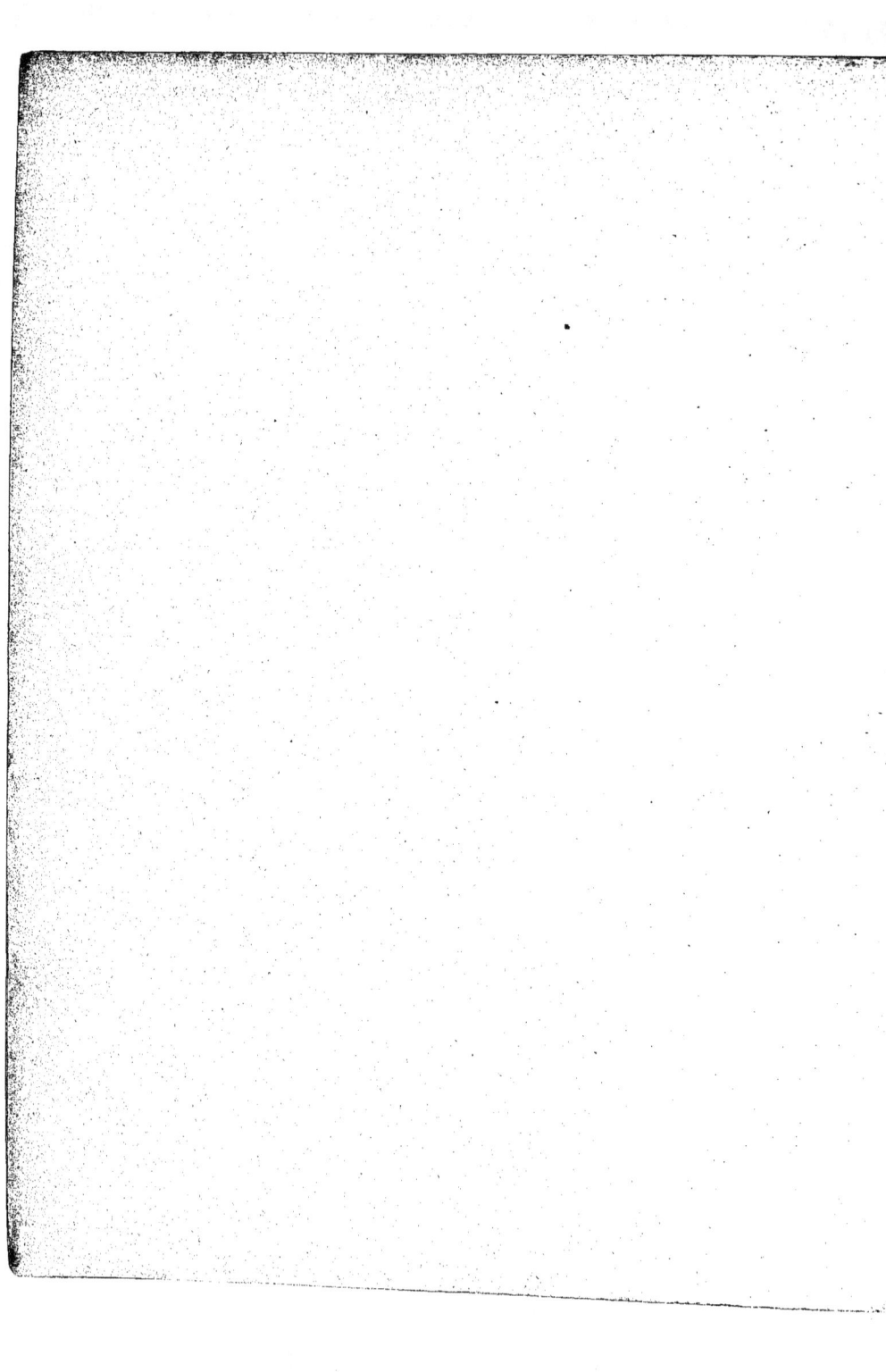

Joséphine, Impératrice et Reine

Par FRÉDÉRIC MASSON

ILLUSTRATIONS
D'APRÈS DES
DOCUMENTS CONTEMPORAINS

EXEMPLAIRE SUR VÉLIN
Planches imprimées en noir
FRONSTISPICE EN COULEURS

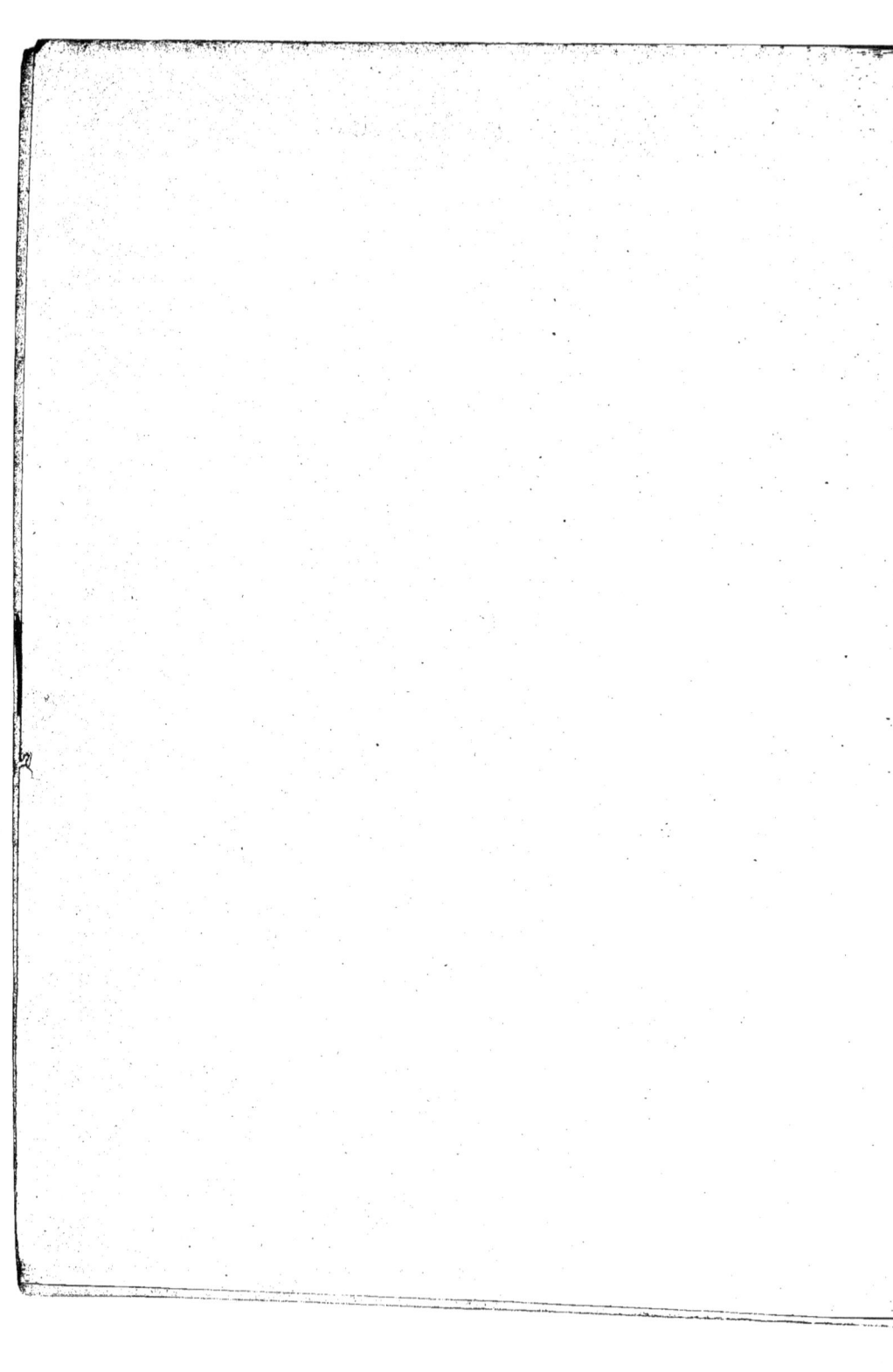

FRÉDÉRIC MASSON

JOSÉPHINE

IMPÉRATRICE ET REINE

PARIS

Goupil et Cie

ÉDITEURS-IMPRIMEURS

JEAN BOUSSOD, MANZI, JOYANT & Cie

ÉDITEURS-IMPRIMEURS, SUCCESSEURS

24, BOULEVARD DES CAPUCINES

1899

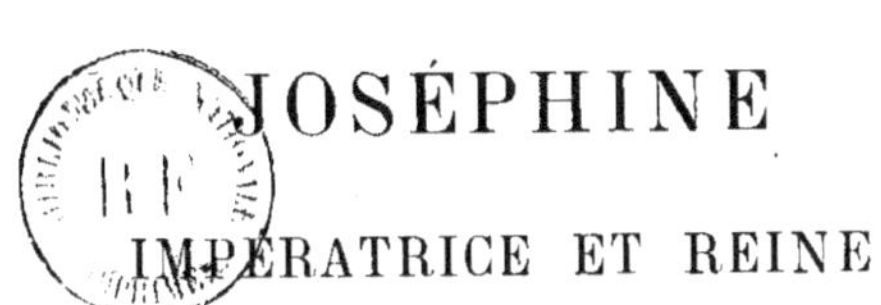

JOSÉPHINE

IMPÉRATRICE ET REINE

IL A ÉTÉ TIRÉ

DE

JOSÉPHINE, IMPÉRATRICE ET REINE

DOUZE CENTS EXEMPLAIRES

Sur papier vélin des manufactures du Marais

Numérotés à la presse de 1 à 1,200

EXEMPLAIRE N°

L'IMPÉRATRICE JOSÉPHINE EN 1806

Fac-simile en couleurs du tableau de Gérard

(*Musée de Versailles*)

FRÉDÉRIC MASSON

JOSÉPHINE

IMPÉRATRICE ET REINE

PARIS

Goupil et Cie

ÉDITEURS-IMPRIMEURS

JEAN BOUSSOD, MANZI, JOYANT & Cie

ÉDITEURS-IMPRIMEURS, SUCCESSEURS

24, BOULEVARD DES CAPUCINES

1899

JOSÉPHINE EN 1800

Étude de P.-P. Prudhon pour le grand portrait du Louvre

(Appartenant à M. Alfred Sensier)

JOSÉPHINE IMPÉRATRICE ET REINE

I

L'EXISTENCE AUX TUILERIES

Du 28 floréal an XII (18 mai 1804), jour où, à Saint-Cloud, le Sénat vient saluer Joséphine du titre d'Impératrice, au 16 décembre 1809, jour où, aux Tuileries, son mariage avec Napoléon est dissous, cinq ans et sept mois : c'est le temps qu'elle a été associée à l'Empire. Il faut fixer son esprit à ces dates, se les tracer en mémoire ; car, en ce temps si bref en durée, les événements se pressent et s'accumulent de telle façon qu'au lieu d'un lustre, l'on serait tenté de croire qu'ils en occupent trois ou quatre. Tant de faits, tant de choses, tant d'êtres entrant vifs ou morts dans l'histoire ; tant de cérémonies, et de fêtes, et de voyages ; quatre traités de paix changeant en entier la face de l'Europe, l'Autriche deux fois conquise, la Prusse anéantie, la Russie réduite, l'Espagne envahie, l'Italie constituée, l'Allemagne confédérée, la Pologne renaissante; le siècle se levant dans une lumière d'apothéose qui l'éclairera tout entier, secoué et comme enivré par ce vent de gloire qui, aux premiers jours, a traversé l'immense et frissonnant trophée des drapeaux conquis; des noms de batailles aux syllabes étranges et mystérieuses, comme dictés par le destin pour se graver dans le souvenir des peuples : Austerlitz, Iéna, Eylau, Somo-Sierra, Essling, Wagram, tout cela tient en cinq années, et ces cinq ans dont la splendeur éblouit, jettent dans l'ombre tout ce qui les suit et, tirant à eux tout le regard, semblent le siècle même et combien d'autres siècles!

A ces cinq ans qui ont fait tout son règne d'impératrice, où seulement, elle a joué son rôle, paru devant le peuple et tenu sa cour, le souvenir de Joséphine est si fortement attaché qu'elle aussi semble hors des temps et profite de cette pérennité. Les marques de son passage à Paris sont si profondément empreintes, si nombreuses et si vivantes, qu'il ne vient point à la pensée qu'au moins, ces cinq années, elle ait pu les passer ailleurs que dans la Ville, coupant à peine ce long séjour de villégiatures à Saint-Cloud et à Malmaison.

Or, dans ces cinq ans, c'est à peine si elle a résidé douze mois à Paris; elle a vécu treize mois à Saint-Cloud; elle a employé plus de deux années à des voyages en France et hors de France; elle est restée huit mois à Malmaison, trois mois et demi à Fontainebleau, un mois à Rambouillet; même, aucun de ces séjours, elle ne l'a fait de suite, d'affilée, avec une stabilité d'établissement : ces douze mois de Paris, c'est par des à-compte de deux, de trois mois au plus qu'elle les a pris: trois mois en l'hiver 1804-1805, deux mois en 1806, deux en 1807, trois en 1808, trois, en deux fois, en 1809; à Saint-Cloud, pour les treize mois qu'elle y est demeurée, il a fallu sept voyages; à Rambouillet, cinq pour un mois. Durant ces cinq ans, elle a fait trois saisons d'eaux, deux à Plombières, une à Aix-la-Chapelle; elle a parcouru deux fois les bords du Rhin, vécu près de six mois à Strasbourg et de quatre à Mayence, elle a visité l'Allemagne, l'Italie, la Belgique, le nord, tout le midi et le centre de la France ; ses haltes à Paris et à Saint-Cloud, elle les a coupées chaque mois, par des déplacements de deux, de cinq, de huit jours à Malmaison. C'est une vie qui va, vient, s'agite en une course vertigineuse, comme jetée au tourbillon, possédée et roulée par lui. On halète à la suivre, à dénombrer ses couchées, à tracer un itinéraire. A chaque instant, le décor change à vue sur le coup de baguette du terrible magicien ; on remonte en voiture et l'on court à sa suite sous les claquements de fouet, dans la poussière des grandes routes, dans le tumulte des roues sur le pavé sonore.

L'esprit s'épuiserait à noter inutilement des lieux, à trouver des formules pour décrire ces cadres où l'Impératrice apparaît. Aussi bien, cela est-il nécessaire ? Où qu'elle la porte, sa vie ne reste-t-elle point à peu près pareille et, où qu'elle se montre, le cadre n'est-il point presque semblable ? Avec des noms divers et des vues différentes, plus petits ou plus grands, plus laids ou plus beaux, les palais qu'elle traverse n'ont-ils pas presque tous la même distribution, des dispositions commandées, des ameublements analogues et, là, l'existence ne s'écoule-t-elle pas selon des rits dont on ne peut s'écarter, qui correspondent aux lieux même et qui en sont inséparables ?

Des sièges lourds et dorés en nombre réglé, rangés contre les parois ; ici et là, des consoles épaisses sur lesquelles sont posés quelques vases aux formes lourdes ; aux murs, encastrés dans une sculpture dorée, de grands panneaux noirâtres où l'on distingue les chairs seules de hautes figures d'allégorie ; rien de personnel, rien de ce qui fait le charme et l'intimité d'une demeure, rien de ce qui y attache, y retient et y ramène, montre les habitudes prises par le corps, marque les accoutumances de l'esprit et les aspirations de l'âme : auberges somptueuses et froides où, en changeant seulement une initiale ou un emblème, passent indifféremment tous les hôtes souverains, quelle que soit leur race ou leur origine, quels que soient leurs goûts, quels que puissent être leurs désirs.

C'est qu'en effet, ce n'est point pour la vie qu'elles ont été construites et disposées, mais pour la représentation, et celle-ci, sous tous les régimes, reste pareille, déterminée qu'elle est en réalité par un immuable code d'étiquette, identique, quoique l'on fasse, ou presque, en toutes les cours de l'Occident civilisé.

Napoléon, sans doute, « en séparant le *Service d'honneur* du *Service des besoins*, en mettant de côté tout ce qui était réel et malpropre pour y substituer ce qui n'était que nominal et de pure décoration », s'est affranchi — et, par suite, a affranchi sa femme — d'une portion de l'esclavage auquel étaient soumis le roi et la reine de France ; il a fait deux parts de son existence : l'une, extérieure, qui a pour théâtre l'*Appartement d'honneur ;* l'autre, réservée et intime, qui s'écoule dans l'*Appartement intérieur ;* mais, pour l'Impératrice, cette division est plus apparente que réelle ; l'une des deux vies empiète constamment sur l'autre ; l'étiquette pénètre dans l'Appartement intérieur, elle y est différente, mais n'en est pas moins tyrannique. Ici comme là, pour la disposition et l'appropriation des lieux, les architectes ont été les maîtres ; c'est la même décoration, c'est la même froideur, la même absence d'intimité, la même suppression de la personnalité. Dans l'auberge royale, ce sont les chambres où l'on se tient à certaines heures et où l'on dort, comme les autres, les chambres où l'on reçoit, mais, des unes aux autres, il n'y a que la différence de quelques meubles et la banalité s'y accroît de la richesse des objets, de leur air de parade, du peu d'utilité dont ils semblent pour la vie, au point qu'on dirait un décor praticable seulement pour des êtres d'imagination et de rêve.

Où qu'elle se transporte, l'Impératrice trouve donc — ou, tant bien que mal, on lui aménage — un Appartement d'honneur et un Appartement intérieur. L'Appartement d'honneur se compose essentiellement : d'une antichambre, d'un premier salon, d'un second salon et du salon de l'Impératrice. Et, aux mêmes places, devant des meubles pareils, dans une hiérarchie identique, les mêmes comparses remplissent, dans les mêmes costumes, les mêmes rôles, avec la même indifférence et la même régularité.

A la porte de l'antichambre à banquettes de velours d'Utrecht — et plus tard de tapis de la Savonnerie — se tient, hallebarde en main, le portier d'appartement : en grande livrée, il porte sur son habit de drap vert, à collet et parements de velours ponceau, décoré de brandebourgs, de galons et d'épaulettes d'or, un large baudrier tout brodé d'or, où pend une épée à dragonne d'or ; il est coiffé d'un chapeau bordé et gansé d'or, où est piqué un plumet blanc ; il est culotté de raz de castor l'hiver, de nankin ou de basin l'été. C'est un beau costume qui ne coûte pas moins de 1,646 francs 23 centimes ; aux jours ordinaires, avec galon plus étroit, ne couvrant pas les tailles, brandebourgs plus simples, chapeau presque uni, l'on est quitte de la petite livrée avec 498 francs 50 centimes.

Bel homme, gardant envers tous les mortels qui défilent devant lui sa sereine hauteur et sa dédaigneuse attitude, le portier d'appartement s'émeut seulement et frappe de la hallebarde au passage de Leurs Majestés, des princes et princesses, et des grands dignitaires. Les gens de livrée se dressent alors pour former la haie et, si c'est l'Impératrice ou une princesse impériale, ils roulent un tapis au-devant de ses pas. Très nombreuse, cette livrée comporte une hiérarchie et présente des échelons successifs que distinguent les costumes.

Au sommet, quatre valets de chambre partageant le service avec quatre huissiers d'appartement, ayant charge de garder les portes intérieures, d'allumer les bougies, de faire les feux et de ranger les sièges ; ils pénètrent, seuls de la livrée, dans l'Appartement d'honneur qu'ils ont, le matin, nettoyé et disposé sous les ordres du chambellan de jour. Ces valets de chambre qui, sous le Consulat et tout au début de l'Empire, étaient habilllés de noir, ont, à présent, comme les huissiers, l'habit français en drap vert à galon brodé, la veste rouge et la culotte noire ; ils portent l'épée. Les premiers en grade se distinguent par des broderies au collet et aux parements.

Puis, deux coureurs français, auxquels, à partir de 1808, viennent se joindre deux coureurs basques : ils portent les lettres, font certaines commissions, aident, ainsi que les valets de chambre d'appartement, au service de table. On les prendrait en petite livrée pour des personnages sans importance et de simples valets de pied, mais il faut les voir en grand costume, avec l'habit vert galonné sur toutes les coutures, à col et à parements de velours, la taille serrée par une large ceinture de taffetas ponceau à franges d'or; leurs hauts bas de soie blancs sont retenus par de doubles jarretières d'or à franges; ils sont coiffés d'une toque à garniture et à plaque dorée surmontée d'un panache blanc; en main, ils tiennent une haute canne à garniture et à glands d'or : ce sont les heiduques d'autrefois, tels ceux qui, en clair costume de soie, couraient au-devant des carrosses du Roi et remettaient galamment les billets des galants seigneurs aux dames du siècle passé.

Enfin, il y a les valets de pied, en nombre croissant chaque année : douze seulement en 1804, vingt-deux en 1806, vingt-six plus tard; ils ont l'habit vert plus ou moins galonné, la veste écarlate, la culotte de raz de castor; leur service est tout extérieur et d'antichambre; ils n'entrent jamais sous aucun prétexte, dans les salons, suivent seulement la voiture de l'Impératrice et les voitures de sa cour et, le reste du temps, garnissent le vestibule.

Celui-ci passé, l'on entre dans le premier salon, meublé de pliants de bois doré, couverts en tapisserie de Beauvais : c'est le salon où entrent de droit les officiers des Maisons d'honneur de Leurs Majestés qui ne sont point de service, les officiers des princes et des princesses, les personnes qui, appelées ou admises à l'audience de l'Impératrice, ne sont point de qualité à franchir la porte du second salon. Tout le jour, de huit heures du matin à onze heures du soir, s'y tiennent les deux pages de service, des enfants, car on choisit, pour l'Impératrice, les plus petits et les plus mignons de l'école. Ils sont gentils en petit uniforme, avec l'habit vert, galonné sur la poitrine de neuf galons de vènerie, boutonné sur un gilet blanc qui tranche sur la culotte verte guêtrée de noir; mais combien plus beaux aux grands jours avec l'habit vert galonné sur toutes les tailles, la veste et la culotte écarlates galonnées d'or, le chapeau à trois cornes bordé d'or et piqué d'un plumet blanc, surtout l'insigne essentiel de leur fonction, le nœud d'épaule de pékin vert, brodé d'un aigle d'or à chaque extrémité,

JOSÉPHINE EN 1799

Aquarelle d'Isabey

(Appartenant à M. Edmond Taigny)

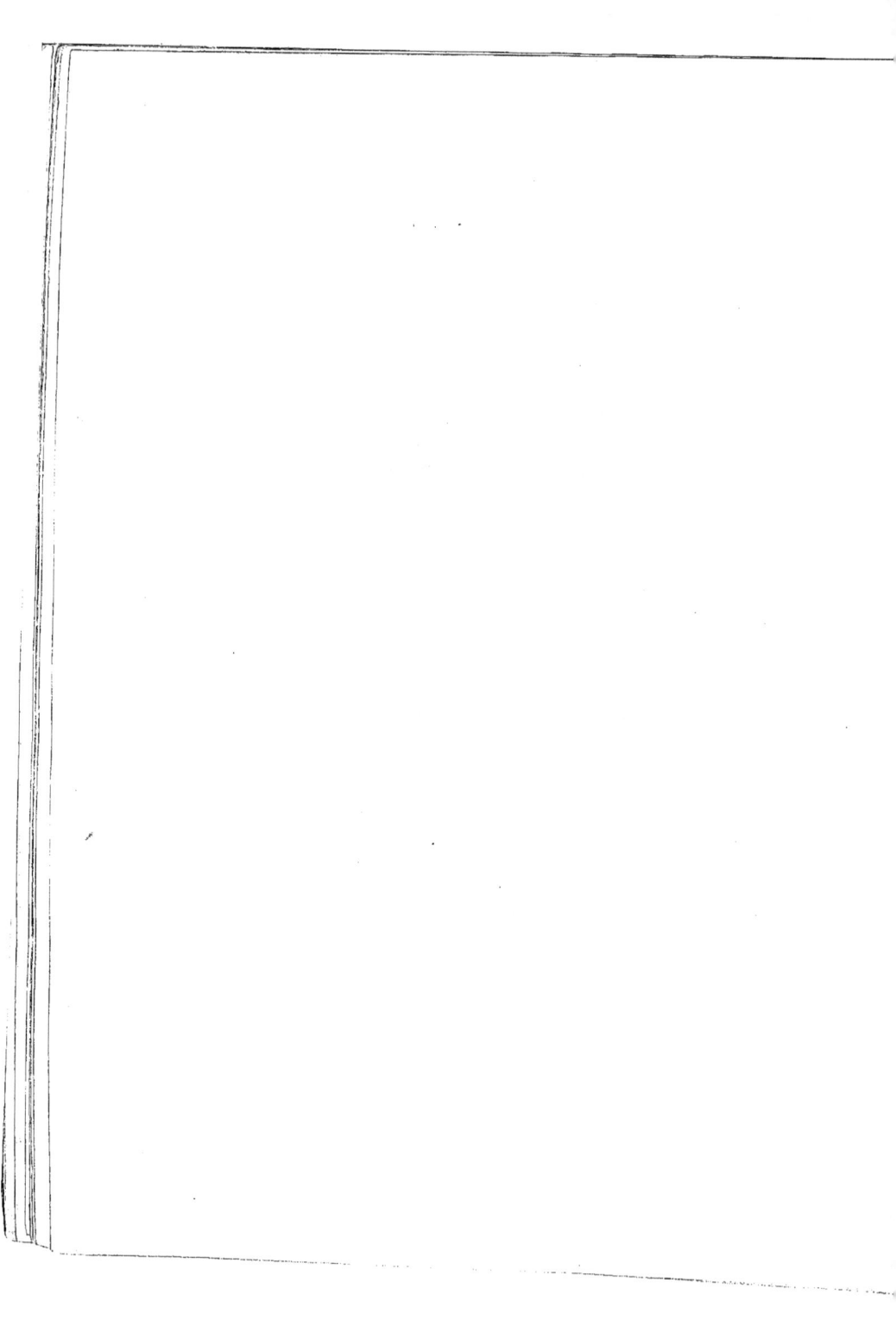

semé d'abeilles d'or, bordé d'un franjon d'or et garni au bas d'une frange d'or.

De service à l'intérieur, aucun, hormis, au dîner, présenter les assiettes à l'Impératrice et lui verser à boire. Ils sont là pour les commissions d'étiquette et les messages de cérémonie : alors, ils enfourchent le cheval qu'on tient toujours prêt et, précédés d'un palefrenier à livrée, ils galopent « train de page ». A leur arrivée, qu'annonce la batterie de coups de fouet du courrier, les portes s'ouvrent à deux battants, la livrée se range en haie, ils sont introduits dans un salon et, même si la personne à laquelle ils ont affaire est malade et au lit, elle ne peut se dispenser de les recevoir. De tels messages se paient et les pages en ont parfois de belles bagues ou de jolies épingles, de plus, des honneurs, car, à la sortie, on les conduit jusqu'à la porte extérieure de l'antichambre.

Mais de telles missions sont rares pour les pages de l'Impératrice ; rarement aussi ils ont occasion d'accompagner leur maîtresse à sa sortie du palais, pour la montée ou la descente de voiture, le plus nouveau marchant devant, le plus ancien portant la queue de la robe ; en ce cas, si le piquet accompagne, les deux pages montent derrière le cocher ; si le piquet n'accompagne pas, ils attendent, la nuit venue, dans le vestibule, pour recevoir l'Impératrice à sa descente de voiture, flambeaux de cire blanche en main, et la précéder ainsi jusque dans le Salon de service.

Mais on ne sort point, il n'y a point de message à porter, le temps coule lentement pour les enfants de cour : ils vont prendre leurs repas avec les pages de service près de l'Empereur et, la soirée finie, vont se coucher à l'hôtel Marigny qui est rue Saint-Thomas-du-Louvre, en potence sur les Écuries impériales. Leur habituelle résidence est pourtant à Saint-Cloud d'abord, puis à Versailles : c'est là qu'ils font leurs exercices et attendent leur brevet de sous-lieutenant de cavalerie.

Ce premier salon n'est que pour les gens de médiocre importance : les autres ne font que traverser pour entrer dans le *Salon de service* dont la porte est gardée par un huissier. Ici l'ameublement est de tapisserie de Beauvais : chaises pour les princesses, tabourets en X pour les dames de qualité. Pour faire les honneurs et recevoir les gens, le chambellan de jour, en habit de soie ou de velours rouge, brodé d'argent, en culotte et veste blanche, portant sur la basque de l'habit l'insigne de ses fonctions : une clef en vermeil montée sur un nœud de rubans bleus à lisérés et glands d'argent : cette clef, sans panneton, a l'aigle couronné dans l'anneau et, sur le collet, un écusson avec la lettre J. L'écuyer de service, en habit bleu de ciel brodé d'argent, entre seul *en bottes* dans ce salon où ont droit de pénétrer les officiers de la maison de l'Impératrice : la Dame d'honneur qui y a le commandement suprême, la Dame d'atours, les dames du Palais, le Chevalier d'honneur, le Premier écuyer et les chambellans ; puis, les officiers et aides de camp de service près de l'Empereur ; puis, les princes et les princesses de la Famille impériale, les grands officiers de la Couronne et les dames épouses des grands officiers de l'Empire. La distinction est curieuse : ainsi, Madame de Talleyrand, si elle venait aux Tuileries, ne pourrait entrer dans le Salon de service comme femme du Grand chambellan et elle y entrerait comme femme du ministre des Relations extérieures. On ne raisonne point : c'est l'étiquette.

Une porte double encore et un huissier : C'est le salon de l'Impératrice dont le meuble est en tapisserie des Gobelins : fauteuil pour elle, fauteuil pour l'Empereur, ou, par grâce spéciale, pour Madame Mère ; chaises pour les princesses, tabourets pour les autres ; une table que, à des jours, pour les serments, on couvre d'un tapis de velours vert brodé d'or ; puis, contre les murs, des meubles à demeure et qu'on ne bouge point.

Le chambellan, après avoir gratté à la porte et pris les ordres, introduit près de l'Impératrice les personnes auxquelles elle veut parler ; celles qui ont des lettres d'audience ou celles qui, comme les princesses, la Dame d'honneur et la Dame d'atours, ont le droit de venir près d'elle où qu'elle se trouve. L'huissier manœuvre les battants de sa porte et a bien soin de n'ouvrir les deux qu'aux Altesses impériales.

Tel est l'essentiel de l'Appartement d'honneur; tel est le cadre nécessaire de la vie extérieure; tel en est le personnel obligé, aux visages changeants, aux habits pareils, personnel anonyme et sans individualité, comme le décor aussi est anonyme et sans localisation. Jadis, c'était devant la même toile de fond qu'au théâtre, se déroulaient les tragédies quel qu'en fût le sujet : grec, romain, perse, thrace ou carthaginois; les mêmes comparses, vêtus des mêmes oripeaux, s'agitaient autour des personnages en vedette quels que fussent leur nom et leur nationalité : ils faisaient ainsi un fourmillement d'ombres pareilles sur le décor semblable. Quelque chose de cela se rencontre dans la vie impériale, où, par l'extérieur des choses, par la disposition des salles, par l'aspect des figurants, il est comme impossible de désigner avec certitude un lieu et d'indiquer une époque. Cela demeure vague, flottant, sans importance ; ici ou là, dans sa monotonie et sa régularité, sous l'inflexible pression de l'étiquette, au milieu de mannequins animés, l'existence se déroule sans plus laisser de traces aux murs que de souvenirs aux mémoires... quelque chose de vain dont il reste des formules, des haillons, des pierres, rien.

* * *

Pourtant, dans ces Tuileries détruites, abolies, dont le souvenir déjà s'efface après bientôt trente années, il faut essayer de retrouver les emplacements et de représenter le local. Cela est plus compliqué et plus difficile qu'on ne pense, car, dans la distribution, la décoration et l'ameublement de l'appartement de Joséphine, les transformations ont été continuelles de 1805 à 1809, et l'on n'a retrouvé jusqu'ici aucune représentation graphique qui en montre l'état à une date déterminée ; on ne saurait même dire avec certitude comme il était aménagé à l'époque extrême du divorce, car, de 1809 à 1852, pendant les quarante-trois années où il fut occupé d'abord par Marie-Louise, puis par le duc et la duchesse d'Angoulême, puis par le roi Louis-Philippe, la reine et les princesses, il ne semble point qu'on en ait pris aucun dessin documentaire; dès ce dernier règne, commença l'ère des transformations et des embellissements, qui, poursuivis avec bien moins de scrupules encore sous le second Empire, eurent pour résultat de changer entièrement la physionomie intérieure d'un palais où il semblait qu'on se fût proposé d'effacer toutes les traces que Napoléon y avait laissées. On n'a donc ici de certitude que quant aux lieux même et à leur appropriation.

On accède à l'Appartement d'honneur de l'Impératrice par un perron qui s'ouvre sur le Carrousel, à l'encoignure du Pavillon de Flore, et qui conduit aussi à l'escalier menant, au premier étage, aux Appartements intérieurs de l'Empereur. Lecomte, l'architecte qui, au début du Consulat, avait combiné les premiers aménagements, avait fait l'entrée de l'appartement de Madame Bonaparte par une série de petites pièces où l'on pénétrait du palier et sur lesquelles se développaient les salons en façade sur le jardin. Cela n'avait ni tournure ni majesté : aussitôt donc que Fontaine et Percier eurent été choisis par Napoléon pour diriger les travaux des Tuileries, ils mirent bas les cloisons et réunirent toutes ces petites pièces en une belle antichambre prenant jour sur les jardins. (Prairial an X — mai, juin 1802.) Ils avaient formé un plan général de décoration, mais la résidence presque ininterrompue de Joséphine, mit alors obstacle à tout remaniement important et, pour le moment, il fallut laisser les salons tels que Lecomte les avait arrangés, très à la hâte, avec un crédit fort médiocre et un goût discutable.

Aussi bien, pour rendre ces salons simplement habitables, il eût fallu deux conditions que Napoléon ne voulut jamais admettre. Les appuis des croisées étaient si élevés qu'une personne assise à l'intérieur ne voyait rien du dehors; mais on ne pouvait les baisser sans gâter l'architecture extérieure et Napoléon ne permit point qu'on y touchât. D'autre part, si, au rez-de-chaussée du Palais, l'on ouvrait une fenêtre ou qu'on levât un rideau, une foule s'ameutait aussitôt dans le jardin; car le passage devant le Palais était libre, on n'était séparé du public que par une terrasse haute de deux marches; et c'était un trop intéressant spectacle d'apercevoir quelqu'un qui pût tenir à l'Impératrice pour que les badauds s'en privassent : mais Napoléon, si friand pourtant de promenade à pied, ne pensa même point à priver les Parisiens même d'une bande de leur jardin et d'un passage auquel ils étaient habitués. L'Impératrice en fut quitte pour ne point ouvrir ses fenêtres et lui pour ne point marcher au grand air. Ce fut Louis-Philippe qui fit baisser les appuis des fenêtres et qui tailla le premier jardin réservé.

Les salons restèrent donc tendus en soie de couleur sous les grands plafonds Louis-quatorziens; aux murs, des tableaux dont le mélange était du goût de Joséphine : d'abord, des tableaux du Musée, le *Saint Jérôme* et *La Vierge à l'écuelle* du Corrège et une *Madone* de Raphaël, puis, sur les conseils de Madame Campan, des tableaux de ce Richard « que les connaisseurs plaçaient à côté de Gérard Dow », des Charles VII, des Valentine de Milan, des Madame de la Vallière, et encore des tableaux de Dupéreux que les connaisseurs égalaient, cette fois sans se tromper, à l'illustre Richard.

Ce fut seulement en l'an XIII (1805) que Fontaine, devant l'état de vétusté du plafond du Salon de service, obtint, pour le consolider, un crédit de 31,800 francs; il en profita pour le décorer à nouveau et fit un chef-d'œuvre de ce plafond peint en grisaille avec des rehauts d'or sur des à-plats gris, violets et bleus; au centre, un grand tableau dans le goût de Mignard, représentant Apollon et Cérès et, pour l'encadrer, des compartiments ornés de rinceaux, de cornes d'abondance et de guirlandes d'or dans lesquels alternaient, en vives couleurs, les muses et les amours.

Trois ans plus tard, en 1808, Fontaine put toucher au Salon de l'Impératrice resté avec ses plafonds peints dans le goût de Mignard, ses murs tendus, depuis les premiers jours du Consulat, en quinze-seize jaune, ses meubles à bois d'acajou, couverts de gourgouran jaune. A ce moment seulement, la décoration fut rafraîchie, non changée; les meubles, trop simples, firent place à de plus somptueux qui ne coûtèrent pourtant que le prix modéré de 14,613 francs; le plafond fut mis au goût du jour par la suppression d'une partie des lourdes sculptures dorées remplacées par des figures d'enfants encadrant l'ancien tableau central légèrement ravivé; enfin, à Sèvres, furent commandés quatre immenses candélabres en porcelaine à fond bleu, tout chargés de bronzes dorés, où s'exerça le bon goût de M. Brongniart.

Aux Tuileries, l'Appartement d'honneur se trouvait exceptionnellement complété par deux grandes pièces se faisant suite, ouvrant sur la cour du Carrousel et doublant les salons dans la profondeur : mais bien que la disposition des lieux l'eût ainsi voulu et que ce fût ainsi décrété, tel était leur peu d'emploi dans la vie d'étiquette que Joséphine n'y entra jamais pour ainsi dire. L'une, la salle à manger, où l'on pénétrait du vestibule, éclairée par une seule fenêtre, voûtée en plein cintre, décorée d'arabesques très délicates, obscure sans une profusion extrême de glaces disposées avec un tel art que la lumière se répandait partout, servait aux personnes de la Maison et aux invités du Grand maréchal ; l'autre, destinée dès 1804 à être salle de concert, ne fut mise en état, avec ses murs de stuc bleu, qu'après le divorce : on y dressa quelquefois alors un théâtre mobile pour les représentations dites des Appartements, et, d'autres fois, il y eut là de petits bals. Ces deux pièces n'avaient, au reste, point de communication directe sur les salons.

C'est après le Salon de l'Impératrice que commençait l'*Appartement intérieur*. Selon l'étiquette, il devait comprendre une chambre à coucher, une bibliothèque, un cabinet de toilette, une salle de bains et une arrière pièce ; mais, aux Tuileries, l'ordre était inversé et il n'avait point été tenu compte des règlements. D'ailleurs, cet Appartement intérieur fut, durant l'Empire, constamment en réparation ou en arrangement ; pendant chaque absence de l'Impératrice, de nouveaux travaux y sont commandés, exécutés avec fièvre, vivement critiqués au retour, recommencés à un nouveau voyage et sans que la principale intéressée soit jamais satisfaite. Des pièces sont supprimées, d'autres, avec des affectations diverses, sont successivement adjointes. Dans le dernier état (1809), en venant du Salon de l'Appartement d'honneur, on trouve d'abord une salle de billard, puis un petit salon appelé, d'un tableau de Blondel, Salon des Trois Grâces, puis la chambre à coucher, un cabinet de toilette et la salle de bains, laquelle occupe l'ancien cabinet

JOSÉPHINE EN 1800

Pastel de P.-P. Prudhon

(Appartenant à M. le duc de Trévise.)

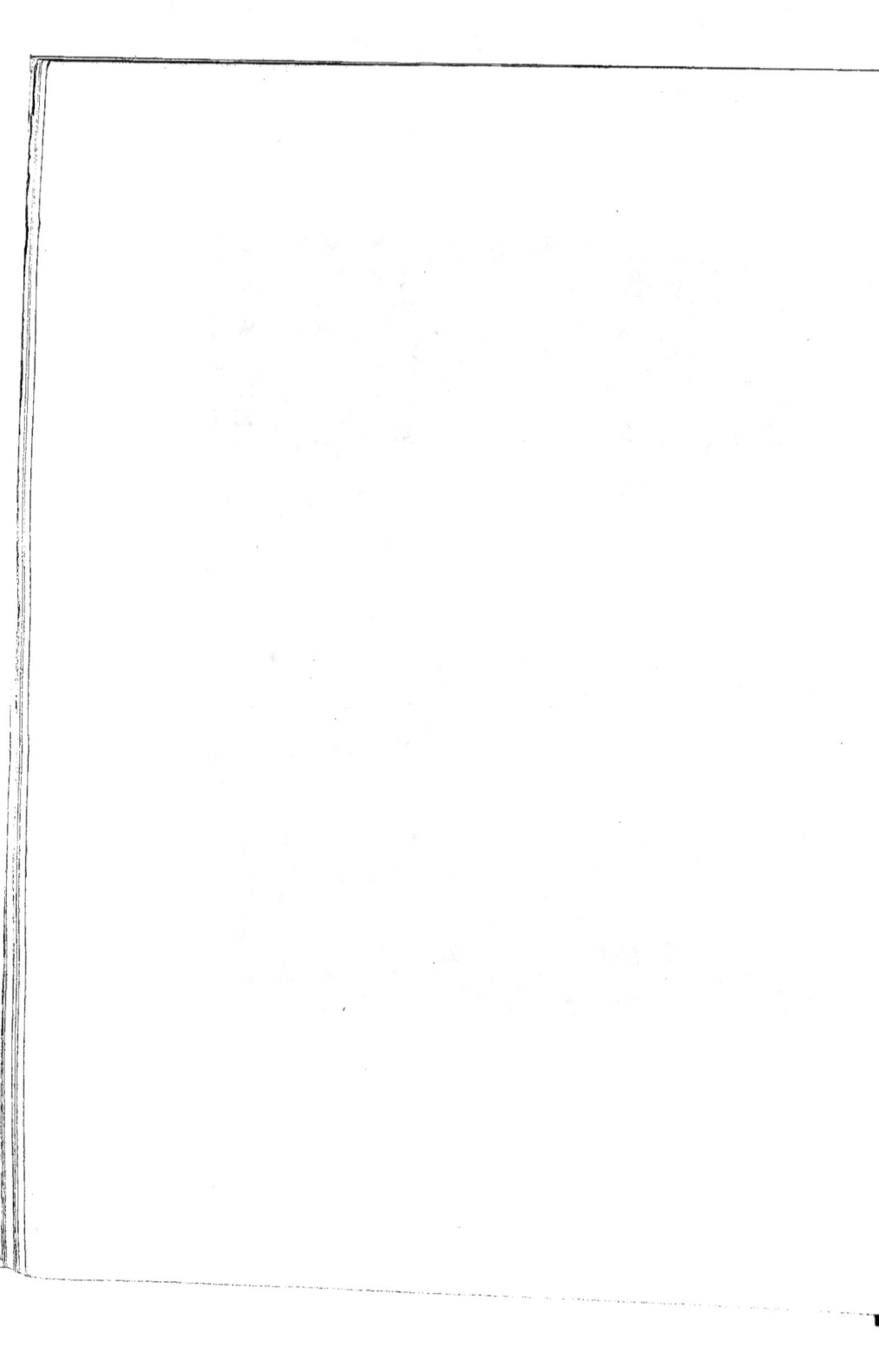

d'Hortense et a son fourneau et son réservoir placés dans le comble. Toutes ces pièces sont en façade sur le jardin et forment l'appartement primitif de Madame Bonaparte et de sa fille au temps du Consulat.

En l'an XIII (1805), on a ajouté à l'Appartement intérieur une enfilade de pièces qui, prenant jour sur la cour et faisant suite à la Salle de concert, ont, jusque-là, servi de bureaux à la Secrétairerie d'État. On y accède directement, du Carrousel, par un perron spécial que surmonte une marquise; et, après une antichambre où se tiennent les mameluks de l'Impératrice, l'on pénètre, à gauche, dans un salon d'attente, puis dans un autre salon appelé Salon des Marchands. A droite, diverses pièces, situées derrière la chambre à coucher et en retour jusqu'à l'antichambre, donnent des emplacements pour les atours. Napoléon les avait destinées pour loger la Dame d'honneur, mais Joséphine en disposa pour elle-même. La Dame d'honneur eut son appartement au Pavillon de Flore, dans le local qu'occupaient ci-devant les Offices.

A partir de 1806, l'Appartement de l'Impératrice occupe donc en entier le rez-de-chaussée des deux pavillons construits par Ducerceau et Jean Bullant et situés à droite du pavillon de Flore; mais il ne mord point sur le château originel des Tuileries, sur l'aile à gauche du pavillon central, aile qui, en ce moment, est employée, sur le jardin, en une sorte de galerie à jour, formant terrasse au premier étage, au-devant des Grands appartements, et qui, sur la cour, est divisée en une suite de pièces composant le logement du Grand maréchal : dès 1808, l'Empereur ordonne, à la vérité, qu'on adjoigne ces pièces à l'Appartement intérieur, mais il faut pour cela que Duroc puisse emménager au Pavillon de Marsan, et le projet n'est réalisé qu'au début de 1811, pour faire place au Roi de Rome.

Les pièces qui donnent sur le jardin sont, dans toute la longueur, séparées des pièces ouvrant sur la cour, par un corridor noir; plusieurs escaliers singulièrement étroits et ne livrant passage qu'à une seule personne, font communiquer le rez-de-chaussée avec les entresols et avec le premier étage qu'habite Napoléon : un de ces escaliers débouche dans la chambre même de Joséphine. Il y a partout des petits cabinets sans lumière, des racoins, des couloirs qui semblent taillés dans les murs. Une partie de l'appartement est entresolée : on y a gagné des cabinets qui, par la suite, ont formé le *Petit appartement* et qui sont, au temps de Joséphine, occupés par les atours.

Dans le sous-sol et les caves, sont installés les offices de la Maison.

La décoration de l'*Appartement intérieur* telle qu'elle avait été exécutée au début du Consulat, n'était point au goût de Joséphine. Presque dès qu'elle y fut installée, et surtout après l'Empire, elle en demanda le changement et l'embellissement. Elle désirait surtout qu'on lui fit une belle chambre à coucher et, durant qu'elle était en Allemagne, l'année 1806, Fontaine s'ingénia à un ameublement vraiment impérial. Pour deux seuls tapis veloutés fournis par Sallandrouze, on paya 19,963 francs 62 centimes ; il y eut, de tentures, de draperies et de meubles garnis, 55,189 francs 22 centimes au compte du tapissier Boulard, et Jacob, pour le lit de parade et les autres meubles, prit 21,719 francs : cela faisait un total de 99,982 francs 64 centimes; mais Joséphine trouva tout affreux et, comme elle était tenace, un an à peine écoulé, en mars 1807, elle enjoignit de nouveau à l'architecte de lui préparer une chambre à son goût : elle voulait que tout fût d'une extrême recherche et du ton le plus nouveau : les murs gris et or, avec de jolies arabesques, des statues antiques et des meubles à l'unisson. Au budget de 1808, l'Empereur consentit à ouvrir, à cet effet, un crédit de 60,000 francs; mais que faire de cela? Le mobilier livré deux années auparavant ne pouvait plus se placer dans une chambre ainsi décorée; il fallait tout démolir, tout changer, tout refaire, et, où l'Empereur avait assigné 60,000 francs, le quadruple n'eût point suffi. Les architectes, perdant l'esprit devant des ordres qu'ils ne pouvaient exécuter et des exigences réitérées qu'ils ne pouvaient satisfaire, résolurent, à la fin, de ne suivre aucune des idées de l'Impératrice et de ne faire qu'à leur tête. Ils employèrent le crédit à l'aménagement de l'Appartement intérieur tout entier et, lorsque Joséphine revint de Bayonne, tout était terminé. Le 16 août, deux jours après qu'elle fut arrivée à Saint-Cloud, Fontaine se rendit près d'elle et « la prévint avec des ménagements infinis qu'il n'avait pas suivi exactement ses ordres dans la décoration de ses appartements, car, au lieu des belles boiseries dorées, sculptées et peintes en gris qu'elle avait demandées, tout était disposé pour recevoir de riches étoffes ». Ce serait du brocard de Lyon, si Sa Majesté le voulait bien, et, par la suite, elle aurait l'agrément d'y mettre de beaux tableaux qu'elle ordonnerait elle-même. Joséphine ne retira point entièrement ses bonnes grâces à Fontaine qu'elle connaissait depuis trop longtemps, mais elle fut fort contrariée de cette liberté qu'il avait prise, et comme elle n'aimait guère déjà les Tuileries, elle ne mit nul empressement à expérimenter les pièces où M. Fontaine avait décidé de la faire vivre. Rentrée à Paris au mois d'octobre, elle alla habiter l'Élysée et ce ne fut que le 4 décembre qu'elle se détermina à faire ses critiques à l'architecte.

Depuis le 22 octobre où, avec l'Empereur, elle était venue visiter les travaux, elle avait arrêté son opinion, mais, ce jour-là, elle lui avait laissé la parole. Il avait fort blâmé la forme et la couleur des jeunes enfants qui décoraient le plafond de la chambre à coucher, et le dessin du tableau de Blondel, *Les Trois Grâces*, placé dans le cabinet de service précédant. David qui l'accompagnait et qui trouvait là l'occasion d'affirmer ses prérogatives lésées de Premier peintre, avait renchéri : « Ce sont de vos élèves », dit Fontaine à David — ce qui n'était point exact de Blondel, élève de Regnault. — « Qu'importe ! répliqua David, ce ne sont pas des élèves, mais des maîtres que Sa Majesté doit employer pour orner ses palais. » Le coup était trop habilement porté pour que Napoléon ne fût point touché, il emporta donc une impression fort médiocre ; mais ce fut bien pis avec Joséphine : on ne s'était point conformé à ses ordres ; au lieu des jolies choses qu'elle avait demandées, on avait surchargé les boiseries et les plafonds d'ornements lourds et passés de mode ; les meubles n'étaient ni assez beaux ni assez riches ; tout enfin était mal et cela dit, elle retourna à l'Élysée. Elle ne revint aux Tuileries que le 12 décembre : le 25 février 1809, elle retourna avec l'Empereur à l'Élysée : de là, elle fut à Strasbourg, à Plombières, à Malmaison, puis à Fontainebleau, elle ne rentra aux Tuileries en quelque façon que pour le divorce. Elle a donc habité durant trois mois au plus l'appartement tel qu'il avait été décoré, ce qui explique comment l'Empereur, quelque recherchée que fût sa délicatesse à cet égard, ne jugea point nécessaire de faire, pour y installer sa seconde femme, des modifications profondes dans le cadre où la première avait à peine passé.

Dans cet Appartement intérieur, dont les pièces principales ne sont, comme on voit, pour la décoration et le style, que la suite de l'Appartement d'honneur, l'Impératrice s'appartient un peu plus ou, du moins, mène une vie un peu moins publique. Ce sont ses femmes qui y font le service : l'une d'elles, de celles qu'on nomma d'abord *femmes de chambre*, puis *dames d'annonce*, que Napoléon appelait les huissiers femelles et qui, plus tard, furent baptisées *femmes rouges*, se tient dans la porte communiquant du Salon de l'Appartement d'honneur à la salle de billard et, si le chambellan de jour vient prendre les ordres de l'Impératrice, il gratte à cette porte pour se faire introduire par la dame d'annonce. En dehors des officiers de service — et pour le service — nul homme ne doit pénétrer.

Par le perron donnant sur la cour du Carrousel, entrent les marchands et les marchandes : nul d'entre eux ne doit traverser l'Appartement d'honneur et ne doit être reçu ailleurs que dans le Salon dit des Marchands.

Aussi bien, dans l'Appartement intérieur, ne peuvent régulièrement entrer que des femmes tenant à la Maison d'honneur ou présentées à la Cour, et toutes, sauf la Dame d'honneur et la Dame d'atours, sur un ordre spécial de l'Impératrice et dans des conditions d'exception.

La disposition des appartements, à Saint-Cloud, est singulièrement analogue à celle adoptée aux Tuileries : seulement l'Appartement d'honneur de l'Impératrice, faisant suite aux Grands appartements de l'Empereur, est au premier étage et il est décoré dans un style plus moderne et plus féminin. Aussi, ne sont-ce point Percier et Fontaine qui en ont été chargés, mais l'architecte Raimond, et c'est Pfister, l'intendant du Premier consul, qui a choisi l'ameublement. Cet ameublement n'est point dans le goût de Napoléon qui aime le sévère et qui apprécie surtout en ses architectes ordinaires ce sens du grandiose que seuls, en près de deux siècles, ils ont porté dans la décoration des palais. Il leur est reconnaissant d'avoir créé un style, si naturellement approprié à son règne et à sa personne qu'il en est devenu indivisible, un style qui, s'il a de la sévérité et de la froideur, convient aux palais par la majesté. A Saint-Cloud, au contraire, il trouve « qu'on lui a fait des appartements comme pour une fille entretenue, qu'il n'y a que des colifichets, des papillottes et rien de sérieux ». Tels quels, au public admis à les visiter, ils paraissent plus agréables que ceux des Tuileries et l'on s'extasie sur le goût qui y a présidé : il n'y manque point d'objets d'art du premier ordre : dans le Salon de service de l'Impératrice, des tableaux empruntés au Musée Napoléon : de Bernardino Luini, une *Sainte Famille*, du Titien, une *Sainte Famille* aussi et le portrait d'*Alfonso d'Avalos, marquis del Guasto*, du Guide, le *Martyr de Saint Sébastien*, de Guérin, seul moderne, *Phèdre et Hippolyte*; dans le Salon de l'Impératrice, le beau portrait de Madame Mère, par Gérard; mais, ce qu'on regarde surtout, c'est la curiosité de la grande glace d'un seul morceau, placée au-dessus de la cheminée : elle repose sur un fond de vif argent qui disparaît si l'on pousse un ressort, et l'on aperçoit alors la perspective du parc du côté de la Lanterne de Diogène, avec les bassins étagés, les jeux d'eau, les vases et les statues.

L'Appartement intérieur est bien plus coquet qu'aux Tuileries : la chambre à coucher surtout, tendue en velours couleur de terre d'Égypte brodé en or, avec les rideaux pareils garnis de franges d'or, retombant sur d'autres rideaux de mousseline des Indes brodés en or; le lit, en forme de nacelle, de bois d'acajou garni de bronzes dorés, comme les consoles et les commodes à l'anglaise, et puis, partout, des glaces. Et c'est aussi la jolie salle de bains toute en marbre, avec des frises peintes à l'antique — la salle de bains que Joséphine délaissa en 1806, où, pour des bains médicinaux qu'elle dut prendre, elle se fit aménager au pavillon de Breteuil, une autre salle plus simple.

A Saint-Cloud, sur des points, l'étiquette se relâche un peu, la vie est moins publique, la claustration moins sévère; grâce aux jardins réservés, la promenade est facile et les courses en voitures, soit dans le grand parc, soit aux environs, à Malmaison surtout, sont presque habituelles; la monotonie des journées s'en trouve un peu rompue, mais la trame n'en est point modifiée, le programme reste semblable; ce sont les mêmes gens qui paraissent et qui passent; les mêmes heures amènent les mêmes obligations et, pour l'Impératrice, la vie en ses grandes lignes reste pareille.

* * *

C'est de cette vie, dans ce décor désormais à peu près connu, qu'il faut rendre un compte minutieux et précis si l'on veut se former quelque idée des goûts et des habitudes de Joséphine.

Si l'Empereur a passé la nuit dans les appartements de l'Impératrice, il les quitte vers huit heures du matin et, à Paris, il remonte, à Saint-Cloud, il descend chez lui : seulement, à Saint-Cloud, point d'accès direct; il faut, par un long corridor sur lequel ouvrent les chambres des dames du Palais et des femmes de chambre, gagner un escalier public.

Vers la même heure, les femmes de l'Impératrice, dont une couche tout à côté, entrent dans sa chambre et y font le jour. Elles apportent, pour premier repas, ce que Joséphine a commandé la veille, une tasse d'infusion et de limonade qu'elle prend au lit et elle reste encore quelque temps à paresser dans ses draps de batiste brodée, aux taies d'oreillers assorties ou garnies de Malines.

Elle est coiffée, pour la nuit, d'un bonnet de percale ou de mousseline brodée, garni de Valenciennes et de Malines; parfois d'un toquet de percale, garni d'Angleterre, de point à l'aiguille ou de broderies; ou bien d'un serre-tête long en mousseline ou en batiste brodée, garni de Malines; ou bien encore d'une pointe de mousseline brodée et garnie d'Angleterre. Bien que, dans sa lingerie, elle ait quantité de chemises à manches longues, à manches bouffantes, à manches à soufflets, elle porte, la nuit comme le jour, les mêmes chemises sur lesquelles, le soir, elle passe une camisole : voici des camisoles de mousseline brodée à dents, en voici faites en pèlerine et doublées de satin de toutes nuances; en voici de percale, de batiste d'Écosse, de tulle de fil, de tant d'étoffes et en tel nombre que, certainement, elle en fait un habituel usage.

On ouvre la porte au chien favori, car, seul, Fortuné a eu le privilège de coucher dans la chambre de sa maîtresse et d'en disputer l'entrée à Napoléon; mais tout laid qu'il était, bas sur pattes, long de corps, moins fauve que roux, avec un nez de belette et seulement, du carlin, le masque noir et la queue en tire-bouchon, Fortuné était à sa maîtresse dès 1793, et, aux Carmes, c'était sous son collier que l'on cachait les billets d'avertissement ou de salut. Fortuné disparut, étranglé à Mombello par le gros chien du cuisinier. Joséphine a pris une chienne à laquelle elle s'est si vivement attachée que, pour une maladie de cette petite bête, elle a appelé le plus célèbre médecin de Milan, Moscati. Cela mit Moscati en rapports avec Bonaparte et fit sa fortune. On le vit président du Directoire cisalpin, député à la Consulte de Lyon, directeur général de l'Instruction publique, comte, grand dignitaire de la Couronne de fer et sénateur du royaume, pour n'avoir point dédaigné une telle cliente. A la petite chienne, succéda un nouveau carlin qui, dès le voyage de Dieppe, en l'an XI, avait sa place marquée dans la voiture de suite. C'était un personnage fort au courant de l'étiquette qui ne manquait point, lorsque la femme de garde-robe se retirait après le coucher de l'Impératrice, de la suivre — quelle qu'elle fût — dans sa chambre, où il se tournait sur une chaise et restait tranquille jusqu'au matin. Alors, sans empressement, il descendait dans le salon d'annonce; sans impatience, il attendait qu'on ouvrit chez sa maîtresse et, aussitôt, il se précipitait avec des airs de folie joyeuse et mille démonstrations de tendresse. Un braque de la plus petite espèce, que M. de Colbert avait offert, ne parvint point, malgré ses talents de chasseur, à détrôner le carlin ou plutôt les carlins, car il y avait un ménage. Eux morts, il y eut un de ces petits chiens loups, si vifs, si gais, si tendres, qu'on avait envoyé de Vienne à Joséphine, un de ces loulous à poil noir ébouriffé dont l'intelligence affectueuse est égale à la jalousie. Ces chiens qui avaient leur bonne particulière, la femme La Brisée et dont l'entretien allait certaines années (1806) à 568 francs, mais se tenait d'ordinaire de 350 à 450 francs, ne quittaient point l'Impératrice de tout le jour, se couchaient près d'elle sur le canapé où elle leur faisait un coussin de son cachemire, annonçaient les visiteurs aussi bien et mieux que les chambellans et les huissiers, se montraient fort agressifs contre quiconque approchait leur maîtresse, friands en particulier des mollets rouges des cardinaux et fort capables de mettre en lambeaux la robe qui leur déplaisait, sans même respecter la doublure.

C'est là un coin d'habitude, de manie, d'affection qu'il ne faut point omettre chez Joséphine, la curiosité et la passion des bêtes familières. Les singes, les oiseaux, les animaux rares de quelque espèce que ce soit ne quittent point Malmaison, mais il n'en va pas de même des nains ou des petits nègres qu'elle mène partout après elle. Dès l'Italie, elle avait un petit nain chinois qui devint rapidement insupportable. Pour l'en débarrasser, Napoléon emmena en Égypte le nain qui, pendant l'expédition de Syrie, convaincu que le général n'en reviendrait pas, vola et vendit toute sa cave, deux mille bouteilles de vin de Bordeaux délicieux. Il y eut le nain que, un jour de 1803, Joséphine fit sortir d'un panier couvert dans le cabinet du Consul, fort peu flatté du spectacle — un nain de dix huit pouces de haut, en uniforme complet de hussard. Il y eut une colonie de petits nègres : Baguette aîné, Baguette cadet, Damande, Hotelot, Suaire, Saïd, et, tant qu'elle fut la consulesse, elle eut un petit nègre pour le siège de sa voiture et pour les métiers de page, malgré qu'il en eût tant coûté à Madame Du Barry d'avoir eu Zamore. Cela, sans préjudice des grands nègres mamelucks, poignards à la ceinture et sabre au côté, qui étaient des *chasseurs* à la mode nouvelle, ses deux mamelucks à elle : Marche-à-terre et Ali. Plus tard, ce fut un petit sauvage de Bornéo que M. de Janssens avait ramené pour elle des Indes Néerlandaises : Un goût d'exotisme qui, sans doute, tient à sa race créole, mais qui, aussi, est dans la donnée

JOSÉPHINE EN 1805

Tableau de Gérard

(Appartenant à Madame F. M.)

du luxe au XVIIIe siècle; un goût des bêtes qui vient à toute femme inoccupée et oisive et lui donne l'illusion d'aimer quelque chose ou quelqu'un.

Le chien ayant fait ses gentillesses et ses petites grimaces, jamais plus tard que neuf heures, Joséphine se lève et entre dans son cabinet de toilette : c'est ici le royaume des femmes de chambre et, puisque Joséphine y passe au moins trois heures de sa journée, il faut faire connaissance avec ces témoins principaux de sa vie. D'ailleurs, de femmes de chambre véritables, qui la servent effectivement, qui soient admises aux mystères, qui aient acquis et qui gardent sa confiance, bien moins qu'il ne semblerait et qu'on n'a dit. Celles qui jadis furent à la vicomtesse de Beauharnais et à Madame Bonaparte sont retirées : la Louise Compoint, du voyage d'Italie, qui, malgré les secours de sa maîtresse mourra du sot mariage qu'elle a fait sur le tard; l'Agathe Rible du retour d'Égypte, riche d'une pension de 2,400 francs, de la conciergerie de Fontainebleau pour son mari, de la lingerie pour elle, sans compter les présents de Joséphine, qui pour elle se fait peindre exprès par Isabey, et les souvenirs reconnaissants des anciens fournisseurs.

Sous l'Empire, il y a, portées aux états, deux premières femmes, quatre femmes de chambre, une garde d'atours, quatre femmes et une fille de garde-robe; mais ce n'est là qu'un vain étalage, ainsi les deux *premières femmes* ne sont là que pour la montre et l'étiquette : elles n'ont nulle entrée dans l'intimité et leur titre, accompagné de 6,000 francs de gages, reste presque sans fonctions.

L'une, Madame Saint-Hilaire, a été introduite par Madame Campan en thermidor an XII (août 1804). C'est une ancienne femme de chambre de Madame Victoire de France, la fille d'un valet de chambre de Madame Adélaïde, et son mari est employé au ministère de la Guerre. A en croire sa protectrice, elle a bon maintien, figure intéressante, excellente éducation, grande adresse; elle s'entend fort bien à entretenir une harpe. Nulle fortune et plusieurs enfants : cela intéresse Joséphine qui la prend.

Une des filles, monstrueuse d'embonpoint, a une voix extraordinaire pour son âge et l'Impératrice lui fait donner des leçons par Blangini. Un fils est cet Emile-Marc Saint-Hilaire, dit Marco de Saint-Hilaire qui, profitant d'une similitude de nom avec Alcide Le Blond de Saint-Hilaire, neveu du général tué à Wagram, a, durant trois quarts de siècle, mystifié ses contemporains en leur faisant croire qu'il avait été page de l'Empereur et qu'il apportait sur l'Empire les souvenirs intimes du témoin le mieux placé. Madame Saint-Hilaire, entrée humblement, ne tarda point à vouloir imposer les façons de l'ancienne cour qu'elle disait connaître, et ses prétentions, son importance, ses luttes de préséance avec les femmes de garde-robe, l'attention qu'elle entendait qu'on prêtât à ses accidents, sa santé et ses malheurs, firent la joie de la domesticité et égayèrent même les dames du Palais et l'Impératrice. Mais elle n'en faisait pas sonner moins haut son titre de « Première femme de l'Impératrice », écrivait d'un ton d'égalité à « Monsieur le Préfait de la Seine » et, pour ses lettres, faisait usage d'un cachet où, sous une couronne ducale, ayant pour cimier une licorne naissante, s'étale un écu compliqué supporté par deux licornes. Pour donner à cette duchesse l'apparence d'être occupée, on l'avait chargée de la surveillance du linge et du soin des cachemires. Elle avait une collègue de son rang, entrée le 19 frimaire an XIII (10 décembre 1804), une Madame Bassan, femme d'un libraire qui avait fait de mauvaises affaires, que Foncier, le joaillier, avait recommandée comme s'entendant à nettoyer les bijoux : elle devait avoir la garde de l'écrin, mais, de fait, elle n'était pas plus employée que Madame Saint-Hilaire.

Les quatre *femmes de chambre*, qui viennent ensuite, sont de jolies filles qui, dès l'an XIV (fin 1805), reçoivent le titre de *dames d'annonce*. Elles sont, dans l'Appartement intérieur, ce que sont les huissiers dans l'Appartement d'honneur. De service deux par deux et par semaine, elles se tiennent, l'une dans la porte de la salle de billard, l'autre dans le salon contigu à la chambre à coucher, annoncent à l'Impératrice les personnes qui ont obligation de lui parler, le préfet du Palais pour les repas, le chambellan de service pour les audiences, ouvrent la porte à l'Empereur, aux princesses et aux dames de l'Impératrice, et, c'est tout : Aussitôt le préfet du Palais venu pour le dîner, elles sont libres jusqu'au lendemain matin, neuf heures. Pour cela, elles ont 3,000 francs de gages. La première nommée à ce titre, Églé Marchery, jeune créole ruinée par les événements, avait été recueillie par Joséphine, d'abord comme femme de garde-robe, puis, la place paraissant trop au-dessous de son éducation, on créa celle-ci pour elle. Félicité Longroy, fille d'un huissier du Cabinet, en profita, fut aussi promue — et eut par là d'autres promotions; puis, d'un milieu plus relevé, vinrent une Madame Soustras et une Madame Ducrest de Villeneuve dont on n'eut point à jaser et qui, aux Tuileries, ne coururent point la grande aventure. Madame Ducrest de Villeneuve, femme du secrétaire général de l'administration des Droits réunis, nièce par son mari de Madame de Genlis, avait une fille, Georgette Ducrest, qu'elle introduisit à sa suite et qui fut parfois, après le divorce, admise à faire de la musique chez l'Impératrice. Cette fille épousa Bochsa, le compositeur alors célèbre de la *Dansomanie* et des *Noces de Gamache*, fut ruinée et abandonnée par lui, perdit sa voix dont elle vivait, chercha alors à tirer parti de sa plume et publia des *Mémoires sur l'Impératrice Joséphine, la cour de Navarre et la Malmaison* où, au milieu de documents apocryphes, d'anecdotes controuvées, de situations dénaturées, se rencontrent pourtant quelques traits d'observation directe.

Bien peu de chose, ce que sa mère a pu observer : celles qu'il faut entendre sur Joséphine, celles qui assistent réellement à son existence dans l'intime de l'Appartement intérieur, c'est la *garde d'atours*, Madame Mallet, ce sont les quatre *femmes de garde-robe :* Madame Charles, Mademoiselle Aubert, Madame Fourneau, Mademoiselle Avrillon. La fille de garde-robe change souvent et n'a point d'importance, mais ces cinq, choisies et triées sur un grand nombre d'autres — car, en 1803 et 1804, on voit passer dans la chambre de Madame Bonaparte, la demoiselle Doinel, les deux Loret, les femmes Roque, Poirot, Pérardel et une Anglaise, Miss Jane Yppliard, — ces cinq, établies à partir de 1805 d'une façon définitive, forment, avec la négresse Malvina, Madame Alimane, le fond de la vie domestique : cette

Madame Mallet, ancienne ouvrière de Madame Germon, la couturière; cette Mademoiselle Aubert entrée, en 1802, à 600 francs de gages, portée en 1805 à 1,200 francs, qui avec deux ouvrières tient le linge de l'Impératrice et qui est si connue de Napoléon que, plus tard, il la demande à Joséphine pour être garde des atours de sa seconde femme; cette Madame Charles (Mademoiselle Bayeux) ancienne femme de chambre de Mademoiselle d'Orléans, placée près d'Hortense par Madame Campan, renvoyée par Louis dans un de ses accès de jalousie, reprise par Joséphine, le 22 mars 1805 aux gages de 1,800 francs; cette Madame Fourneau (Marie-Louise Lescallier), entrée en 1802 à 600 francs, portée à 1,200 francs en 1805, et cette Mademoiselle Avrillon, venue aux mêmes gages du service de Mademoiselle Tascher où Joséphine l'a mise d'abord; voilà les témoins de la vie, les personnages qui entrent vraiment dans la familiarité, qui sont admis dans les confidences. Quelle confidence plus ample qu'une toilette quotidienne de trois heures, une toilette comportant des soins, des complicités, d'infinies recherches, d'extrêmes complaisances? Quel pouvoir ne prend point alors l'embellisseuse sur une maîtresse qui se sent vieillir et dont l'unique but dans la vie est de plaire et de rester jeune? Quelle assurance ne donne point aux servantes la connaissance des secrets qui conservent ou qui rendent l'apparence de la jeunesse? Aussi, à ses femmes de garde-robe, Joséphine ne confie pas seulement ses robes et ses bijoux, mais elle leur conte ses affaires les plus secrètes; elle leur dit ses craintes, ses rêves et ses désirs; elle leur fait garder ses lettres les plus confidentielles et les plus précieuses; elle les tient pour ses amies les meilleures et les plus sûres, ou plutôt les seules qu'elle ait. C'est à elles que va la plus grosse partie des réformes de la garde-robe ce qui leur fait des rentes très rondes; elles ont des gratifications par 1,200 francs, 500 ou 600, selon les jours, des dots si elles se marient, des pensions après un temps de services et alors un beau portrait de la maîtresse par Sain ou par Isabey. On a dit fort justement que Napoléon était *un homme à valets de chambre*, parce que, dès l'Italie, il ne pouvait se passer, pour son service intime, de gens habitués; mais, combien plus Joséphine est *la femme à femmes de chambre*, non seulement par les soins qu'elle demande, mais surtout par cette continuelle ouverture aux inférieurs qui l'approchent et l'entourent, par ce besoin de s'épancher sans que cela tire à conséquence. Toutefois, débarrassée qu'elle est des anciennes servantes qui avaient barre sur elle et savaient trop de dangereux secrets, Joséphine comprend qu'il est des familiarités interdites. Elle s'étudie à garder son rang, traite ses femmes avec une extrême politesse, ne leur adresse point de reproches si elle les trouve en faute, les punit seulement par un silence qui dure de un à huit jours, selon la gravité du cas. Elle se tient ainsi dans cette nuance d'intimité protectrice et familière tant qu'il ne lui survient pas une grosse inquiétude, mais, alors, en quelque façon malgré elle, la distance brusquement s'efface entre l'Impératrice qu'elle est et ces filles qui la servent : il n'y a plus que des femmes en présence et, pour des confidences, des avis, même des conseils, toute femme en vaut une autre. Joséphine livre donc alors ses inquiétudes et ses pensées, mais elle réserve ses actes, soit qu'elle n'en ait plus à cacher, soit qu'elle ait appris le péril des complicités domestiques.

Joséphine d'ailleurs ne manque point de confidentes de cet ordre. En dehors des femmes qui sont attachées à la Maison, payées sur les états, qui authentiquement paraissent, elle a, comme toute créole, quantité de négresses, de femmes de couleur, de vagues parentes naturelles, qui vont et viennent autour d'elle, dont on ne distingue pas les physionomies, dont on sait à peine les noms et qui pourtant sont les êtres d'absolue confiance, ceux qui font les affaires, servent en des cas de prête-noms, endossent à des jours de terribles responsabilités, dont le dévouement est assez assuré pour que, en péril de mort, ce soit à eux qu'on demande asile. Ainsi cette Lannoy qui, en 1793, est la bonne des enfants Beauharnais, dont le frère, pendant la Révolution, fait toutes les affaires de Joséphine et de la Renaudin; ainsi Malvina; ainsi Euphémie Lefebvre, Mimi, qui est venue de la Martinique avec Joséphine en 1779, qui a été plus tard la bonne d'Eugène et est restée dévouée aux enfants au point que c'est chez elle que Hortense se réfugie en 1815; ainsi Madame Duplessis, petite parente des Tascher, qui, en 1804, a amené de la Martinique les enfants Tascher et, depuis lors, est restée à la charge de Joséphine; tout un petit monde qui, aux heures matinales, entre et sort sans qu'on y prête attention, qui fait toutes sortes de commissions, est mêlé à quantité d'affaires, et qui est demeuré d'autant plus discret que, le plus souvent, il a ignoré l'importance et le lien des choses.

Les premiers actes de la toilette sont fort longs, car Joséphine a cette minutieuse et rare propreté des femmes galantes et des créoles. Elle prend chaque jour un bain et elle a, pour les lavages, toutes sortes d'outils raffinés, des bouilloires d'argent, des seaux d'argent pour les pieds, des cuvettes d'argent de toutes grandeurs et qu'on porte partout après elle. Mais ce n'est point là le compliqué : ce qui l'est, pour Joséphine, c'est de *faire sa tête*, de boucher les rides, de lisser la peau, d'effacer la patte d'oie, d'aviver les couleurs. Au temps de sa jeunesse, toute femme de condition se fardait; cela faisait partie intégrale de la toilette, mais Joséphine en a abusé au point que, dès 1804, le blanc qu'elle met sous son menton ne tient plus. Il s'écaille, le couvrant d'une sorte de poudre blanchâtre ; comme de juste elle ne convient point de la cause que d'ailleurs, vraisemblablement, elle ignore; elle dit que l'état de son menton indique celui de sa santé et, lorsqu'on lui demande comme elle se trouve : « Mais, pas bien, répond-elle. Voyez, j'ai mes farines ».

Pour le rouge, non contente d'en marquer les pommettes, elle en couvre presque ses joues; mais, à la Cour, en représentation, ces grands acteurs qu'il faut regarder à distance, peuvent-ils se passer de maquillage? Toutefois, Joséphine va peut-être un peu loin : en une seule année (1808), elle prend du rouge chez Martin pour 2,749 francs 58 centimes, chez Madame Chaumeton pour 598 francs 52 centimes, et il s'en trouve encore dans les mémoires des autres parfumeurs, Gervais-Chardin et la veuve Farjeon et fils. Elle y a si bien habitué l'œil de Napoléon qu'il exige que toutes les femmes qui paraissent devant lui en mettent; cela lui semble à ce point l'accessoire obligé de la grande toilette qu'il rudoie quiconque essaie de s'y soustraire : « Allez mettre du rouge, Madame, dit-il à

JOSÉPHINE EN 1807

Tableau de Gérard. *Ancienne galerie de Malmaison*

(Appartenant à S. A. S. le duc de Leuchtenberg)

une, vous avez l'air d'un cadavre »; et, à une autre : « Qu'est-ce que vous avez à être si pâle, relevez-vous de couches? » Le cas est ordinaire : tout homme qui vit d'habitude dans la société de femmes fardées, perd la notion du teint naturel, de l'aspect normal du visage et le fard lui paraît non seulement un agrément, mais un complément indispensable de l'habillement.

Par contre, en dehors de l'eau de Cologne, de quelques extraits de fleurs et de l'eau de Lavande, Napoléon ne supporte aucun parfum et en a l'horreur : Joséphine doit donc s'en priver, comme d'ailleurs toutes les femmes de la Cour.

Après avoir pris ces soins minutieux où elle a employé ses nombreux nécessaires, ses boîtes à outils de toutes espèces, pour les dents, pour les mains, pour les pieds; après avoir subi la visite de son pédicure, le juif allemand Tobias Koën, qui, tous les quinze jours, vient, l'épée au côté, en habit pareil à celui des valets de chambre, s'acquitter de son devoir avec un sérieux imperturbable et reçoit pour ce un traitement de 1,200 francs; Joséphine s'habille : elle passe une chemise de mousseline, de toile de Hollande, de batiste ou de percale : elle en a bon nombre : quatre cent quatre-vingt-dix-huit. Cette chemise, le plus ordinairement, est brodée au bas, et garnie, à la gorge et aux manches, de Valenciennes à dents ou de Malines. L'étoffe, en batiste, coûte 18 francs l'aune et on en emploie deux aunes presque et demie; la façon revient à 7 francs; la garniture de petite dentelle à la gorge et aux manches, est comptée 15 francs pour les plus simples, mais monte à 36, 40, 50, 100 francs, si c'est de la Valenciennes, à plus si c'est de la Malines. La plupart sont brodées au bas à raison de 36 francs pièce et ont, en garniture, de 100 à 200 francs de dentelles. Les fournisseurs sont la veuve Commun Narrey et les demoiselles Lolive, de Beuvry et Compagnie. Qu'on ne s'étonne pas de ces cinq cents chemises : c'est à peine si elles suffisent : Joséphine en change trois fois par jour ainsi que de tout linge.

On lui chausse des bas de soie, d'ordinaire blancs, rarement rosés. Elle a dans sa garde-robe cent cinquante-huit paires de bas de soie blancs contre trente-deux de soie rosés et dix-huit de couleur chair : ces bas que fournissent Patin et Tessier, valent depuis 18 francs jusqu'à 72 francs la paire : ceux-ci « extra-fins, à très grand jours de dentelle et riche broderie ». Il y a tout un assortiment : sept qualités différentes de bas de Paris ou de Berlin, mais ceux-ci sont surtout bas de coton, blancs le plus souvent, quelquefois de couleur naturelle brodés en soie blanche ; ils coûtent 30 et 42 francs la paire et servent sous le brodequin. Point de bas de couleur : en tout six paires de noirs et six de demi-deuil.

Joséphine ne porte ni jarretières, ni jarretelles; les bas blanchis à neuf tiennent d'eux-mêmes. S'il y a un ruban, il ne compte point.

Les souliers, pour la matinée, sont le plus ordinairement en peau de couleur ou en étoffe : en peau, taffetas ou satin, elle les paye 8 francs la paire. En une année, elle en commande et en paye cinq cent vingt paires, sans compter les deux cent soixante-cinq paires neuves restant de l'année précédente. Ce sont des souliers tout plats, sans talon, si fins et légers qu'ils font corps avec le pied, ne le chaussent point, mais l'habillent : souliers de salon uniquement ; pour sortir, on croise en X, sur le mollet, les ganses plates qui tiennent aux quartiers : autrement, on les perd. D'ailleurs point faits pour cela. C'est de Coppe, un des fournisseurs habituels de l'Impératrice, ce mot à une dame se plaignant que ses souliers se fussent crevés la première fois qu'elle les a mis : « Je vois ce que c'est : Madame a marché. » Pour ses pieds, dont elle est si justement coquette, Joséphine essaie tour à tour tous les marchands qui ont la vogue : c'est Bourbon, le plus ordinaire, mais aussi Cholet-Bonnet, Cassagnes, Ringé, Geintzer, Henri, Schalcher, la veuve Simon, Legrand, etc. Pourtant, nulle fantaisie pour les souliers ; hormis, comme de juste, pour ceux qui, étant de costume, sont inventés par les peintres. Fort peu de brodequins : ceux qu'on porte par hasard sont d'étoffe. Il faut qu'on voyage pour prendre, par-dessus les souliers, les brodequins de maroquin ou de velours doublés de fourrures. Sauf en ce cas, le soulier seul est de mise, à Paris comme à la campagne.

Chaussée, Joséphine passe un corset très léger de percale doublée garni de Valenciennes, ou de basin doublé de percale, rarement de satin blanc doublé de taffetas. Presque point de baleines, point de busc, elle n'en portera qu'en 1810. C'est Coutant, le fournisseur, et les corsets ordinaires se paient 40 francs, ceux de satin 10 francs de plus.

Sur le corset, un simple jupon d'étoffe très souple, de petit basin rayé, garni de un ou deux rangs de Malines ou d'un petit volant de mousseline brodée à dents; de percale brodée ou garnie de Valenciennes; rarement de mousseline. L'hiver, quelquefois, un jupon de tricot de coton bordé de dentelles, mais c'est exception, il n'y en a que six aux atours.

Rien d'autre, rien absolument : Joséphine n'a dans sa garde-robe que deux pantalons en soie de couleur chair pour monter à cheval.

Quand elle a endossé un peignoir de percale, de mousseline ou de petit basin (et elle en a à l'infini de toutes formes, de toutes broderies et de toutes garnitures) les femmes de garde-robe introduisent dans le premier cabinet de toilette, Herbault, le valet de chambre coiffeur. C'est un personnage important qui se présente en habit brodé et l'épée au côté. Il ne touche ostensiblement que 1,200, puis 1,500 francs par année; mais, à partir de 1805, il a, par an, 6,000 francs de supplément de traitement et une gratification de 16 à 1,800 francs. Ses fournitures vont de 5 à 8,000 francs et certes l'Impératrice n'est point sa seule cliente : toutefois, ce ne fut qu'en 1809, après le divorce, qu'il visa au grand, s'établit marchand de modes, rue Neuve-Saint-Augustin, et devint un de ces grands hommes à l'usage de la Parisienne, qui prennent une sorte d'influence sur les mœurs, en ayant une assurée sur les chapeaux.

Herbault n'est que pour les petits jours; il a un rival ou plutôt un maître, l'étonnant Duplan, l'artiste qui a accommodé toutes ces dames du Directoire, celui à qui Madame Tallien remettait pour l'en coiffer un voile de dentelle de 8,000 francs, qui le regardait, le retournait, puis le jetait d'un geste superbe. « Madame, il est trop grand, je ne pourrai jamais vous coiffer d'une manière digne de vous et de moi, » et, sur les supplications de Thérésia, il prenait des ciseaux, coupait, rognait à son goût, faisait une loque du beau voile, mais une loque qui le sacrait, lui, le premier coiffeur de Paris. Duplan, pour ses soins, touche 32,000 francs en 1807, 12,000 en 1808, autant en 1809, sans compter huit à dix mille francs de marchandises qu'il fournit par année. Au divorce, Napoléon l'enlève à Joséphine, le place près de Marie-Louise, aux gages vraiment extraordinaires de 42,000 francs par année — sans compter les gratifications, et il en est de 12,000 francs d'un seul coup! Aussi le fils de Duplan entre à l'École polytechnique, il est ingénieur des Constructions maritimes, il se bat à Anvers, se retire ensuite dans ses propriétés près de Toulouse et, de 1852 à 1869, est constamment élu député de la Haute-Garonne. On prouva alors qu'il était de famille noble alliée aux la Calprenède : le coup de peigne n'y avait point nui.

Des coiffures qu'Herbault et Duplan font à Joséphine, il en est de mille sortes et des plus compliquées : en général, une grosse boucle en repentir descend sur l'épaule, mais tout est essayé : les mille bouclettes donnant à la tête ronde un air d'enfance; les bandeaux serrés à la mode des statues antiques avec un chignon ferme, placé haut et pointant droit de l'occiput; les demi-bandeaux étoffés, relevés sur les côtés pour dégager l'oreille et la nuque et se joignant en une sorte de pouf épais et bouffant — des coiffures, qui semblent à chaque jour renouvelées et qui, de la part des artistes, exigent un goût d'autant plus sûr, une habileté d'autant plus consommée que la matière coiffable est moins abondante et qu'il faut suppléer à ce qui manque et colorer ce qui reste. Les cheveux de Joséphine, aux derniers jours de sa vie, sont, par la teinture, restés d'un châtain vigoureux, mais, ce qui n'en a point changé, ç'a été la qualité et ils sont d'espèce assez grosse. A partir d'un certain moment, l'art consiste à n'en point trop laisser voir, à trouver, surtout pour le soir — car, dans la journée, l'Impératrice est toujours en chapeau — soit quelque arrangement d'étoffes légères et mousseuses, soit une adroite disposition de touffes de fleurs artificielles, soit l'appareil souverain d'un diadème de grande dimension. Très tôt, il a fallu renoncer, comme trop jeune et trop négligé, à cette coiffure à la créole avec le mouchoir de

Madras négligemment noué sur le côté qui seyait à miracle à la vicomtesse de Beauharnais et même, aux premiers temps, à la consulesse. Il faut du grave, du sérieux et du sévère et, ce qui complique encore, il le faut accommodé à un visage qui, sans rien de remarquable ni de régulier dans les traits, vit uniquement de grâce et de mines. Qu'on s'étonne ensuite de l'importance que prend le coiffeur!

Ces premiers actes ont pris du temps : si les dames du Palais de service se présentent durant que le coiffeur est encore là, souvent on les fait entrer dans le cabinet et elles assistent à la grande délibération sur la toilette du jour. La Première femme et les femmes de garde-robe apportent de grandes corbeilles qui contiennent plusieurs robes, plusieurs chapeaux et plusieurs châles — et la discussion s'ouvre.

L'été, les robes sont de mousseline, de batiste, et de percale; l'hiver, d'étoffe ou de velours. En robes d'été, il y a le choix, car, au dernier inventaire de la garde-robe, en 1809, il s'en trouve deux cent deux, et il ne faut point s'imaginer que, parce qu'elles sont blanches et d'étoffes que l'on dirait simples, on les ait à bon compte : les robes de percale et de mousseline reviennent de 500 à 2,000 francs, selon la broderie, et, de ces broderies, il en est d'une grâce, d'une invention, d'un art exquis, et toutes sont d'une exécution qui passe toute comparaison avec ce qui s'est fait en nos temps. Les mousselines viennent la plupart de l'Inde, comme les percales : celles-ci sans apprêt, souples, légères, fuyantes, faisant, près des blancs de la batiste, de la mousseline et du linon, un blanc autre, moins sec, plus fondu, un blanc qui chante, dans cette symphonie des blancs, plus langoureusement.

Rien de cela que fournisse Leroy : c'est Gueinot-Toily de Bruxelles, c'est Commun-Narrey, c'est Hind de Paris: Schœlcher pour les mousselines, Robert pour les batistes, et toujours, pour tout, Mesdemoiselles Lolive, de Beuvry.

Des robes d'étoffe pour l'hiver, beaucoup sont de cachemire : en voici trente-trois à l'inventaire de 1809, sans compter les juives et les habits de chasse. Pour les redingotes que Joséphine endosse les matins d'hiver, soit sur des robes blanches, soit sur des robes de cachemire, il en est de velours de toute nuance et de toute garniture : velours cannelé gros jaune garni d'Astrakan, velours nacarat à grand col d'hermine, velours vert à garniture d'hermine avec un fichu de crêpe lamé en or, velours noir doublé en satin rose, velours bleu impérial doublé en satin blanc, velours blanc cannelé doublé de velours moucheté avec une plaque d'agathe et de perles fines, velours amarante doublé en peluche verte, velours nacarat doublé de satin blanc; il en est de tous les satins, de toutes les levantines, comme de tous les velours, mais ce n'est point assez : pour les jours où l'Impératrice veut s'habiller davantage, il faut des robes assorties à la richesse des redingotes, et voici défiler les garnitures d'hermine : hermine à la robe, hermine à la redingote, voici, sur une robe de satin lilas, une redingote courte de velours noir avec des ruches de mousseline ourlée d'or; voici, sur une robe de satin blanc, une redingote de velours chamois; voici, sur une robe de satin lavande, une redingote de velours gros vert que serre à la taille une ceinture en or ornée de camées; voici, ouverte sur une robe de satin chamois, une redingote de velours pensée, boutonnée de topazes d'Orient et ceinturée par une chaîne d'or fermée par un médaillon d'améthyste, et voici, pour clore la série de l'hermine, voici, sur une robe de satin blanc, une redingote de velours cannelé blanc à ceinture d'or en filigrane incrustée de perles fines, avec le médaillon, les boutons et les glands en saphirs et perles fines !

Et de chaque fourrure — précieuse s'entend — il se trouve presque autant de robes et de redingotes garnies !

L'Impératrice a fait son choix dans ses six cent soixante-seize robes d'étoffe. Il lui faut son cachemire à présent. Combien en a-t-elle ? Quelque sotte a dit quatre cents : c'est bien moins : soixante en totalité : cinq amarantes, douze rouges, dix-sept blancs, neuf jaunes, six de diverses couleurs, trois bleus, deux noirs et cinq rayés. Il est vrai qu'ils sont les plus beaux qu'on ait vus en Europe et qu'il en est qu'on a payés huit

JOSÉPHINE EN 1808
Tableau de Lethière
(Musée de Versailles)

à dix mille francs, mais le prix ordinaire est de trois à quatre : Est-ce assez pour la grâce qu'ils donnent à la femme, à Joséphine surtout qui, mille fois dans le jour, remonte son cachemire, le descend, le drape, le tamponne, et qui, lorsque dans les yeux d'une visiteuse, elle aperçoit l'éclair de ce désir féminin qu'elle connaît si bien, d'un geste délicat et envelopppeur, le lui met aux épaules?

Vient ensuite le chapeau, car, le matin toujours, et parfois le soir, si elle est fatiguée, elle se coiffe avec un chapeau garni de fleurs ou de plumes. Ici, comment se reconnaître dans les chapeaux casques, les chapeaux de velours, de satin, de paille d'Italie, de paille noire, blanche, jaune, les capotes de toute étoffe, les toques en velours, en tulle, en satin, en cachemire, dans les deux cent cinquante-deux « modes et coiffures » toutes différentes de forme, de couleur, de garniture ! Les plumes blanches dominent, mais il y a aussi les esprits, les hérons noirs, les plumes de paon et toutes les variétés de fleurs. Très peu de turbans; trois seulement.

Et, d'après ces chiffres, qu'on ne s'imagine pas, comme on l'a dit, que Joséphine « a la manie de ne se défaire de rien, » et qu'elle thésaurise en quelque façon les objets de sa toilette. Deux fois par an, elle monte aux atours et elle réforme alors une grande partie, la plus grande partie de sa garde-robe. Ainsi, en cette année 1809, sur trois cent soixante dix-neuf pièces de dentelles, elle en donne soixante-douze; sur quarante-neuf grands habits de cour, seize; sur six cent soixante-seize robes, tuniques ou juives, trois cent soixante-et-une; sur soixante châles de cachemire, dix-sept; sur quarante robes de cachemire, trois, dont une aux Gobelins; sur deux cent cinquante-deux modes et coiffures, cent quarante-six; sur quatre cent treize paires de bas, deux cent quatorze; sur sept cent quatre-vingt-cinq paires de souliers et de brodequins, sept cent quatre-vingt-cinq!

Elle ne donne pas seulement les objets en usage, mais, dans ce qui est neuf, tout ce qui a cessé d'être à sa fantaisie : voici cent vingt-deux pièces d'étoffes neuves, elle en donne trente-neuf, et ce n'est point seulement à ses femmes de chambre qu'elle fait de tels présents : Madame Mère, la reine de Westphalie, la reine de Naples, la princesse de Bade acceptent des robes, des cachemires, des redingotes qui ont été portés, sans parler des étoffes en pièce.

D'après cela, l'on peut juger quelle est la consommation annuelle de la garde-robe : en une année, Joséphine achète vingt-trois grands aunages de dentelles, sept grands habits, cent trente-six robes, vingt châles de cachemire, soixante-treize corsets, quarante-huit pièces d'étoffes, quatre-vingt-sept chapeaux, soixante-et-onze paires de bas de soie, neuf cent quatre-vingt paires de gants, cinq cent vingt paires de souliers.

Il y en a de payé pour 320,816 francs 56 centimes, — sans compter ce que l'on redoit. Les reports, d'un exercice sur l'autre, des dépenses arriérées sont tels en effet que, pour se rendre compte de l'argent employé par Joséphine à sa toilette, il faut — mettant de côté même les liquidations de dettes, obligatoires tous les deux ans, et dont certaines dépassent le million — il faut prendre les chiffres globaux des six années : et ainsi l'on trouve que, en six ans, il y a eu de dentelles, chez Vanderbocht, Lesueur, de Rens et Vandessel, 225,906 francs 18 centimes (cela ne comprend aucune des grandes dentelles payées sur la cassette de l'Empereur); il y a eu d'étoffes de soie, chez Fillion, Le Normand, Vacher et Nourtier, 312,558 francs 68 centimes ; de modes et grands habits, chez Mademoiselle Despeaux, chez Herbault, Leroy, Duplan, Binelli et Bertin 1,096,875 francs 27 centimes ; de façons et fournitures de couturières, surtout à Madame Germon, 102,811 francs 46 centimes; de façons aux ouvrières de la garde-robe 61,408 francs 38 centimes ; de linge, chez la veuve Commun-Narrey et Mesdemoiselles Lolive, de Beuvry 740,386 francs 37 centimes. Les fleurs artificielles de Lainé, Nattier et Roux Montagnat ont coûté 85,893 francs 50 centimes ; les crêpes et rubans, de Kreisler, Scribe-Brémard et Richard Lenoir 130,078 francs 77 centimes; les fourrures — celles fournies, non par les couturiers, mais par le fourreur, la veuve Toulet, — seulement 43,599 francs 92 centimes; les gants et la parfumerie 57,184 francs 33 centimes ; la chaussure, bas et souliers : 52,615 francs 77 centimes.

La grande dépense est donc en modes, étoffes de soie, confection de robes, robes et grands habits, dépense qui, à soi seule, atteint en six ans 1,573,653 francs 79 centimes, sans compter les dettes, sans comprendre rien des parures du Sacre ou des grandes cérémonies officielles pour lesquelles l'Empereur a alloué des crédits spéciaux.

Sur ces 1,500,000 francs, Leroy, le grand couturier, touche en cinq ans, exactement la moitié (766,476 francs 73 centimes) : il n'est donc pas, comme on a cru, l'unique habilleur de Joséphine, s'il est le plus important et le plus célèbre : aussi bien le mérite-t-il, portant à cet art, le plus personnel en quelque sorte qui soit, cette sorte de génie qui, à des époques, se rencontre chez des hommes ayant à un si haut degré l'instinct, le goût, la vocation d'habiller et d'embellir la femme qu'ils y réussissent mieux que la femme même et qu'ils y perdent comme la notion de leur sexe.

Leroy ne surfait point la façon : c'est 18 francs pour une robe, même une robe de cour. — En 1750, cela se payait 12 livres chez les grands (soit 14 francs 40 centimes), l'augmentation est donc médiocre. — Mais où Leroy se rattrape, c'est aux étoffes et aux garnitures par quoi il monte ses robes à 2,000 et 3,000 francs. Ainsi, arrive-t-il, pour l'Impératrice, à ce chiffre de 160,000 francs par année : encore trouve-t-il que c'est peu de chose et ose-t-il s'en plaindre à l'Empereur lui-même. « Un jour, a dit Napoléon, que j'examinais un trousseau de famille fourni par lui, il osa m'entreprendre, moi à qui certes on ne mangeait pas dans la main. Il fit ce que personne en France n'eût osé tenter ; il se mit à me démontrer fort abondamment que je ne donnais pas assez à l'Impératrice Joséphine, qu'il devenait impossible de l'habiller à ce prix. Je l'arrêtai au milieu de son impertinente éloquence d'un seul regard. Il en demeura comme terrassé. »

Mais, avec Joséphine, il ne va point de même ; c'est elle qui s'excuse d'être mauvaise pratique et de ne point dépenser assez ! En 1809, à la suite de diverses liquidations orageuses, elle a cédé, en apparence, aux injonctions de l'Empereur, et a résolu de mettre dans sa toilette une façon de régularité. Elle a donc installé, comme intendante, chargée de toutes les commandes et de toutes les réceptions d'objets, une certaine Madame Hamelin qui a été assez longtemps, en telle qualité, au service de la princesse Pauline et l'a quittée le 23 septembre 1808. Par la suite, loin d'arrêter les dépenses, Madame Hamelin s'employa à fournir des expédients pour en engager de nouvelles et profita si largement des faiblesses de sa maîtresse qu'elle reçut d'elle, en une année, soixante-quinze robes et un cachemire de grand prix ; mais, au début de sa gestion, elle était pleine des meilleures intentions et luttait pour ne point laisser dépasser le maximum de dépenses fixé par l'Impératrice même pour chaque article : chez Leroy, ce maximum était de 7,000 francs par mois, et voici, d'une lettre que Leroy écrit à Madame Hamelin, quelques passages qui peignent toute la façon dont il prenait Joséphine et dont Joséphine était avec lui : « Veuillez, Madame, je vous prie, demander à Sa Majesté la permission de lui présenter mon bien humble respect et de la supplier de ne pas penser de moi ce qu'elle dit que je trouve sa pratique trop peu considérable pour m'en occuper. L'Impératrice peut-elle croire qu'on est maître des sentiments qu'elle inspire! Ainsi, c'est à vous, Madame, que je prie de vouloir bien détruire cette pensée, car elle n'existe que dans la bouche de Sa Majesté. Je vous demande en même temps chaque lettre que vous auriez la bonté de m'adresser, dire un seul mot de la santé de Sa Majesté. Ce mot est le premier besoin de l'âme ; veuillez donc vous en souvenir... Vous avez reçu le petit maximum du mois ; je vous avoue que, sans vos ordres, je n'eusse pas continué d'envoyer d'après le fixe que Sa Majesté avait imposé. Vous voyez, Madame, qu'il serait difficile de continuer à 7,000 francs ; nous serons toujours en arrière et que même, cela me ferait éprouver une grande contrariété pour la tenue de mes livres. Je désire donc, Madame, lorsque je vous enverrai le total du mois, que les 7,000 francs seront portés comme à-compte, afin de ne pas mettre d'embrouillamini dans les écritures. »

N'est-ce pas tout l'homme et, pour le juger, n'est-ce pas tout ce qu'il faut? Les paroles mielleuses dites, la bouche en cœur, aux clientes, et le coup de fouet donné à leurs fantaisies, et le mépris du couturier pour qui ne rend pas tout ce qu'il a compté, et la façon d'imposer sa volonté et de donner ses ordres, n'est-ce pas le plus bel exemple de l'infatuation de telles espèces ? 84,000 francs, fi ! Il faut, pour rattraper la considération de M. Leroy que l'Impératrice double au moins, et c'est ce qu'elle fait : elle abandonne ses beaux projets d'économie, elle oublie *le petit maximum* et c'est à 142,314 francs 10 centimes que monte sa facture de l'année.

***

Comment suffit-elle à cela et quelles sont donc ses ressources normales ? De fait, sa pension de *Toilette* est fixée à 360,000 francs ; ce n'est qu'en 1809 qu'elle atteint 450,000 francs, mais, au moyen de prélèvements sur la *Cassette*, de suppléments alloués en diverses occasions, et de ses revenus personnels, elle a posé en recette, pour cet article, de 1804 à 1809, 3,444,623 francs 57 centimes, soit près de 600,000 francs par an ; cela ne fait pourtant que la moitié de ce qu'elle dépense réellement, car, chaque année, les dettes s'accumulent et, presque chaque année, l'Empereur est obligé de combler l'arriéré : il paye, en l'an XIII, 701,873 francs ; en 1806, 650,000 francs ; en 1807, 391,090 francs ; en 1809, 60,000 francs ; en 1810, pour terminer, 1,400,000 francs : au total 3,202,957 francs, ce qui porte la dépense générale, presque uniquement de toilette à 6,647,580 francs 57 centimes : onze cent mille francs par an.

Ce chiffre serait inexplicable, même avec la prodigalité la plus folle, si les bijoutiers ne figuraient pas dans le compte de la *Toilette :* les bijoux achetés représentent, dans les dépenses acquittées par Joséphine, 1,625,664 francs 60 centimes — près de la moitié — et autant dans les dettes payées par l'Empereur. Tous les grands bijoutiers et orfèvres de Paris — et même d'ailleurs — ont cette étonnante cliente : Biennais, Depresle, Friese, Marguerite, Foncier, Fister, Nitot, Pitaux, Cablat, Belhate, Perret, Tourrier, Messin, les frères Marx, Conrado, Hollander, Lelong, Meller, Mellerio-Meller, et les horlogers Bréguet, Lépine et Mugnier, et Capperone et Theibaker, marchands de camées, et Oliva et Scotto, marchands de coraux !

De ces bijoutiers, un surtout, Foncier, a la confiance de Joséphine et presque son intimité. Elle lui remet ses diamants au moment où le bruit court de la mort de Bonaparte en Égypte, où elle prétend se mettre à l'abri des revendications de ses créanciers et de celles aussi de la famille Bonaparte; elle reçoit de sa main des femmes de chambre; elle lui accorde sa puissante protection pour obtenir, du ministre des Finances, une charge d'agent de change pour un de ses gendres; elle marie son autre fille au colonel Defrance, écuyer cavalcadour de l'Empereur; c'est un familier qu'elle prend pour conseil en ses achats, trafics et échanges et qui n'y cherche point trop son intérêt.

Foncier retiré, Nitot a la grosse pratique: en 1805, il avait été chargé de porter à Rome la tiare que l'Empereur offrait au Pape et qui figure encore dans les trésors du Vatican à l'honneur de l'orfèvrerie française; il eut soin d'emporter une pacotille de bijoux, passa par Milan où l'on sacrait le roi d'Italie, fit de bonnes affaires avec la reine, reçut à la suite le titre de joaillier de l'Impératrice et devint de sa maison: au moins son cachet porte-t-il l'aigle couronné avec cet exergue: *Maison de l'Impératrice;* mais, s'il est le fournisseur en titre, on a vu qu'il n'est point le seul vendeur.

Ce qui peut étonner, c'est que Joséphine ne soit point dégoutée d'acheter des bijoux par la jouissance qu'elle a des plus magnifiques joyaux qui soient au monde, les joyaux de la Couronne: elle a, quand il lui plaît, la grande parure de diamants — couronne, diadème, collier, peigne, boucles d'oreilles, bracelets, ceinture en roses, rivière de huit rangs de chatons — cette parure qui est estimée 3,709,583 francs 92 centimes; elle a la parure de rubis d'Orient et la parure de turquoises, et la parure de perles de 570,107 francs: cinq millions de joyaux. Ne voit-elle pas que, près de ces splendeurs, tout ce qu'elle achète est pauvre et médiocre, ou comprend-elle que, de ces merveilles, elle n'a qu'un usufruit qui peut lui échapper? Est-ce pour cela que, comme elle a fait dès 1796, dès la campagne d'Italie, elle accumule des bijoux qui soient à elle, uniquement à elle, qui ne puissent lui échapper, qui lui fassent une réserve et un trésor? Faut-il même cher-

JOSÉPHINE EN 1809
Aquarelle d'Isabey
(Musée Turpin de Crissé, à Angers)

cher une raison? N'achète-t-elle pas ces bijoux uniquement parce que leur scintillement les attire, que leur façon plaît à son goût, que c'est joli ou que cela lui semble tel, et que c'est sa fantaisie? Elle en a d'un grand prix, comme son collier de diamants prisé 541,200 francs à son inventaire avec les poires et les deux boutons et estimé, seul, plus de 700,000 francs lorsque Hortense veut s'en défaire en 1829; elle a sa parure d'opales et diamants prisée 258,000 francs, sa parure d'émeraudes et diamants prisée 178,000 francs, son bandeau de perles prisé 148,000 francs, son collier de perles à trois rangs prisé 262,000 francs, son diadème de diamants, dont un seul, au milieu, est prisé 165,000 francs et qui, d'ensemble, est prisé 1,032,000 francs. Elle a personnellement, à elle, au chiffre de prisée, inférieur d'un tiers au moins à la valeur vénale, pour 4,354,255 francs de joyaux d'importance — perles, diamants et pierres de couleur — mais, ensuite, qui pourrait dire quel prix ont été payés les milliers d'objets qu'elle a enfouis en ses écrins, qu'elle a portés une fois peut-être et sans doute jamais : bagues par centaines, bracelets, plaques de ceinture, colliers de toutes les matières qu'on polit et de tous les globes qu'on enfile, parures d'agate, de perles d'argent, de perles d'or, de cornaline, de pierres gravées, de turquoises, de malachite, de scarabées, de coraux gravés, de coraux et perles fines, de corail rose, de coraux façon framboise, de coraux en boule, d'acier, de jayet, de noyaux de prune et de noyaux de cerise sculptés! A les nombrer, les joailliers se perdent et, pour les priser, il ne faut pas compter sur eux. Aussi bien, quantité sont de la curiosité pure, des objets qu'on achète très cher et dont la valeur vénale est nulle ou presque. Et puis, constamment, Joséphine fait modifier ou rajeunir les montures; elle trafique, échange, revend, rachète, paye des à-compte à ses bijoutiers avec ce qu'elle appelle la réforme de son écrin et, pour une parure qu'elle cède ainsi, en reprend dix autres. C'est là un trait encore qui achève sa nature et donne une notion de son caractère : de ces bijoux, dont certains devraient lui rappeler tant de choses, d'événements, de gloire, d'êtres respectés ou chers, l'ascension continuelle de sa fortune; de ces bijoux, rançon de villes, de princes et de républiques; de ces bijoux, dons de papes et de rois, présents d'anniversaires, gages d'un amour dont elle devrait vouloir conserver les marques successives, nul ne demeure intact, tel qu'il était quand on le lui a offert; elle les dénature, les métamorphose, fait d'un collier une ceinture, de boucles d'oreilles des pendeloques, envoie à la fonte l'or et l'argent, assortit les pierres à sa guise et, à aucun de ces joyaux, n'attache un souvenir. Ce petit médaillon de filigrane, l'unique présent du général Vendémiaire à la vicomtesse de Beauharnais, où est-il, le plus précieux, le plus rare de tous ses bijoux d'Impératrice, qu'en a-t-elle fait? Cela ne vaut rien : cela ne brille point. Elle l'a cédé dans un lot pour une pierre de fantaisie.

Et ces pierres sans histoire, ces joyaux qui ne parlent point à son esprit et n'évoquent rien à sa mémoire, qui ne sont rien que cela, c'est assez qu'ils soient cela, pour qu'elle ait une sorte de folie, un bonheur sans égal, à les voir, à les manier, à s'en parer, à s'en couvrir, à en faire passer entre ses doigts l'intarissable ruissellement. Telle elle était quand, toute nouvelle mariée au vicomte de Beauharnais, elle portait sur elle, dans ses poches, les petits bijoux de sa corbeille pour avoir la joie de les tâter en marchant; telle, au retour d'Italie, quand, à Malmaison, devant les demoiselles de Vergennes, elle étalait toutes les splendeurs qu'elle avait rapportées; telle elle demeure, faisant, sur une immense table, apporter tous ses écrins que ne peut contenir l'armoire à bijoux de Marie-Antoinette et, durant de longues heures, les plus heureuses qu'elle passe, ouvrant et fermant les boîtes de maroquin et de velours.

A personne, pas plus aux couturiers qu'aux bijoutiers, ou à qui que ce puisse être qui tente sa fantaisie, Joséphine ne sait résister. Dans ce Salon des marchands qui ouvre sur le Carrousel et d'où l'on pénètre dans l'Appartement intérieur, afflue constamment tout le joli, l'élégant, le rare, qu'inventent les marchands de Paris. L'Impératrice passe, dit qu'elle achète, se garde de demander le prix et moins encore de payer. L'usage est ancien, et voici beaux jours que les vendeurs y trouvent leur compte : jadis, c'était la Du Barry qui, à la mort de Louis XV, eut à soutenir un terrible procès contre le juif Cramer lui réclamant le prix de tous les objets d'art et de curiosité qu'il avait déposés dans son antichambre et dont elle avait disposé, disait-il, en présents, fantaisies et galanteries. Plus tard, ce fut Marie-Antoinette et l'on a l'histoire du Collier; après, Madame Tallien et les nouvelles enrichies du Directoire; mais nulle comme Joséphine. La toilette achevée, c'est là la distraction favorite : certes, modistes et bijoutiers en profitent le plus, et les luthiers, les peintres, les sculpteurs, les libraires, les marchands d'estampes, les ébénistes, les porcelainiers, attendent sans doute chez eux les grosses commandes, celles qui sont d'une sorte d'utilité pratique; mais, tout ce qui est de fantaisie, tout ce qui peut s'apporter sous le manteau, qui n'exige point de voitures de déménagement, vient s'entasser au Salon des marchands. Combien de pauvres hères faméliques laissent un dessin, un ivoire sculpté, un bout de mosaïque, attendent six mois, et viennent après réclamer le prix intégral qu'ils assignent à leur œuvre, ou tout le moins, une indemnité ou une aumône! Et les marchands de jouets mécaniques, combien en passe-t-il? Ils portent avec eux leur chef-d'œuvre, le remontent en présence de l'Impératrice qui s'en amuse, ne peut résister à le faire voir et à en distraire les personnes qui viennent la visiter. Le jouet est admis dans les appartements, fait l'admiration d'un enfant et, sans se soucier du prix, Joséphine le donne. Des beaux et rares jouets aux enfants des grands officiers de l'Empire, à ses petits-fils, à ses nièces, cela est tout simple, mais les solliciteurs pauvres qui, pour attendrir l'Impératrice, ont amené leurs enfants, se trouvent assez embarrassés quand, au lieu d'un brevet de pension ou d'une bonne gratification, ils ont à emporter un oranger artificiel, un singe qui joue du violon ou un buisson de fleurs habité d'oiseaux chantants.

L'abus est si criant que dans le Conseil d'administration de la Maison, du 28 février 1806, l'Empereur dicte cette décision : « On doit défendre à toute personne de la Chambre de S. M. l'Impératrice, de recevoir, dans les appartements, aucuns meubles, tableaux, bijoux et autres effets qui seraient remis par des marchands ou par des particuliers; ces marchands ou particuliers, ainsi que les meubles, tableaux, effets, qui parviendraient par une voie quelconque, doivent être renvoyés à l'Intendant. »

L'Empereur fait mieux à la même époque et, pour arrêter le scandale des prix surfaits dont est victime l'Impératrice, il prend ses mesures lui-même. Jusque-là, sans doute, les mémoires présentés par les fournisseurs sont établis en demande et, avant de payer, des réductions sont ordonnées sur l'ensemble, mais le système de vérification diffère pour chaque article et l'on rabat au plus dix pour cent. A partir de 1806, où l'Empereur paye pour la quatrième fois les dettes de sa femme, les réductions proposées par la Dame d'atours sont majorées par Napoléon lui-même de façon à atteindre vingt pour cent : ainsi, en 1807, sur 465,291 francs 52 centimes, réduction de 75,217 francs 37 centimes ; en 1808, sur 458,700 francs 06 centimes, 95,368 francs 50 centimes ; en 1809, sur 914,764 francs 70 centimes, 166,747 francs 37 centimes. Et lorsqu'il s'agit du règlement de l'arriéré, c'est pis encore : en 1806, l'Empereur donne 650,000 francs pour solder les dettes et rabat 112,375 francs 47 centimes sur les mémoires présentés ; les 1,400,000 francs de 1809 suffisent pour 1,898,098 francs 98 centimes réclamés par les fournisseurs : cinq cent mille francs de rabais ! Et les marchands y gagnent encore, car pas un, ainsi sabré, ayant crié qu'on le ruine, qui ne revienne à la charge, qui n'affirme à l'Impératrice que l'objet qu'il présente a été fait uniquement pour elle, ne convient qu'à elle, qu'il est unique, qu'il faut qu'elle l'ait. Et elle le prend, et tout recommence.

Quelqu'un a dit que Napoléon « aimait assez qu'on fît des dettes parce qu'elles entretenaient la dépendance ; sa femme, ajoute-t-on, lui donnait une satisfaction très étendue sur cet article : il n'a jamais voulu remettre ses affaires en ordre afin de conserver les moyens de l'inquiéter ». On a vu ce qu'il en faut croire : deux fois au moins avant l'Empire, quatre fois durant l'Empire, Napoléon a voulu procéder à une liquidation générale des dettes antérieures, mettre sa femme à flot de façon que, avec la pension qu'il lui faisait et qu'il augmentait sans cesse, elle suffît au courant. Il a donc réclamé le montant exact des dettes. Joséphine qui, en réalité, l'ignore, qui ne s'en est jamais rendu compte, énonce, à peu près au hasard, un chiffre qui ne va pas à moitié du total. « Pourquoi ne pas avouer tout, lui disent ses confidentes ? — Non, non, répond-elle, il me tuerait, il me tuerait ! Je paierai sur mes économies ! »

On a de première main le récit de la scène qui a précédé la liquidation de 1806 : l'Impératrice était dans les larmes ; l'Empereur s'en aperçut des premiers ; il vit ses yeux rouges et dit à Duroc : « Ces femmes ont les yeux en pleurs, je suis sûr qu'il y a des dettes, tâchez de savoir ce que c'est ». Duroc, qui avait obtenu la confiance de Joséphine, vint à elle et lui le dit : « L'Empereur est persuadé que vous avez des dettes ; il veut en savoir le montant. » Joséphine, avec beaucoup de pleurs, lui dit qu'en effet, elle devait 400,000 francs. « Ah ! dit Duroc, l'Empereur croyait que c'était 800,000. — Non, je vous jure, mais puisqu'il faut vous le dire, c'est 600,000 francs. — Est-il bien sûr que ce ne soit pas davantage ? — Bien sûr ! — Alors, je lui parlerai ». Il revint à l'Empereur, lui dit qu'il avait trouvé Joséphine dans les larmes, qu'elle se désespérait. « Ah ! Elle pleure ! Elle sent donc son crime ! Tant mieux ! Mais vous verrez qu'elle a des dettes énormes. Elle est capable de devoir un million. — Oh ! non, pas un million, Sire. — Mais enfin, combien ? — Mais, si c'était 800,000 francs ? — Ce n'en serait pas moins scandaleux... pour de misérables pompons, pour se laisser voler par un tas de fripons. Il faut que je chasse tels et tels ; il faut qu'on fasse défense à tel et tel marchand de se présenter jamais chez moi. — Mais, Sire, ce n'est que 600,000 francs. — Ce n'est que cela, dites-vous. Ça ne vous paraît rien. Je n'aime pas tout ce jeu-là. Allons ! je lui parlerai. » Ils passent au salon où sont les femmes, et Napoléon évite de s'approcher de sa femme ; il la laisse passer devant lui pour aller souper. Elle était tout émue et les larmes aux yeux ; il ne lui dit rien. Après qu'elle se fut mise à table, il vint se placer derrière sa chaise et s'approchant de son oreille : « Eh bien, Madame, vous avez des dettes. » Et elle alors de sangloter. « Vous avez un million de dettes. — Non, Sire, je vous jure, je ne dois que 600,000 francs. — Rien que cela, dites-vous, ça ne vous paraît qu'une bagatelle ? » Il ajoute quelques mots de reproche et elle se remet à sangloter plus vivement que jamais. Alors, il s'approche de l'autre oreille : « Allons! Joséphine, allons, ma petite, ne pleure pas, console-toi. » Et les dettes sont payées.

Dès lors, comme devient explicable, naturelle et simple, la fameuse scène entre Napoléon et Mademoiselle Despeaux, la modiste, cette scène, qu'on se plut à présenter comme le plus effroyable des actes de tyrannie. A Saint-Cloud, l'Empereur arrive un matin, à l'improviste, dans le salon bleu qui précède la chambre à coucher de l'Impératrice. Il y trouve une grosse femme qu'il ne connait pas, qui s'approche de lui et murmure quelques paroles inintelligibles. « Comment vous appelez-vous, lui demande-t-il? — Je m'appelle Despeaux. — Que faites-vous? — Je suis marchande de modes. » Furieux, il entre chez l'Impératrice qui est en train de se faire coiffer et prend un bain de pied : « Qui a fait venir cette femme? Qui l'a introduite dans les Appartements? » Comme Mademoiselle Despeaux est venue d'elle-même, personne ne répond, et les femmes de garde-robe se sauvent devant l'orage. Napoléon revient chez lui, demande Duroc qu'on ne trouve pas, puis Savary qui, prenant à la rigueur les ordres qu'il a reçus, fait saisir la marchande de modes par deux gendarmes d'élite. Survient Duroc qui engage Savary à la relâcher : « Non parbleu! je n'en ferai rien, répond Savary. Tu ne serais pas si indulgent si elle fournissait des modes à ta femme, c'est elle qui me ruine. Je trouve une occasion de me venger, je ne serai pas assez sot pour la perdre. Va, mon cher, tu en ferais toi-même autant si, au lieu de Mademoiselle Despeaux, c'était Leroy, car c'est chez lui que ta femme achète tous ses chiffons. » Toutefois, la grosse Despeaux n'alla entre ses gendarmes que jusqu'au bas de l'avenue où Duroc envoya l'ordre qu'on la laissât remonter dans sa voiture.

C'était une leçon que Napoléon avait prétendu donner bien plus à sa femme qu'à la marchande de modes, violatrice de l'étiquette et tentatrice sans permis; mais cette leçon, comme les autres, comme les reproches pour les dettes, comme les serments de Joséphine, autant de perdu. Le fleuve continue à couler, les marchands à venir, Joséphine à prendre sans payer, et cela

MADAME DUCREST DE VILLENEUVE

Dessin aquarellé de Thomas Lawrence

(Musée du Louvre)

indéfiniment. C'est si commode ! Un dieu descendant toujours de sa machine à point pour la débarrasser des créanciers, cela coûte si peu de pleurer quelques larmes vraies ou fausses, et cela rapporte tant ! Mais, au moins, ce n'est point de propos délibéré, ce n'est point une comédie qu'elle se propose de jouer ; elle fait des dettes comme elle respire. Elle est de ces femmes qui, dans une société, sans s'en douter certes ni en avoir conscience, remplissent une sorte de mission de dépense et de gaspillage pour la joie des marchands, la gloire de la mode, et la bonne renommée du goût français. C'est pour ces femmes qui ne savent point compter que l'industriel s'ingénie et que l'ouvrier artiste fait ses chefs-d'œuvre. C'est pour elles qu'est inventé tout le joli, tout le luxueux, tout l'absurde de l'*article-Paris*, et c'est grand bien qu'elles se trouvent là pour l'acheter — et même le payer quelquefois.

Joséphine est telle et si, après avoir crié, Napoléon paye, ce n'est pas uniquement par faiblesse pour la femme, c'est qu'il sait fort bien que de telles folies sont utiles, profitables et peut-être nécessaires, car sans les femmes, et ces femmes-là, les femmes à dépenses incalculées, les femmes, par suite, à dettes immenses, que serait Paris ?

Où il se fâche bien plus fort, c'est lorsque l'argent sort de France et que, pour satisfaire sa coquetterie, Joséphine, violant les lois de l'Empire et les lois de la Cour, prétend s'habiller de marchandises anglaises. En plein blocus continental, lorsque la France et presque l'Europe leur sont fermées, il lui en faut quand même et, pour les entrer en contrebande, elle ne recule devant nulle tricherie : elle a, à Francfort, un correspondant qui, sans rien dire, en cache des paquets dans les voitures des officiers envoyés en courriers, au risque de les compromettre. Elle-même, si elle passe le Rhin, en charge sa propre voiture. Par la frontière des Alpes, elle fait passer des cachemires et des étoffes de Turquie. Souvent, elle échoue : ses paquets sont pris et, sans nul égard pour leur destinataire, saisis et détruits par ordre exprès de l'Empereur, mais elle recommence et s'acharne, mettant en réquisition, comme commissionnaires, quiconque, soldat ou diplomate, va au pays où mûrit le fruit défendu.

Par là encore, n'est-elle point profondément femme et n'est-ce point tout elle de risquer ainsi pour un misérable chiffon la vraie colère de l'Empereur, les reproches, les violences, peut-être la lassitude et l'irrémédiable désastre : mais, n'est-ce point beau de sa part aussi de ne se réduire qu'à cette forme de tromperie ?

* * *

Dans ce va-et-vient qui suit la toilette, Joséphine trouve le temps d'expédier, avec son secrétaire des commandements, le travail courant des audiences, de donner des signatures aux brevets et aux décisions, et d'écrire sa correspondance, fort réduite sans doute, presque uniquement adressée à sa fille, son fils, quelques rares parents, quelques dames d'intimité, fort en retard pour l'ordinaire, mais presque entièrement autographe. Impossible de se fier à ses lectrices qui, sauf leur très joli visage, leur désir d'être remarquées de l'Empereur, n'ont de talent que pour la harpe, le piano et la danse et ne savent guère mieux lire qu'écrire : Mademoiselle Lacoste, Mademoiselle Guillebeau ou Madame Gazzani, c'est tout pareil. Il faut donc ou écrire soi-même ou travailler avec Deschamps. Un vieil ami, celui-là. Joséphine l'a connu en 1787, à Fontainebleau où il était secrétaire de M. de Montmorin, gouverneur du château. Aussi, est-il renté à souhait : 12,000 francs sur les états de la Maison de l'Impératrice, autant sur ceux de la Maison de l'Empereur à titre de rapporteur des pétitions et sans nulle fonction. D'ailleurs, il fait des vers pour les théâtres lyriques et pour l'*Almanach des Muses ;* des paroles d'oratorios tels que *Saül* et *la Prise de Jéricho ;* mieux : le livret des *Bardes*. Par là, il est associé au triomphe de Lesueur et il touche à la gloire ; mais il ne s'en soucie : il rime pour les musiciens, comme il traduit pour les libraires et chante aux dîners du Vaudeville. Il a de grands besoins d'argent et voit surtout ce que chaque chose rapporte. Pour cela, il n'aime point user son crédit, gardant avec les solliciteurs une froideur glaciale et se tenant strictement à son rôle de plumitif.

Aux fêtes et aux anniversaires, pour les pièces de circonstance qui ne sauraient manquer au théâtre de Malmaison, il est le poète attitré, comme Desprez à Saint-Leu et, plus tard, Alissan de Chazet à Trianon. Mais il lui incombe à l'ordinaire une mission plus délicate que de fabriquer des bouts rimés d'adulation ; c'est lui qui, tous les quinze jours, prend les ordres de l'Impératrice sur les états dressés par le secrétaire des dépenses, M. Ballouhey : ces états comprennent l'énumération des mémoires des fournisseurs tels qu'ils sont présentés en demande. L'Impératrice inscrit en regard, de sa main, la décision : le *bon à payer*, le chiffre qu'elle consent à payer en réduction ou l'à-compte qu'elle donne : le plus souvent, sauf pour les petites factures, revient le mot *ajourné*. Au pied, elle met son *bon* et signe. Avec Ballouhey, très strict pour les comptes, elle aurait peut-être des discussions ; elle n'en saurait avoir avec Deschamps ; aussi, a-t-elle retiré le travail direct à Ballouhey.

C'est donc encore Deschamps qui rédige les lettres adressées à Ballouhey pour les gratifications sur la Cassette qui excèdent un certain chiffre et qui ne sont point accordées proprement à des mendiants. Ce service de la Cassette et des aumônes diverses est compliqué et demande à être expliqué en détail. N'est-il pas en effet de tradition que « ce sont les bienfaits qu'elle a répandus qui ont fait contracter à Joséphine la plus grande partie de ses dettes », et quoique, déjà, l'on ait pris une opinion sur la nature de ces dettes, n'est-il pas nécessaire de compter ce que lui a coûté sa bienfaisance ?

Sur sa *Toilette*, Joséphine a sans doute prélevé des fonds pour des pensions assignées soit à des serviteurs anciens ou nouveaux, soit à des élèves entretenus dans les institutions de Madame Campan, de Madame Gay Vernon, de MM. Vigogne et Piorette ; mais ces pensions, les dons et gratifications et les autres objets de dépense qui sont payés sur la *toilette* atteignent seulement, dans les six années, le chiffre total de 516,532 francs 76 centimes, soit 86,000 francs par an ; de plus, la plus grande partie des dépenses ainsi effectuées est inscrite sous la rubrique : *Sommes remises à Sa Majesté*, nul compte détaillé n'en est tenu. Or, si quelque chose de cet argent a été employé en dons manuels, il est certain que la plus grosse portion en a été, à partir de 1806, versée, en dehors des comptables, à l'architecte de Malmaison. On peut affirmer avec certitude que plus des quatre cinquièmes est passé là.

Quant à la *Cassette* proprement dite, elle a son compte spécial tenu avec une régularité absolue par Ballouhey et qui se solde toujours en excédant. Il est vrai que l'Empereur y pourvoie, que, à chaque occasion, il en augmente les fonds, mais il en fait de même pour la *Toilette*, ce qui n'empêche point les dettes, tandis que, pour la *Cassette*, il n'y jamais ni déficit ni arriéré. Napoléon a réglé, en 1805, la cassette à 6,000 francs par mois (72,000 francs par an); il la porte à 10,000 francs en 1806, et à 15,000 en 1809. A chaque grand voyage, pour les frais extraordinaires d'aumône — ces frais seuls, car toutes les dépenses de voyage, de séjour, de gratifications, de présents, etc., etc., sont payées par la Maison — il ajoute une somme variant entre 80,000 et 120,000 francs.

La *Cassette* est divisée en trois parties: *Secours* attribués directement par l'Impératrice sur demandes verbales ou écrites; *Bienfaits de Sa Majesté l'Impératrice et Reine*, distribués par la Dame d'honneur qui prend à ce sujet les ordres de Joséphine, et *Pensions*.

Les *Secours* donnés par l'Impératrice ne sont accordés qu'après une enquête faite, soit par les premiers valets de chambre, soit par Madame Duplessis, soit par M. Danès de Montardat, oncle par alliance de Joséphine. Beaucoup de ces demandes, s'il s'agit de personnes du monde, passent, soit par le Chevalier d'honneur, soit par une des dames du Palais.

Les *Bienfaits* qui font l'objet du travail de la Dame d'honneur sont répartis sur sa proposition ou plutôt sur celle de son secrétaire, après enquête d'une visiteuse à gages, Madame Hardancourt, née Boyvin, par petites sommes de 20 à 70 francs. L'Impératrice indique les sommes; le secrétaire de la Dame d'honneur inscrit le montant de chaque bienfait sur un bordereau détaché d'un registre à souche, et Ballouhey paye.

Si médiocre que soit chaque *Bienfait*, le total comprenant aussi les *Secours*, n'en est pas moins respectable : 4 à 6,000 francs pour les mois d'hiver. A des mois, ce chiffre se trouve décuplé (81,673 francs en octobre 1808 — 121,828 francs en décembre 1809), mais ce sont là des cas exceptionnels, justifiés par un don spécial fait par l'Empereur à cette destination et la moyenne, abstraction faite des recettes et des dépenses imprévues, n'atteint point, l'été compensant l'hiver, 3,000 francs par mois.

Toutes les conditions, toutes les professions, toutes les origines se confondent sur ces listes de la misère mendiante : vieillards des deux sexes, ouvriers sans ouvrage, veuves chargées d'enfants, créoles de Saint-Domingue, demoiselles ou dames nobles ruinées — beaucoup, infiniment de nobles ; sur un seul état de bienfaits où, pour 4,000 francs, figurent cent trente et une parties prenantes, voici Mesdames Lechat de Mineraye, de Marchais, de Beaune, de Vaudricourt, de Druez, de la Bretaiche, de la Méline, de Chavigny, Sablonet de Minuty, de Case, de Chaponay de Jaucourt, de Boisset, de Rivolle, de la Grange, de Bligny, de la Saussaye, de Pallugay, de Montalay, de la Feuillade ! Au lieu d'une liste de pauvresses, ne croirait-on pas une liste de dames présentées ?

Les *Pensions* forment le dernier chapitre de la Cassette et tendent à l'absorber tout entière. Elles grossissent sans mesure chaque année, sautant de 25,000 francs en 1805, à 56,000 francs en 1806, 85,000 francs en 1807, 155,480 francs en 1809. Naturellement, une fois acquises, elles passent en droit ; volontiers, comme sous l'ancien régime, les enfants en demanderaient, en exigeraient la reversibilité, et nul ne se trouve tenu à reconnaissance. Toutes les ressources qui seraient si utilement employées en secours accidentels se trouvent peu à peu immobilisées, mais, d'autre part, comment résister à certains appels, comment, lorsqu'on est arrivé soi-même à ce comble de fortune, refuser à d'anciennes compagnes l'assurance du pain quotidien ? C'est qu'en effet les pensionnaires de Joséphine rentrent presque tous dans cette catégorie. Il y a d'abord les gens des colonies ; ici peu de noms qu'on sache : Madame O'Gorman, Madame Mantelle, Madame de Dillon, puis des noms bourgeois :

Chaurand, Crusand, Leloutre, Mauger : c'étaient jadis entre les plus riches de là-bas. Après, viennent les *Personnes que Sa Majesté a connues*, et ce sont elles qui prennent la grosse part. Rien qu'avec ces noms, l'on pourrait refaire presque entière l'histoire de la vicomtesse de Beauharnais, retrouver les sociétés qu'elle a traversées : Madame Duplessis, Mademoiselle Lannoy, Madame Lefebvre, Madame de la Rochefoucauld-Bayers-Maumont avec ses deux nièces, Madame de Montulé et Mademoiselle Marliani, c'est la Martinique et Saint-Domingue ; Madame de Montmorin, née Morin de Banneville, qui a la plus forte pension : 3,600 francs, c'est Fontainebleau ; et, pour les sociétés de Paris, Madame de la Rochelambert, née Lostanges, Madame de Pardaillan de Launay, Madame Cazotte, née Roignan, la veuve du prophète, Mademoiselle Carman de Saint-Étienne, Madame de Barruel-Beauvert, Madame de Geslin, Madame de Gercy, Madame de Grasse, Madame Maillé de Brezé, née Joly de Fleury, Madame de Guerchy, née du Roux de Sigy, la bru de l'Ambassadeur, Madame de Mordant-Massiac, née de Bongars, Madame de Signemont, Madame de Villers-Vaudey, née Jourdain de Saint-Sauveur, Madame de Villefort, Mesdames de Verey, Madame de la Tournée-Polastron, Madame de Luynes de Fontenelles, Madame de Cavagnac, M. de Goyon, M. de Saint-Pern, M. de Girardin, M. Dieudonné de France, M. de Montboissier-Beaufort-Canillac, — et l'on pourrait en dire d'autres, beaucoup d'autres !

Voilà l'important : On trouve encore quelques subalternes des Maisons du Roi et des princes, trois nourrices des enfants de Louis XVI, quelques officiers de vénerie, des lectrices de Mesdames ; et après, viennent les aumônes du commun : vieilles femmes estropiées, filles repenties, veuves d'officiers, jeunes gens dont on paye l'éducation ; et, enfin, les mendiants anonymes : 2,400 francs par an pour le pain des pauvres à Saint-Cloud, 960 francs à Sèvres ; 2,880 francs aux orphelines de la rue du Pot-de-Fer ; 1,000 francs à l'établissement de charité de la paroisse de la Madeleine ; 2,400 francs aux Dames de la Société maternelle : c'est là l'obligatoire de la souveraineté, ce qui est l'inséparable du rang suprême, ce qui se doit aux paroisses et aux institutions d'assistance officielle. Mais tout cela, secours, pensions, aumônes, ne dépasse jamais les crédits affectés. Si, pour un don à quelqu'un qui l'intéresse, l'Impératrice prélève une somme un peu forte, c'est autant de moins que la Dame d'honneur répartit entre les mendiants non recommandés.

Il est de tradition — et cette légende a même reçu, sous forme d'une statue de marbre, une consécration officielle — que Joséphine a pris une part décisive dans la *Fondation consacrée à la vieillesse*, dite de Sainte-Périne. On sait quelle importance cet établissement eut alors dans la société française et quiconque racontera les derniers jours de la noblesse fidèle et ruinée, y devra consacrer un chapitre ; mais, si l'Impératrice y parut nominalement comme protectrice, si même les fondateurs, les sieurs Chailla et Glaux, parèrent leur prospectus de son nom et l'inscrivirent sur une tablette de marbre au fronton de leur maison, elle n'y employa jamais rien de son propre argent. Ce fut Napoléon qui, en échange de cent places assurées, fit, sur sa Grande cassette, un premier versement de 224,640 francs et qui s'engagea de plus pour trente pensions annuelles de 600 francs. Il réserva à sa femme le droit de nommer à ces cent trente places : de là l'illusion. Au surplus, après cinq ans à peine écoulés, les directeurs-fondateurs ne purent faire face à leurs engagements et dès que, par le décret du 17 janvier 1806 soumettant les établissements similaires à la surveillance du gouvernement, des commissaires eurent été chargés de l'examen des ressources, il apparut qu'il ne se trouvait à Sainte-Périne aucune garantie de stabilité pour les vieillards qui avaient payé pour y entrer. Trois décrets dépossédèrent les fondateurs et attribuèrent la direction au Conseil général des Hospices qui dut y dépenser chaque année 200,000 francs de plus que le revenu de l'Institution. Jusqu'en 1810, Joséphine n'en conserva pas moins le droit de nommer à celles des cent trente places fondées par Napoléon qui devenaient vacantes. Les compétitions étaient telles, les demandes si nombreuses, signées de tels noms et appuyées de tels titres, que l'on ne peut s'étonner du retentissement que prenaient les grâces. L'on doit penser que c'est à elles en grande partie que l'Impératrice a dû cette réputation d'inépuisable bienfaisance qui l'accompagne dans l'Histoire.

Tout cela, certes, fait des écritures, des lettres à lire et des comptes au moins à entendre, mais ce n'est point encore tout le travail. Si, depuis son mariage avec M. de Beauharnais, Joséphine a acquis une écriture et une orthographe qui méritent d'être louées comme d'exception au temps où elle vivait, il s'en fallait qu'elle eût, lors du Consulat à vie, les connaissances nécessaires pour remplir dignement la place où elle montait. Il convenait qu'elle sût assez d'histoire et de géographie pour qu'elle ne commît point de fautes vis-à-vis des étrangers et des étrangères qui, de tous les points de l'Europe, affluaient à Paris. Instruite de la France ancienne au point de ne se tromper que volontairement aux familles et aux alliances, elle ignorait, en bonne Française, tout ce qui était du dehors, et cette science si simple lorsqu'on la tient d'éducation d'enfance, si compliquée lorsqu'on s'y applique à un âge déjà mûr, cette science qui, à l'Impératrice, serait plus nécessaire encore qu'à l'épouse du Premier consul, il fallut qu'elle l'apprît en une année et à mesure que le tourbillon l'emportait aux sommets. De livres, elle n'eût eu que faire pour un tel usage. Le livre est un interlocuteur qui ne répond qu'à qui sait l'interroger; quiconque sait quel livre l'instruira est déjà instruit; mais, outre qu'elle ignorait le livre utile, quelle masse à remuer et combien d'inutiles digressions! Ce qu'il lui faut, ce sont des notions digérées qu'elle s'assimile à mesure des besoins, des notions superficielles, mais justes et précises, où il entre assez d'anecdotes pour graver quelques faits en mémoire, y fixer les titres exacts des personnes, les lieux qu'elles habitent, les nations dont elles sont, les rapports de parenté qu'elles ont avec tels et tels; assez pour que, aux cercles et aux audiences, la vanité des gens présentés se trouve flattée en l'endroit sensible par une question qui sorte de la banalité, qui prouve qu'on connaît leur famille, leur illustration, leurs ouvrages, et qu'on les tient pour ce qu'ils sont. Joséphine a rencontré l'homme à souhait pour un tel office : c'est l'abbé Nicolas Halma, personnage ayant traversé les carrières les plus diverses,

MADAME VISCONTI

Tableau de Gérard

(Musée du Louvre)

mais ayant acquis un bagage de connaissances incomparable : étudiant en médecine, puis prêtre, puis précepteur des enfants Durfort, professeur, et ensuite principal au collège de Sedan, il a été, successivement, durant la Révolution, adjoint au corps du génie, chirurgien dans un hôpital, maître d'une pension au faubourg Saint-Marceau, secrétaire du conseil de l'École polytechnique, professeur de géographie au Prytanée de Paris et, au moment où Rémusat le déterre pour le donner à Joséphine, il est professeur à l'École de Fontainebleau. Pour justifier un traitement de 4,200 francs, « l'épouse du Premier consul, a-t-il dit lui-même, me fit donner le titre de bibliothécaire sans aucune fonction, parce qu'elle ne voulait pas passer pour avoir besoin de l'instruction de l'enfance ». Cette instruction, que l'abbé, prompt aux palinodies et fécond en dédicaces, qualifie d'enfantine à la Restauration lorsqu'il s'anime de zèle royaliste et religieux, n'est ni si simple à donner ni si facile à recevoir. Joséphine s'y applique avec un scrupule qui ne pardonne point une faute dans les leçons à réciter. Un jour, qu'au ministre de Portugal, elle demande des nouvelles du Prince *régnant*, au lieu du Prince *régent* qu'elle voulait dire, elle est malheureuse à en pleurer. Elle n'a point tort : une grande part de l'espèce de popularité, de la considération au moins et des éloges qu'on lui accorde en Europe, tient à cette façon qu'elle a prise. On s'étonne qu'elle soit si bien au courant de tout, l'on s'en trouve flatté et l'on se retire satisfait; l'on dit ensuite, et c'est vrai, qu'elle en sait plus que les princesses d'ancien régime et tout ce que les pointus trouvent à lui reprocher, comme un peu parvenu, c'est presque d'en trop savoir. Cela ne vaut-il pas mieux?

Avant de sortir de son Appartement intérieur, Joséphine recevait encore la visite de son médecin : elle n'en avait point qui lui fût régulièrement attitré dans le Service de santé de l'Empereur, mais M. Leclerc en remplissait ordinairement les fonctions : c'était son intimité avec Corvisart qui l'avait fait désigner plutôt que ses titres de docteur régent de la faculté de Paris, de médecin du Châtelet et de l'hôpital de Saint-Cyr, de professeur à la Faculté et de médecin en chef de Saint-Antoine. Au surplus, homme fort distingué, praticien remarquable et passionné pour son art. Lorsqu'il mourut, en janvier 1808, d'une piqûre anatomique, il eut pour successeur le docteur Horeau, élève de Corvisart, dont il a même rédigé des *Leçons sur les maladies du cœur*. Horeau ne quitta point l'Impératrice, l'assista dans sa dernière maladie et, plus tard, abandonnant la carrière médicale, devint sous-préfet de Pontoise.

Bien que Joséphine eût une santé de fer, qu'elle soutînt la fatigue et les intempéries avec cette incroyable résistance qu'ont les femmes, elle se croyait toujours malade, sollicitait sans cesse des remèdes, abusait des purgations et parvenait à force de petits soins à déranger son économie. Lorsque Leclerc ou Horeau ne savaient plus comment refuser des médicaments inutiles, ils appelaient Corvisart qui arrivait à la consultation et, avec son sérieux souriant, ordonnait des pilules. Elles étaient de mie de pain, l'Impératrice s'en trouvait immédiatement soulagée et s'empressait de faire au Premier médecin quelque beau présent, comme cette tabatière d'écaille ornée d'un camée antique d'Esculape qu'on voit au Musée de Cluny. Le pis qu'elle eût étaient des migraines, mais encore assez rares, étant donné son genre de vie, et point si violentes qu'elles l'arrêtassent lorsqu'elle avait quelque chose à faire avec l'Empereur.

*
* *

Précisément à onze heures, car elle portait aux actes de son existence extérieure une ponctuelle et rare exactitude, l'Impératrice, en cette toilette presque de dehors, sortait de son Appartement intérieur, tenant de sa main gantée un mouchoir de dentelles. Il n'y avait point de poches aux robes, et ce ne fut que vers 1812 qu'on reprit, des femmes du Directoire, l'usage des ridicules, mais en les chargeant cette fois, selon le nouveau goût, d'orfèvrerie et de pierres au fermoir.

Accompagnée de la dame du Palais de jour, qui, le plus souvent, avait assisté à la fin de sa toilette, elle entrait dans le Salon jaune où l'on introduisait les femmes qu'elle avait fait inviter à déjeuner. Au moins depuis l'Empire, Napoléon déjeunait seul dans ses appartements, sur un guéridon volant et le plus rapidement possible. Joséphine, au contraire, avait gardé l'habitude de recevoir des femmes à déjeuner et, outre la Dame de service, outre la Dame qui logeait aux Tuileries, et souvent la Dame d'honneur, elle avait des personnes de la Cour, le plus souvent des femmes de grands officiers, de généraux, de ministres ou de conseillers d'État, mais parfois aussi des femmes qui n'étaient point du monde officiel — jamais d'étrangères, jamais qui que ce fût qui tînt aux diplomates accrédités près de l'Empereur, bien entendu, jamais d'hommes.

Avertie par le préfet du Palais, l'Impératrice passait dans le Salon de service où la table était dressée. Le service était fait sous la direction de son maître d'hôtel, Richaud, en habit de fantaisie, par les deux premiers valets de chambre Frère et Douville, le mamelouck et les valets de chambre d'appartement. Le menu, prévu pour dix personnes, comportait un potage, quatre hors-d'œuvre, deux relevés, six entrées, deux rôts, six entremets, six assiettes de dessert. On buvait du vin de Beaune et deux bouteilles de Bourgogne fin. Le café était servi à table ainsi que les liqueurs dont on accordait une demi-bouteille. Joséphine, qui mangeait peu, faisait les honneurs avec une grâce charmante et presque d'un air d'égalité, provoquant les confidences, se faisant raconter les histoires en cours, les emmagasinant avec soin, car elle savait que rien ne plaisait mieux à l'Empereur que d'être instruit et que les cancans de la ville l'intéressaient fort. Entre femmes ainsi, quelle que fût la différence des rangs, on se surveillait moins, on se livrait davantage et d'ailleurs, Joséphine excellait à poser les questions, à tirer profit des réponses et savait à miracle cet art de converser dont alors on faisait des poèmes en vers, mais qu'on pratiquait mieux encore en prose.

Parfois, l'Empereur descendait : s'il trouvait des personnes qui ne fussent point de la Cour, il faisait la moue et, aussitôt, l'Impératrice se levant, passait avec lui dans l'Appartement intérieur. S'il n'y avait que les dames de service ou d'autres qu'il connût, il restait, s'installait, taquinait celle-ci ou celle-là, sans méchanceté, mais montrant qu'il en savait trop. Quelquefois, la plaisanterie se prolongeait, devenait embarrassante, puis cruelle, mais, heureusement, ces interventions de Napoléon étaient rares.

Le déjeuner terminé, Joséphine rentre dans son salon, car le moindre tour dans le jardin des Tuileries est impossible. Ce sera seulement à la fin de 1810, lors de la grossesse de Marie-Louise, que l'Empereur fera réserver à son usage la Terrasse du bord de l'eau ; ce ne sera que l'année suivante, pour le Roi de Rome, qu'on creusera un souterrain pour y venir du Palais sans faire émeute. Jusque-là, tout exercice à pied est impossible à moins qu'on n'aille en voiture, par la route de Saint-Germain ou grande route de l'Éperon de l'Empereur (avenues de la Grande-Armée et de Neuilly), chercher le bois de Boulogne à la porte Maillot, ou que, par les bords de la Seine, on ne gagne la Meute par Chaillot et Passy : nulle route plus directe, et, une fois là, que faire dans ces allées dont deux seulement, la Route impériale et la Longue allée, sont carrossables, qui toutes aboutissent à des ronds-points sans perspective, et où la végétation est aussi médiocre que la vue? De plus, le Bois, avec ses environs déserts, inhabités depuis l'Étoile, est fort peu sûr et lorsque, par grand hasard, Joséphine y va hors des jours de chasse, c'est accompagnée d'un écuyer, suivie d'une voiture de service et escortée de son piquet : un officier, un trompette et quatorze chasseurs.

Par intermittences, comme s'il avait besoin de s'entraîner ou que sa santé l'exige, l'Empereur, à des moments, est pris d'un zèle de chasse et quoique Joséphine n'ait aucun goût de vénerie, qu'elle ait grand'peine à se retenir de pleurer à l'hallali, qu'elle ait des haut-le-cœur à la curée, et qu'elle ne trouve la chasse heureuse que si l'on a fait buisson creux, ou si elle a obtenu grâce pour la bête réfugiée sous sa voiture, pourtant, elle suit dans tous *les petits environs*, au Bois de Boulogne, à Marly, à Saint-Germain, à Versailles, et elle s'efforce de paraître brave dans les mauvais chemins de forêt, de ne point crier, au moins quand l'Empereur est là et de paraître prendre à la chasse un intérêt lorsque même la promenade, ailleurs qu'en un parc, est une corvée pour elle.

Elle n'a donc nul regret à y renoncer et se cantonne dans son salon. Parfois, une partie de billard avec un chambellan qui s'ingénie à perdre ou, s'il n'y a que les gens de la maison, sur la harpe qui est là dans un coin, quelques frôlements légers qui font à peu près un air — toujours le même, car elle n'a point progressé en ce talent de musicienne que lui attribuait son père, à sa sortie du couvent de la Providence. Plus souvent, la tapisserie : elle a sa fournisseuse attitrée, Mademoiselle Dubucquoi Lalouette, qui lui a persuadé que, la Reine faisant de la tapisserie et en faisant faire aux dames de sa cour, rien n'était mieux séant et que c'était même nécessité. C'est Mademoiselle Dubucquoi qui trace les dessins, échantillonne les canevas de façon qu'il n'y ait qu'à remplir, mais cela suffit fort bien à Joséphine. Ainsi, croit-elle avoir tiré point à point, le meuble du salon de Malmaison — le meuble tout en soie blanche avec le double J entrelacé en roses pompon, ainsi les rouleaux de tapisserie qui sont enfermés aux atours : un meuble entier fonds amarante, avec les Muses silhouettées en blanc ; un meuble entier fonds cerise, avec figures antiques simulant le bronze, puis des morceaux et des bandes à l'infini : rose sur blanc, noir sur vert, des écrans, des tableaux en chenille, sans parler de toutes ces chaises montées et garnies qui meublent le Petit appartement de l'Empereur et que Napoléon réclamera pour son fils dans son testament de Sainte-Hélène.

De lectures, point. Elle est sans doute abonnée aux périodiques et aux grands ouvrages à gravures qu'on publie par souscription. Il lui en coûte de 1,800 à 2,000 francs par année ; surtout pour les livres de botanique aux belles images coloriées au pinceau, mais cela ne se lit point. Il faut qu'elle soit en voyage pour qu'il lui prenne idée de faire acheter pour une centaine de francs de volumes à lire. Sans doute elle dispose à Paris de la Bibliothèque du Louvre, elle a celle de Malmaison, celles de tous les palais impériaux, mais qu'importe puisqu'elle ne lit point, ne se fait point lire et que ses lectrices servent à tout autre chose ? A moins que ce ne soit un roman où elle croie trouver quelque allusion à sa position ou à son avenir, elle ne regarde point l'imprimé, en a cette sorte de crainte si fréquente chez la femme, ce mépris surtout, comme d'une chose inutile et oiseuse, et cette impératrice, qui dépense un million par an pour sa toilette, lorsqu'elle veut lire une nouvelle qui coûte trente sols, se la fait prêter et se garde bien de l'acheter!

Non, rien, ni lecture, ni musique, ni promenades, mais de la conversation. Et, heureusement, presque aussitôt qu'elle est rentrée avec ses invités dans le Salon jaune, commencent à affluer dans le Premier salon les personnes à audience. Il en vient de toutes les sortes : gens des colonies que la révolte des nègres a ruinés et qui se sont découvert une alliance plus ou moins directe avec les Tascher ; gens de l'ancienne société qui brusquement, par une illumination du Ciel, se sont souvenus d'avoir rencontré quelque part une vicomtesse de Beauharnais qui, d'ailleurs, ne comptait point et, subitement, se sont épris pour cette dame d'une grande passion; gens de la nouvelle société — de la Cour, s'entend — car, c'est pour les fidèles et les dévoués que l'étiquette réserve toutes ses sévérités et, si un ci-devant marquis est admis tout droit, avec femme et enfants, chez celle que, dix ans plus tard, il appellera l'*Épouse du Tyran*, un officier supérieur, commandant ou major, aura la plus grande peine à forcer les barrières, à moins qu'il ne porte un nom d'autrefois et que, à ses débuts, il n'ait pas fait le coup de fusil contre les sans-culottes. Finie l'intimité avec Charlotte Robespierre qu'on aimait assez jadis pour lui offrir son portrait, mais dont le nom seul, à présent, est pour mettre en fuite les visiteuses de marque; finie l'amitié avec Madame de Crény, avec Madame Mailly de Château-Renaud, avec Madame Hamelin, avec Madame de Carvoisin, avec Madame Hainguerlot, avec Madame Tallien : pour celle-ci, il a fallu l'expresse volonté de Napoléon, sévèrement manifestée ; longtemps, Joséphine a persisté à la recevoir le matin ; le matin même devenant dangereux, à lui donner des rendez-vous la nuit, mais, à l'époque du mariage avec M. de Caraman, l'Empereur a formellement exigé la rupture, terriblement même, moins à cause de la femme que du mari. Joséphine ainsi a effacé de sa vie la plus grande partie des liaisons qu'elle a formées durant la Révolution et comme, en fait, sauf quelques créoles, c'était là sa société unique, pour s'en former une nouvelle, elle a dû se rejeter uniquement à la famille de son premier mari et à la sienne, à quiconque est parent ou allié des Beauharnais ou des Tascher, fût-ce à des degrés incalculables. C'est surtout aux Beauharnais qu'elle s'est attachée, parce qu'ils sont plus connus, plus répandus, plus titrés et qu'ils lui servent de rabatteurs : ce qu'elle a obtenu pour eux est incroyable, et à moins de faits précis, ne se pourrait admettre.

Siège au Sénat pour l'ex-cousin, Claude de Beauharnais, avec sénatorerie, titre de comte, 24,000 francs de traitement sur la cassette de l'Empereur, gratifications qui vont à cent mille francs d'un coup ; place de dame d'honneur chez la princesse Caroline pour sa seconde femme, Mademoiselle Fortin-Duplessis, et, pour la fille du premier lit, Stéphanie, l'adoption impériale et un trône en Allemagne.

A la mère de ce Claude, la Fanny, pension de 24,000 francs sur la cassette de Napoléon et gratifications annuelles de 10,000 francs à chaque coup.

Claude a épousé en premières noces une Lezay-Marnézia ; au frère de celle-ci, Adrien Lezay, la légation de Salzbourg, la préfecture du Bas-Rhin, un traitement, en 1806 et 1807, de 5,000 francs par mois sur la Cassette et des gratifications à l'infini.

Claude a une sœur : Madame de Barral. Son mari sera préfet, baron, donataire, général de brigade ; son oncle, ancien évêque de Troyes, aura une pension de 3,000 francs sur la Cassette ; son beau-frère sera évêque de Meaux, premier aumônier de la princesse Caroline, archevêque de Tours, sénateur, comte de l'Empire, premier aumônier de l'Impératrice ; un autre beau-frère sera chambellan du roi de Westphalie, avec sa femme dame de la princesse Pauline ; un autre, premier président de la cour de Grenoble après avoir été député au Corps législatif.

Alexandre de Beauharnais avait un frère, le *féal Beauharnais*, député de la noblesse de Paris aux États-Généraux, colonel aide-major à l'Armée de Condé, le plus intransigeant des royalistes : dès 1801, Joséphine veut le faire nommer général au service d'Espagne ; elle le fait rentrer en 1802, on lui rend ses biens et on le nomme ministre en Étrurie, puis ambassadeur en Espagne. Il y fait sottise sur sottise : il faut que Napoléon le rappelle et, après, qu'il paye ses dettes. Rien à faire avec la famille de ce Beauharnais : sa première femme, née Beauharnais, a divorcé et a épousé un nègre ; lui-même s'est remarié à une chanoinesse de l'ordre de Lobeck en Lusace, Mademoiselle de Cohausen, qu'il a connue en émigration et qui vraiment est trop germanique. Joséphine a recueilli sa fille du premier lit et l'a un peu contrainte à épouser un aide de camp du général Bonaparte ; on la fera dame d'atours, mais par grâce spéciale : ce Lavallette n'est qu'un bourgeois.

La mère de François et d'Alexandre était, en son nom, Pivart de Chastulé, famille éteinte en mâles, mais dont il reste la plus précieuse des filles, car elle a épousé un cadet la Rochefoucauld : on lui fera une fortune que jamais, sous les rois légitimes, elle n'eût pu rêver.

La tante Fanny est, en son nom, une Mouchard et a une sœur qui a épousé un sien cousin, Mouchard de Chaban, officier aux Gardes ; de là, un fils qui sera préfet, conseiller d'État, intendant des finances des départements hanséatiques.

Avec les Tascher, même chose ; mais, pour certains au moins, ce peut être convenance ou même tendresse : ainsi, sa mère, à qui elle fait assurer un traitement de 100,000 francs par année et qui tire sur l'Empereur à traite perdue ; ainsi, son oncle Tascher, qu'elle fait venir des Iles après ses six enfants, qu'elle installe dans l'hôtel de la rue de la Victoire, qu'elle cravate de la Légion, dont elle paye les dettes, dont elle adopte fils et fille pour leur faire faire des mariages souverains ; ainsi, les Sanois, ses cousins germains, sa mère étant Desvergers de Sanois ; ainsi, les Audiffredy, aussi cousins ; ainsi, une vieille demoiselle Tascher, de Bordeaux, une autre, ci-devant religieuse ; même cette Madame de Copons del Llor, qui est née Desvergers de Maupertuis et à qui Bonaparte assure 6,000 francs de pension pour être la renseigneuse des correspondants de d'Antraigues. Cela ne tire pas plus à conséquence que les secours à Madame Tilden, à Madame Tully née Tartanson et, sauf dans les mariages Tascher où elle vise au grand, Joséphine ne fait là pour ses parents que ce qui est légitime en sa position ; elle ne prétend point qu'il en sorte, pour elle-même,

LA COMTESSE REGNAULD DE SAINT-JEAN-D'ANGÉLY
Tableau de Gérard
(*Musée du Louvre*)

aucun avantage. C'est déjà mieux avec Moreau de Saint-Méry qu'elle a fait conseiller d'État et administrateur général de Parme, avec M. Périer de Trémemont à qui elle a procuré un siège à la Cour des comptes; mais le beau, c'est la découverte, à Bordeaux, de M. Lafaurie de Monbadon, dont la tante a été — comme marquise de Durfort — dame d'atours de Mesdames et qui, lui-même, sous le nom de comte de Montcassin, a été colonel d'Auvergne-infanterie. Parenté lointaine sans doute et bien douteuse, mais enfin, Madame Lafaurie, née Chaperon de Terrefort, prouve, par sa mère, née de Gaigneron des Vallons, une sorte de parenté avec les Desvergers : c'est assez pour que M. Lafaurie soit, en 1805, maire de Bordeaux; en 1808, gouverneur du Palais impérial; en 1809, sénateur et comte de l'Empire. Il y a mieux encore : parce qu'il porte le même nom qu'elle, Joséphine va chercher, aux environs d'Orléans, pour en faire un sénateur et un comte de l'Empire, un M. Tascher qui s'est retiré capitaine au régiment de dragons-Penthièvre et qui, tout juste, est son cousin au vingt et unième degré !

Tout cela ne s'est point fait sans sollicitations et sans intrigues, sans recommandations, sans audiences, sans conversations. Encore, n'est-ce là que ce que le hasard des recherches a fait retrouver, une part sans doute infime des grâces faites à ces parentés. Qu'on juge, d'après les faveurs obtenues seulement pour ces deux familles — Beauharnais et Tascher — quel travail Joséphine a dû accomplir, à quel point elle a du être importunée et importuner à son tour, ce qu'il a pu passer par le Salon jaune de figures diverses, toutes plissées en prière, toutes contraintes en physionomie doucereuse et hypocrite, toutes agitées par l'ambition, toutes convulsées par le désir.

Les grandes grâces, celles où la vie est en jeu, sont rares à demander et à obtenir. Ce n'est point tous les jours, par bonheur, que Joséphine a à recevoir des Madame de Polignac et, pour emporter une tête, à forcer trois fois la porte du cabinet de Napoléon. Mais les petites grâces, celles où il s'agit d'une place, d'un titre, d'une pension ou d'une aumône, c'est le courant de l'existence, c'est, de midi à cinq heures, la raison d'être de Joséphine. Dès 1792, M. de Beauharnais, étant simple maréchal de camp, et elle séparée de lui, elle recommandait. Elle recommandait durant la Terreur et mal lui en prit. Elle recommandait sous le Directoire et cela, dit-on, lui rapporta quelquefois. A partir du Dix-huit brumaire, c'est devenu une folie. De ses lettres de recommandation connues, sorties, mises au jour, on ferait des volumes. Dans les archives des ministères, impossible de remuer un dossier de personnel sans en faire tomber une lettre où Joséphine recommande. Qu'est-ce encore, ces lettres demeurées, près des paroles envolées? Chaque fois qu'un ministre vient lui faire sa cour, elle lui parle d'un protégé et lui glisse un mémoire avec une pétition. A la Guerre, cela prenait avec Berthier, cela ne prit point avec Carnot, il s'en alla tout droit trouver le Premier consul, son portefeuille rempli de ces lettres de Madame Bonaparte : « Que voulez-vous que je fasse de cela, demanda-t-il? — Conservez ces lettres comme documents, lui répondit Bonaparte, et dites aux gens qui voudraient s'en faire un titre auprès de vous que je vous ai prié de ne donner aucune place aux intrigants. » Et Joséphine lui dit après : « Mon cher Monsieur Carnot, n'ayez aucun égard à mes recommandations et à mes apostilles ; on me les enlève à force d'importunités et je les donne à tout le monde sans conséquence. »

Pour un Carnot qui se rencontre et qui, marchant droit à l'obstacle, le voit tel qu'il est, de pure apparence, combien, plus faciles à intimider, moins résolus et plus serviles, lâchent la bride, donnent un tour de faveur, prennent des lunettes spéciales pour regarder un dossier, ne s'aperçoivent point que, dans les pièces remises, manque celle qu'il faudrait; combien croyant se faire bien venir et s'attirer des sourires, emplissent leur administration de personnages douteux, fripons les uns, traîtres les autres, de ceux qui, comme Vitrolles et Barruel-Beauvert, pour ne citer que les célèbres, se sont fait une gloire de leur infamie. Car Joséphine ne s'informe point, ne discute point, il suffit qu'on soit introduit, qu'on ait un nom, qu'on se présente en gens du monde, qu'on ait un air de l'ancienne cour. Cela leur fait tant de plaisir et lui donne si peu de peine. Bien mieux! Elle en arrive à recommander des personnes dont elle ne sait point même le nom. « Le porteur est un citoyen recommandable... » « Je n'ai que le temps de vous recommander le porteur. » Il y a cent lettres de ce genre.

D'abord, elle vise à tout, même dans l'armée et les Relations extérieures; mais, assez vite, elle s'aperçoit qu'il n'y a rien à gagner de ces côtés et que les places militaires et politiques sont sévèrement réservées par Bonaparte : elle se rejette alors sur les sièges de députés, sur les sous-préfectures, surtout sur les places de finances, celles qui ne demandent pas d'apprentissage spécial. Elle a, aux Droits réunis, un complaisant fidèle, Français (de Nantes) qui lui prend la plupart de ses protégés : elle en case d'autres aux Forêts, aux Douanes, aux Contributions directes, aux Haras, aux Poids et Mesures, aux Salines, aux Tabacs; mais, ce qui l'attire surtout, ce sont les Recettes des finances : elle a des candidats par centaines et, d'avance, elle s'ingénie à obtenir de l'Empereur la promesse de la troisième, de la quatrième vacance. Parfois, elle se trouve en concurrence avec des princesses de la Famille, même avec sa propre fille, et ce sont alors des combinaisons, des marchés, des échanges. Point de direction qu'elle ne connaisse, point de régie qu'elle ne sache, ou du moins on les découvre pour elle et elle s'empresse. Sans doute, sa bonne volonté est courte et sa mémoire a besoin d'être rafraîchie : mais les anecdotes que l'on conte à ce sujet ne sont-elles point, la plupart, inventées pour justifier l'ingratitude? Nul doute qu'elle ne soit singulièrement obligeante et portée à rendre service; nul doute aussi qu'elle ne préfère tirer des lettres de change sur l'État ou sur la Cassette de l'Empereur à ouvrir sa propre bourse réservée pour ses fantaisies. N'a-t-elle point raison? Sa réputation de bienfaisante personne n'en est-elle pas comme augmentée? et n'a-t-elle point ainsi tout l'agrément de recevoir les gens, de les renvoyer satisfaits, de s'attirer même quelques bénédictions au moins momentanées, sans qu'il lui en coûte autre chose que des mots, du papier et un peu d'encre?

* * *

A ces causeries, à ces visites, à ces audiences, à ces lettres, s'usent les heures. Arrive le moment de la toilette du soir, et c'est assez tôt, car le dîner est marqué pour six heures. L'Impératrice repasse donc dans ses appartements, mais, avant, parfois, avec quelques femmes de son intimité, elle a pris le thé pour lequel l'Office prépare chaque jour cinq entremets pour la joie des enfants qu'il est de mode d'amener et qui, toujours, s'en vont avec quelque joli présent.

A la toilette, les choses se répètent comme le matin ; Joséphine change de tout linge, mais, quand arrive la coiffure, le plus souvent, au lieu d'Herbault, c'est Duplan. Il la coiffe en cheveux, avec des perles, des pierres précieuses, des fleurs artificielles, souvent avec des morceaux de crêpe, de tulle, de mousseline, de velours ou de cachemire, brodés en or ou en argent. Puis, les femmes de garde-robe apportent, dans de grandes corbeilles, les robes à choisir : il est rare que Joséphine mette deux fois la même, mais toutes sont très décolletées et, même pour les tout petits jours, singulièrement élégantes. On s'y perd, dans ces robes ; il en est de toutes les couleurs, de toutes les formes, de toutes les étoffes, gaze, velours, satin, blonde, crêpe, crêpon de Barèges, tulle, peluche, cent trente robes du soir en une seule année, sans compter les tuniques et en dehors des Grands habits qui sont pour les cérémonies, les cercles, les spectacles et les bals. Et si l'on regarde les robes voltigeantes, ces tulles brodés d'argent ou d'or, garnis d'Angleterre, de dentelle d'argent, relevés de fleurs de toutes les nuances, ces blondes brochées de soie claire, lisérées d'argent, brodées d'or, ces gazes aux raies de tous les tons vifs, aux lames de tous les métaux, bien mieux, ces robes, toutes d'Angleterre, ou de Point, ou de Malines, ou de Valenciennes, toutes collantes au corps, moulées aux formes, mais estompant leur ligne d'un clair nuage ou comme de halos colorés ; si l'on passe après aux robes de satin et de velours qui donnent la note grave dans ce concert d'élégance, robes de richesse et de poids, garnies de franges de perles, de blonde chenillée, d'hermine ou de martre, brodées des soies de tous les tons, d'argent, d'or et de pierres de couleur, alors tout papillotte aux yeux, tout se brouille en l'esprit et il est impossible d'en rendre compte. D'ailleurs, fixe-t-on l'élégance de la femme et, par des mots, dessine-t-on cette chose, précise pourtant, qu'est le patron d'une robe? Donne-t-on l'idée du particulier et du rare qui en fait le chef-d'œuvre d'un artiste? Entre-t-on assez dans le détail des choses pour faire reconnaître ici la main d'un Leroy, là, celle d'une regrattière quelconque? Bien plus encore que la notion des êtres, celle des vêtements qui les habille, est fugitive et incertaine et, à la distance d'un siècle, il est impossible de préciser l'abîme qui sépare deux robes d'étoffe semblable, de forme pareille, d'ornements presque identiques, dont une est d'impératrice et l'autre de boutiquière endimanchée, dont une vaut deux cents louis et l'autre deux cents francs.

Napoléon tenait à ce que, le soir, Joséphine fût très habillée et le fût à son goût. Il avait la prétention de s'y connaître et critiquait sévèrement tout ce qui n'était point de la plus parfaite et de la plus nouvelle élégance. Il y portait une idée de gouvernement, voulant qu'on fît, en employant le velours et la soie, gagner de l'argent à sa bonne ville de Lyon : aussi, depuis le Consulat, n'admettait-il plus, pour le soir, les mousselines de l'Inde et les étoffes étrangères et, par ce simple fait, était-il arrivé, dès 1806, à faire remonter l'exportation des soies ouvrées de Lyon à 500,000 kilogrammes, celle des velours de soie, seule, à plus de 21,000 kilogrammes. Il se guidait, pour ses goûts de toilette, sur l'intérêt des manufactures de Saint-Quentin, de Caen, de Chantilly, et, par le luxe dont sa femme donnait l'exemple, par le renom qu'avaient repris en Europe les modes françaises, l'exportation en avait, sur 1788, quadruplé en 1806, de 650,000 francs, était montée à deux millions et demi.

Pour surveiller cela, pour distraire son esprit, pour donner un agréable spectacle à ses yeux, parfois il descendait chez sa femme, à l'heure de la toilette du soir. Et alors, s'il était de bonne humeur, il s'amusait à poser des questions aux femmes de chambre : « Qu'est-ce que c'est que cela? — Je n'ai pas encore vu cela? — A quoi cela sert-il? — Combien cela coûte-t-il? »

Il donnait une tape à celle-ci, pinçait la joue ou l'oreille à celle-là et, sans égard pour la majesté de l'Impératrice, la traitait de même, lui appliquant, en jouant, des claques sur les épaules. « Finis donc, Bonaparte, finis donc! » disait-elle de sa voix lassée et chantante, mais il continuait, car il n'avait point de mesure et parfois, sans y penser, faisait mal. Il avait toujours aimé les jeux de mains, comme il arrive à ceux à qui l'on ne rend point les coups et dont un pinçon s'affiche comme une marque de faveur. Plus il était d'humeur joyeuse, plus il se plaisait à ce divertissement et moins il comprenait qu'on s'en fâchât.

Toutefois, s'il arrivait qu'on ne le supportât point, on y perdait en familiarité, mais on n'était pas moins bien vu.

Là même, à la toilette de sa femme, Napoléon trouvait à exercer les facultés maîtresses de son esprit : faculté d'analyse qui le portait à se rendre compte de tout, faculté d'ordre qui l'amenait à remarquer l'insignifiante présence de telle ou telle femme de chambre, à s'enquérir des tours de service et des attributions particulières ; puis, la gaminerie reprenant, il bouleversait les écrins et emmêlait les parures. Une apparition en coup de vent, d'ailleurs — à moins qu'il ne se trouvât dans un jour de détente, ces jours où, inoccupé, oisif, impuissant en apparence à triompher du labeur, il donnait comme congé à son esprit, laissant ses desseins mûrir eux seuls par le travail obscur, presque inconscient de son cerveau. A moins de cela, une entrée rapide, des mots brefs jetés, des questions posées, un remue-ménage hâtif et une fuite à nouveau par l'escalier noir.

L'Impératrice terminait sa toilette : comme elle n'aimait point les bijoux pour les enfermer mais pour en jouir et s'en parer, elle en mettait de très beaux et en nombre. Peu de bracelets pourtant, mais des bagues, des colliers, des boucles d'oreilles, des ceintures, souvent assorties aux pierres qui la coiffaient.

Les éventails étaient peu d'usage, et ceux dont elle se servait, très rarement d'ailleurs — on n'en trouve que huit dans sa garde-robe en 1809 — étaient tout petits, sans valeur ni goût d'art, fournis par les parfumeurs, de ces minuscules éventails en gaze, brodés en paillettes d'or, d'argent ou d'acier, montés sur des flèches de nacre de perle ou d'écaille pailletée, pur objet de mode. C'est fini, même pour les éventails les plus riches, ceux dont la monture est couverte de diamants et de pierres précieuses, des feuilles miniaturées ; le dernier des éventails d'artiste semble

LA DUCHESSE D'ABRANTÈS
Miniature d'Isabey
(*Appartenant à M. Panhard*)

être celui offert à Madame Bonaparte vers 1800, qu'avaient dessiné Chaudet, Percier et Fontaine. Combien loin des éventails de Boucher!

A défaut de l'éventail, dont elle se sert peu, Joséphine a le schall. Il est étroit pour le soir, presque en écharpe, léger et fin à passer dans une bague, et c'est un jeu, plus délicat sans doute que celui de l'éventail, autrement voluptueux et significatif, celui de ce schall que l'on porte sur un bras, qu'on remonte aux épaules, qu'on en laisse glisser jusqu'à la taille, ce schall tout mince, tout vaporeux, tout fluide en son tissu de rêve, qui obéit comme à la pensée et qui, étroitement lié au corps, en subit toutes les impressions, en traduit toutes les sensations, en trahit tous les désirs.

La toilette achevée, parachevée, Joséphine attend que le préfet du Palais vienne lui annoncer que le dîner est servi et que l'Empereur est prêt à passer à table. Elle attend une heure, deux heures, parfois trois ou quatre. Il arrive que l'Empereur oublie qu'il n'a point dîné et que brusquement, à onze heures, il entre chez l'Impératrice, disant : « Allons nous coucher! » et il faut qu'on lui rappelle qu'il n'a point mangé. Joséphine ne s'impatiente point, ne monte pas chez son mari, respecte son travail. Ce qui est de la nourriture compte peu ou point pour elle : non seulement elle n'est point gourmande, ni même friande, mais elle n'a pour ainsi dire pas de besoins. De fait, elle a eu un repas sérieux, le déjeuner, puis elle a pris le thé et cela suffit dans cette vie sans nul exercice.

Elle reste donc là à causer avec ses dames jusqu'au moment où elles passent dîner à la table du Grand maréchal ou à celle de la Dame d'honneur, s'installe à des patiences qui sont le grand moyen qu'on a trouvé pour user le temps, ou bien fait venir, pour parler, quelqu'une des femmes de la petite intimité : mais, le plus souvent, elle rêve aux moyens d'écarter cette menace du divorce constamment suspendue sur sa tête et dont l'approche inéluctable amène, depuis 1807, presque à chaque séjour de l'Empereur en France, une crise violente.

Lorsque, à la fin, Napoléon se souvient du dîner, le préfet du Palais avertit Joséphine et elle se rend dans le salon où la table a été dressée. C'est, soit au premier étage, dans un des salons de l'Empereur, soit chez elle, dans le premier salon de ses appartements. Les couvreurs de table ont disposé le couvert selon les règles d'étiquette et, selon que c'est chez l'Impératrice ou chez l'Empereur, c'est le maître d'hôtel de celui-ci ou de celle-là qui sert. Les pages présentent les assiettes qu'ils reçoivent des valets de chambre d'appartement, lesquels les tiennent du maître d'hôtel. Le repas — potage, bœuf, un relevé, un flanc, quatre entrées, deux rôts, deux entremets, deux salades — est servi sur table ; on ne relève que pour le dessert : en quinze minutes, vingt au plus, tout est fini.

A Paris, l'Empereur et l'Impératrice dînaient toujours tête à tête, hormis le dimanche où les princes et princesses participaient au dîner de famille. A partir de 1806, ce dîner de famille devint presque un mythe, car la plupart des princes étaient hors de France, mais le principe subsistait et, s'ils revenaient à Paris, ils reprenaient leurs places. A Saint-Cloud, les princes et les princesses, sur invitation spéciale, les ministres, après un travail avec l'Empereur, parfois quelques grands officiers de l'Empire ou quelques femmes étaient admis à la table impériale. Il en était de même à l'Élysée considéré comme résidence de campagne ; mais, si cela faisait quelque diversion, si l'étiquette était un peu moins sévère, les choses pourtant se passaient à peu près de même. L'Empereur, au lieu de poser des questions au préfet du Palais, en posait aux invités, mais c'était égal, pour Joséphine, que ce fût le bibliothécaire, le préfet, un aide de camp, un officier d'ordonnance ou bien un ministre, car le travail, en fait, continuait et l'Impératrice n'avait rien à y voir.

Le dîner terminé, elle rentrait avec l'Empereur dans le salon où elle lui servait elle-même le café, et, à moins qu'on n'allât à l'un des quatre théâtres impériaux, qu'il n'y eût cercle, bal, concert ou spectacle au Palais, ce qui arrivait au plus deux fois la semaine, la soirée, fort courte d'ailleurs, se passait en tout petit comité. L'Empereur faisait appeler les officiers et les dames de service ; il arrivait, pour faire leur cour, quelques personnages qui avaient obtenu les entrées : grands dignitaires, grands officiers de la Couronne ou de l'Empire, sénateurs tout à fait en faveur et dans les bonnes grâces de l'Empereur. Après avoir dit quelques mots aux uns et aux autres, le plus souvent, Napoléon remontait travailler et, tous les hommes debout, les femmes parfois installées, par contenance, à une table de loto, l'Impératrice prenait une tapisserie où elle semblait travailler en suivant une vague conversation, ou bien, avec un grand dignitaire ou un de ses chambellans, elle faisait une partie de trictrac. Elle y jouait bien et très vite, en savait tout l'étrange vocabulaire et se plaisait, en le parlant, à embarrasser son adversaire. Aussi bien, tout jeu lui était bon et, aux cartes, elle excellait aussi, comme il arrive aux hasardeuses et aux inoccupées : elle aimait donc fort le whist et eût sans doute encore préféré des jeux moins savants, mais ils n'étaient point de mise.

Elle n'avait guère le temps, au surplus, de jouir de sa distraction favorite : on venait l'avertir que l'Empereur la demandait et elle quittait tout. Souvent, quand il était couché, il lui demandait de lui lire quelque roman, car il aimait le bercement de cette voix chantante aux claires notes argentines, il était singulièrement sensible à cette joliesse de voix, seul agrément que sa femme eût presque gardé tel qu'autrefois et, à l'écouter, tout le passé d'amour remontait à son souvenir et amollissait son cœur.

Endormi, elle redescendait, et comme elle aimait se coucher tard, quelque temps, elle avait essayé de retenir ses dames et quelques hommes de la Cour en faisant servir du thé, mais cela avait déplu à l'Empereur. Elle se contentait à présent de reprendre et d'allonger le plus qu'elle pouvait sa partie de trictrac et, avant minuit, tout le monde était retiré.

C'était alors la toilette de nuit, fort longue, car elle y mettait autant de coquetterie qu'à sa toilette de jour. « Elle y était aussi élégante », a dit l'Empereur, et « elle avait de la grâce, même en se couchant. »

Cette vie que Joséphine mène à Paris, l'Empereur présent, n'est presque point plus distraite s'il est absent. L'étiquette est la même et la surveillance exercée est continue. Si l'Impératrice s'avise d'aller en loge grillée, accompagnée pourtant de son service, rire à quelque petit théâtre, tout de suite, fût-ce des confins de la Russie, une réprimande arrive. « Il ne faut pas aller en petite loge aux petits spectacles. Cela ne convient pas à *votre* rang. *Vous* ne devez aller qu'aux quatre grands théâtres et toujours en grande loge. » S'émancipe-t-elle dans ses réceptions : « Je désire que tu ne dînes jamais qu'avec des personnes qui ont diné avec moi, que la liste soit la même pour les cercles, que tu n'admettes jamais à Malmaison, dans ton intimité, des ambassadeurs étrangers. » Et toujours ce refrain : « Vivez comme vous le faisiez quand j'étais à Paris » et, « Si tu faisais différemment, tu me déplairais. » Or, Joséphine n'ignore point que, chaque jour, de ses entours d'abord, du Palais même et du ministère de la Police, Napoléon est minutieusement averti de ce qu'elle fait, des visites, des promenades, des spectacles, des moindres et des plus insignifiants détails de son existence quotidienne. Si elle manquait, dans ses lettres, de parler de quelqu'un qu'elle a reçu ou de quelque chose qu'elle a fait, dit, ou même entendu dire, le rappel à l'ordre suivrait à coup sûr. Elle ne bouge donc point sans avoir demandé et reçu les permissions et, à Paris au moins, elle mène presque exactement la même existence que si, subitement, Napoléon, comme il le lui écrit souvent, comme il le fait parfois, devait venir tomber dans sa vie : elle n'a point tort ; une seule fois, en 1809, et non par sa faute, elle ne se trouve point à Fontainebleau au moment précis où l'Empereur arrive, et ce retard n'est point sans servir de quelque prétexte à la définitive résolution du divorce.

Ainsi passent les jours dans ce loisir inoccupé de harem où la femme, toute entière soumise au maître et à ses désirs, semble toute courbée, plus par terreur que par amour, à lui plaire et à le servir. Vie de sultane favorite comme la mène, à l'autre bout de l'Europe, la cousine de Joséphine, Mademoiselle de Rivery qui, prise par des pirates à son retour de France, a été, selon la légende, envoyée en présent au Grand seigneur par le Dey d'Alger et en a eu un fils, ce Mourad II, qui monta

JOSÉPHINE EN 1806
Buste de Houdon
(Musée de Versailles)

au trône en 1808. Sans cesse, la crainte de la répudiation ou de l'abandon, la torture ou l'inquiétude de la jalousie; dans le palais clos, fermé, gardé, les longues parures, les achats de bijoux et d'étoffes qu'apportent les marchands, les visites de femmes; puis, les doigts occupés vaguement à tracer quelque dessin d'aiguille ou à remuer des pierres précieuses; les jeux d'adresse ou de hasard, la recherche des sorts et le devinement de l'avenir, l'attente constante du bon plaisir du maître, qu'est-ce, sinon la vie que mènent aux rives du Bosphore les odalisques, dans leur oisiveté opulente et craintive? Il manque à Joséphine le narghileh et les sorbets à la rose, mais elle a d'autres plaisirs.

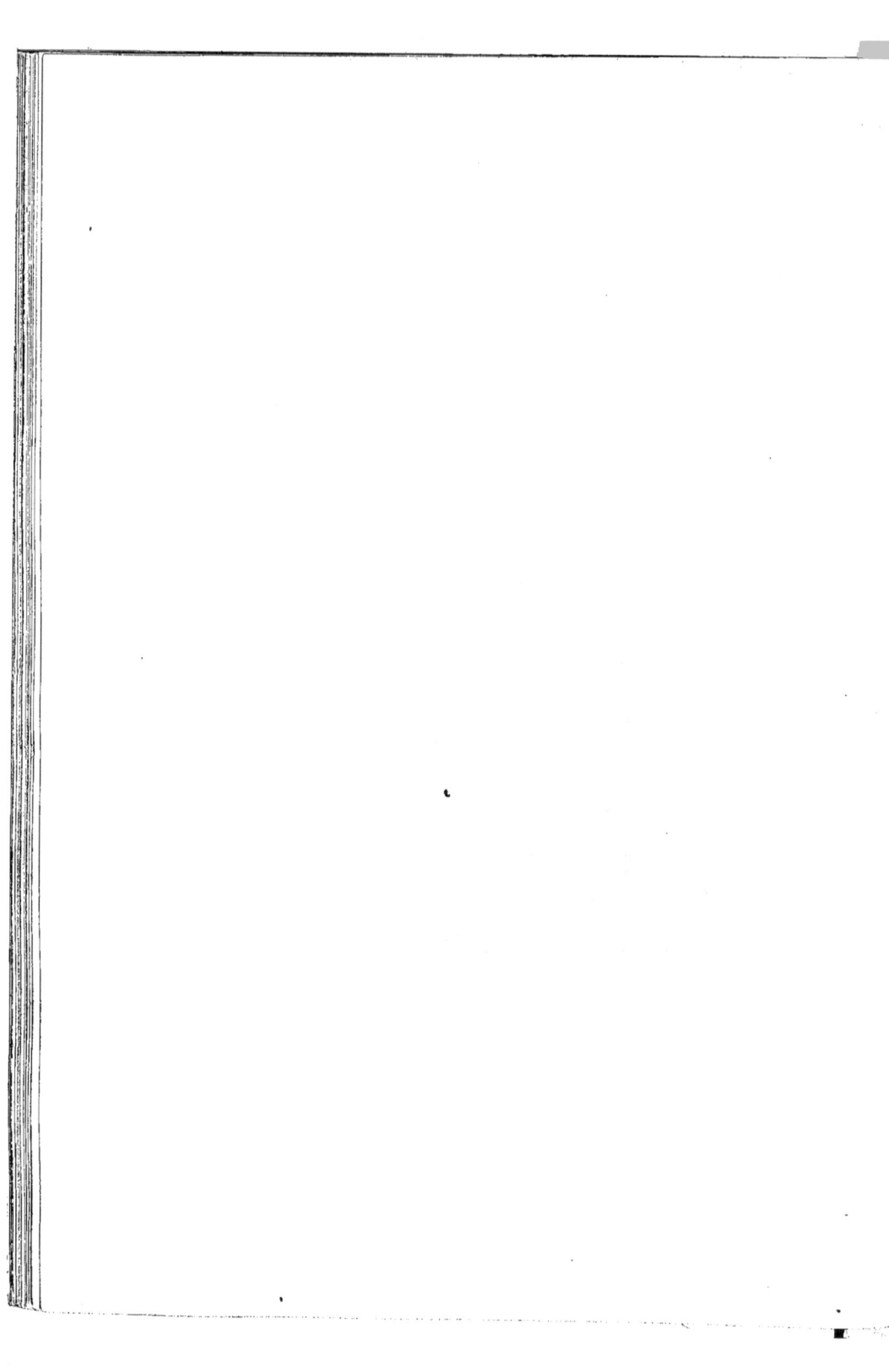

ATTRIBUTS EMBLÉMATIQUES DE LA MAISON

(Gravure inédite, d'après Percier et Fontaine)

II

LA MAISON DE L'IMPÉRATRICE

Quoique menant cette vie, quoique enfermée dans un palais dont elle ne sort pas même pour prendre l'air, Joséphine échappe à cette sorte de maladie qui tient à ce qu'on nomme *la Cour* et qui affecte presque infailliblement les souverains. L'existence de la plupart s'écoule au milieu d'un nombre très petit d'individus, à échine souple et à idées restreintes, qui portent aux lèvres l'indéconcertable sourire des danseuses et dont chaque parole est un acquiescement si empressé qu'il passe pour spontané. Ces êtres que, pour l'ordinaire, leur nom ou leur situation imposent bien plus même que le goût qu'on a pour eux ou que le dévouement dont ils ont fait preuve, forment pourtant la société quotidienne et obligatoire. On ne les aime point au premier aspect, mais on les garde. Peu à peu ils se groupent et se serrent; ils élèvent des barrières qui dérobent au souverain la vue du dehors et lui enlèvent la notion du réel; ils usurpent sur lui l'action que donnent la constante présence et la confidence nécessaire et l'enferment dans un cercle où nul ne pénètre qui ne les serve en quelque dessein ou qu'ils ne servent en quelque projet. L'atmosphère s'épaissit au point de devenir irrespirable pour qui n'est point de leur nature et de leur faction ; les bruits de la rue, amortis par leurs soins, reçoivent de leur servilité des interprétations toujours flatteuses. Et cela va ainsi jusqu'au jour où une révolution met à bas le souverain qui s'étonne et ne comprend rien à la catastrophe.

Si telle est la maladie de la Cour pour le souverain auquel les affaires de l'Etat, l'obligation de les suivre et la nécessité d'en parler doivent pourtant donner quelques aperçus sur le monde réel ; qu'on ne peut si étroitement entourer que, à un moment, une parole libre et fidèle ne parvienne à ses oreilles ; qu'on ne peut aveugler au point que quelques lambeaux d'écrit factieux ne lui tombe sous les yeux ; c'est la destinée presque irrévocable de toute souveraine qui, par son rang de naissance et par son origine étrangère, n'a pu former en France nulle liaison et nulle société en dehors de la cour qu'on lui impose. Cette cour, elle y passe sa vie du matin au soir ; elle n'en peut sortir, elle ne s'en peut délivrer. C'est un écran qui sans cesse s'interpose entre elle et la lumière ; il s'en exhale une mélopée adulatrice qui éteint tous les bruits. Si, prenant en gré certaines personnes de sa cour, la souveraine se lie avec elles, s'en compose un cercle particulier et croit former ainsi des amitiés, c'est pis encore ; car, aux faveurs prodiguées, aux exigences d'argent et d'honneurs qu'elle s'ingénie à satisfaire, elle ne gagne même point qu'on lui parle plus vrai ou qu'on lui soit plus dévoué, mais elle suscite des rivalités redoublées, provoque des haines inattendues, et s'étonne de trouver quelque jour ses pires ennemis parmi ceux-là qui étaient ses plus habituels serviteurs.

Seule des souveraines qui ont partagé le trône en France, Joséphine a échappé à cette tyrannie de la Cour. Par les cent audiences qu'elle donnait dans la matinée et dans la journée, par les habitudes qu'elle avait conservées avec quantité de femmes qu'elle avait connues, par ces entrées familières des petites gens qui avaient été de son intimité, elle recevait au moins des bouffées de l'air du dehors, elle vivait dans le présent, elle gardait une certaine mesure des êtres et des choses. La Cour n'était point tout pour elle; elle n'ignorait pas que, ailleurs, il y avait des hommes qui servaient l'Etat, des hommes même qui refusaient de s'employer sous l'Empereur et dont les femmes, par le nom qu'elles portaient et par leur situation personnelle, valaient au moins les dames de l'entourage. Dans la foule qui, aux grands bals des Tuileries et de la Ville, s'empressait à la saluer, elle mettait des noms sur les visages et ce n'était point pour elle, comme ce fut pour d'autres, un torrent anonyme qui s'écoulait, poursuivi par les brocards de ses officiers et de ses dames. Ses fonctions d'impératrice ne lui semblaient point une insupportable corvée dont elle dût se débarrasser au plus tôt, pour rentrer dans ses habitudes et retrouver son chez soi. Elle avait, sinon le sens de la reconnaissance vis-à-vis de ces êtres qui pouvaient en quelque point manquer à l'étiquette, du moins la conscience qu'elle avait besoin d'eux et la certitude qu'ils étaient solidaires.

Joséphine savait son monde comme il sied à une femme bien élevée qui appartient à une société polie, qui en connait les devoirs et est habituée à les remplir. Elle le savait comme il sied à une Française qui a appris quelque chose de l'histoire de sa nation, pour qui ne sont point indifférents l'honneur d'une race, les services rendus au pays, le sang versé, la gloire acquise et qui, mettant chez elle les gens de France au rang qu'il faut, ne leur préfère point, comme d'instinct, quiconque, étranger, apporte avec un titre faux ou un nom usurpé, le vulgaire de ses manières, l'élégance de ses toilettes et l'ignorance de son jargon.

Joséphine, si elle tenait cercle dans la Salle du Trône, si, par suite, elle était obligée à certaines formes particulières, restait pourtant, au fond, une *dame* recevant dans son salon, et les mots qu'elle disait étaient tels qu'elle eût pu les prononcer ainsi. Le sentiment qu'elle inspirait restait donc celui-là qu'on eût éprouvé pour une *dame,* d'un très haut rang sans doute, mais une *dame;* non pas ce quelque chose de si grand, de si lointain, de si majestueux qu'était jadis une reine de France. Pour la plupart de ceux qui avaient passé par la Révolution et s'y étaient élevés, l'Empereur était l'empereur : ils savaient sa supériorité, s'inclinaient devant son génie, le tenaient réellement pour le chef d'État et le chef d'armée : Qu'il fût monté au premier rang, qu'il eût pris le titre d'empereur, qu'il fût qualifié de majesté, rien de mieux : général, premier consul, empereur, il s'était partout, toujours, imposé comme le premier, mais Joséphine, si elle avait suivi la fortune de son mari, n'avait point, d'elle-même, grandi au point de changer d'essence, de paraître différente de nature à ceux qui l'avaient connue jadis, de leur imposer l'usage des formules d'adoration. On s'explique très bien ce général disant à Eugène quelques jours après l'Empire : « comment va Madame votre mère? » C'est ce qui naturellement vient aux lèvres et tout autre phrase exige un effort de pensée et un exercice de mémoire. Elle reste une *dame*, et, bien qu'elle tienne son rang et qu'elle ne se laisse manquer en rien, constamment, que ce soit à dessein ou par surprise, elle indique qu'elle n'est point née dans le rang qu'elle occupe, qu'elle se souvient d'avoir vécu dans la Société à une place différente ; elle semble reconnaissante des respects qu'on lui témoigne, mais elle ne paraît pas, alors, s'en rendre elle-même entièrement la dupe. Elle n'a point pris la dose d'orgueil qu'il faudrait, n'a point acquis cette superbe qui impose ; elle ne se sent point appelée par la Providence à une mission ; il lui manque ce qui est le principal en son cas : la Foi.

L'eût-elle que, quoique seule entre les reines de France elle ait ceint la couronne et reçu la triple onction, elle ne serait pourtant jamais une *reine*, au sens qu'attachaient à ce mot les contemporains ; jamais, elle n'approcherait de ce type qui doit rester imposant, inaccessible, presque hiératique : car la fonction dévolue à celle qui sert d'épouse à l'oint du Seigneur, fonction auguste, mystérieuse et sacrée, est de perpétuer la race que Dieu a choisie et, à cette fonction, tout est subordonné dans son existence, jusqu'à sa vie.

La femme qui remplit une telle fonction ne doit pas être soupçonnée, ne doit pas même être approchée ; elle ne doit être ni souriante, ni aimable, moins encore accueillante. Elle ignore s'il y a d'autres êtres. S'il est un monde extérieur, elle n'en sait rien ; elle attend la venue de son unique Seigneur et le reste n'est point.

En arrière, occupant une place qui semble nécessaire dans la monarchie, salutaire même à des points de vue — car si la Reine est tentée de la remplir, elle se perd, et la royauté avec elle — une autre femme se rencontre dont la fonction est non seulement de distraire le maître et de lui plaire, mais d'établir une sorte de correspondance entre le Roi et certaines classes de la nation. Elle est là pour répandre les faveurs d'un certain ordre, protéger les artistes, faire une grande dépense de toilette et d'ameublement, donner à la mode son essor et sa règle, être enfin la joie des yeux, le sourire et la faiblesse de la monarchie, apporter un peu de vérité, quelque chose de nature et de grâce dans ces salles dorées où les êtres figés semblent les figures de cire d'un musée d'automates. Or Joséphine possède toutes les qualités qu'on eût souhaitées à une maîtresse de roi et elle n'a point tous les défauts qu'on a reprochés à la plupart. Si elle est polie, obligeante et généreuse, si elle est prodigue et follement dépensière, elle ne se mêle point de la politique, et les intrigues où on la trouve ont pour objet unique de défendre sa position, d'empêcher qu'on ne la chasse ou la répudie. Elle ne voit que là : c'est là l'unique mobile de ses jalousies et la seule cause de ses ressentiments, passagers à dire vrai, « car elle n'a pas plus de fiel qu'un poulet », et elle pardonne ou oublie les pires offenses, celles qui devraient le plus profondément la blesser. N'est-ce pas là encore un trait qu'elle a commun avec les maîtresses bien plus qu'avec les reines, car, depuis quatre siècles, deux reines seules répudiées et combien de maîtresses renvoyées ! La répudiation ne saurait entrer dans les prévisions d'une reine véritable, par suite lui donner des inquiétudes, tandis que, si bien assurée qu'on la croie, la maîtresse tremble toujours devant la disgrâce possible.

Et, pour terminer la ressemblance, Joséphine a des amis à la Cour et parmi les gens employés ; elle y a des fidèles et presque des partisans ; mais, du jour où se retirera d'elle la main qui l'a élevée, la déchéance sera terrible : elle ne gardera d'honneurs que ce que le maître lui en laissera ; elle ne conservera de société que celle qu'il permettra. Il suffira d'un signe d'approbation pour qu'on se précipite; d'un geste de dédain ou de colère pour qu'on se retire. Des amitiés qui l'entourent, aucune presque ne va au dévouement; rien ne s'y mêle en tous cas de cette sorte d'adoration presque mystique que d'anciens Français portaient à la Reine. Joséphine n'a pu, à quarante ans, devenir brusquement un être de vénération : elle est restée un être d'amour. Ce qui fait son charme, ce qui établit sa popularité, ces liens qu'elle renoue avec qui l'approche, ces souvenirs qu'elle évoque, ces présents qu'elle fait, tout ce qui la rend le plus aimable la rend le moins souveraine, et, en rappelant toujours le point d'où elle est partie, empêche qu'on éprouve devant elle, au point où elle semble parvenue, cette sensation de trouble, d'émotion, d'entier abaissement de soi, d'infériorité sans espoir que doit produire sur les sujets celle-là qui vraiment est une reine.

Fût-elle autre qu'elle n'est, de naissance, d'alliances, d'éducation, de vie ancienne, arrivât-elle inconnue et étrangère, du premier coup, à ce trône, Joséphine ne serait point encore une reine, car jamais plus il n'y en aura en France : ces douze années ont creusé un abîme que rien désormais ne peut combler et, tout au fond, a glissé la vénération. L'Empereur, parce qu'il est fort, et tant qu'il sera fort, on le craint, on le respecte; certains l'aiment; on ne le vénère point. Sa femme moins encore. Ce n'est point la puissance qui inspire la vénération. On ne vénère point les idoles neuves. il y faut les siècles et, à présent, les idoles sont brisées.

Celles-là, les reines, qui ont précédé Joséphine dans ces mêmes palais, ne se trouvaient point seulement élevées au-dessus de la foule par leur naissance, défendues de toute familiarité par leur origine étrangère, elles étaient encore abritées contre l'extérieur, au besoin gardées contre elles-mêmes, par l'atmosphère de respect, de vénération et de silence dont les enveloppait leur maison sous les lois de l'étiquette.

Cette maison, composée des personnes les plus élevées en dignité qui vécussent en France, s'interposait entre la Reine et ce qui était vivant, ce qui était sociable, ce qui était populaire, mais pour lui prêter un surcroît de grandeur. On s'imaginait, au fond d'une chapelle dorée, sur un trône d'or, la Reine, plus déesse que femme, roide d'or et éblouissante de pierreries ; au-dessous, rangées en ordre, chargées aussi de métaux précieux et de bijoux étincelants, des dames, aux faces immobiles et sévères, en une posture presque hiératique. Des prêtres, mitres d'or en tête, figés en un geste de bénédiction, faisaient brûler des parfums sacrés dans des encensoirs d'or. Des vieillards, décorés de cordons clairs sur des habits d'or ou sur des cuirasses d'acier, attendaient des ordres dans une attitude compassée de respect hautain et d'orgueilleuse déférence. A distance, variés de costumes, d'uniformes et de livrées, s'espaçant de marche en marche comme les figurants dans une apothéose, les gens de la Bouche, les gens de l'Écurie, les gens du Conseil, les gens de la Chambre, les gens de la Santé, puis le fourmillement du petit monde des Sept offices. Sur la dernière marche, jolis à peindre, hardis et vifs, l'œil insolent et la bouche moqueuse, les pages. Et, durant que les Gardes du corps, les Cent-suisses, les Gendarmes de la Reine, hallebarde scintillante en main, écartent le populaire, une musique très douce s'exhale comme en rêve, où, sur l'harmonie des basse-violes, des clavecins, des dessus et des quintes de violon, flottent les voix des pages de musique et des hautes-contre.

Un monde à part, un monde disposé en hiérarchie pour la garde et le service d'un seul être, un monde où toute famille qui est illustre en France a son représentant, où chaque nom évoque un lambeau d'histoire, où il semble que les siècles soient assemblés pour donner à la femme qui est la Reine le cortège de toutes leurs gloires. A la veille de la monarchie expirante, les dames de la Reine, c'est la princesse de Lamballe née Savoie-Carignan, c'est la princesse de Chimay née Fitz-James, c'est la comtesse d'Ossun née Grammont, la comtesse de Talleyrand née Damas, la comtesse de Grammont née Faoucq, la duchesse de Saulx née Lévis, la comtesse d'Adhémar née Valbelle, la duchesse de Duras née Noailles, la vicomtesse de Choiseul née Durfort, la duchesse de Luxembourg née d'Argenson, la duchesse de Luynes née Laval, la princesse d'Hénin née Mauconseil, la marquise de la Roche-Aymon née Beauvilliers, la princesse de Berghes née Castellane, la duchesse de Fitz-James née Thiard, la vicomtesse de Polastron née d'Esparbès de Lussan, et, en surnuméraires, la comtesse de Juigné, la vicomtesse de Castellane, la princesse de Tarente; c'est la France et c'est l'histoire de France. A présent, beaucoup sont mortes de la Révolution; la plupart, ruinées, traînent leur misère sur les routes de l'exil; quelques-unes rentrées à bas bruit, grâce à Joséphine, ont obtenu qu'on leur rendît quelques débris de leur fortune et vivent en province; mais qu'on ne compte point sur elles pour former la Maison d'honneur de la petite Beauharnais. Si on les interroge, même sur des formes indifférentes, elles répondent, comme la princesse de Chimay : « J'ai tout oublié, tout, hormis les bontés de mes anciens maîtres et leurs infortunes. »

* * *

De penser, tout de suite, à en trouver qui les égalent ou qui leur soient pareilles, on n'y saurait songer; d'ailleurs, ce n'est encore rien que les personnes. Pour rendre, au moins par l'extérieur des choses, la Maison de l'Impératrice semblable à la Maison de la Reine, ne faudrait-il pas rétablir ces survivances d'usages antiques dont le sens était déjà, trente ans deça, perdu pour beaucoup et qui paraissaient des vieilleries? Même en excluant les services personnels, peut-on restaurer les titres et les apparences de toutes les charges? N'est-ce point faire demander à quoi bon la Révolution si l'on relève ainsi du passé ce qui semblait le plus onéreux aux peuples et contre quoi les orateurs populaires se sont le plus indignés? S'il faut une maison à l'Impératrice, ne convient-il pas de la réduire au strict nécessaire et de ne conserver que ce qui est indispensable pour rendre sa cour à peu près semblable à celle des autres souveraines d'Europe ?

Ce ne sera donc point la restauration d'une maison de la Reine, pas plus que Joséphine elle-même n'est la reine renouvelée; ce sera une apparence de maison, comme l'Impératrice elle-même est une apparence de souveraine;

LA COMTESSE DE LUÇAY

NÉE D'AUTEROCHE

Miniature d'Isabey

(Appartenant à M. le comte de Luçay

mais, de même que pour Joséphine cette apparence est menteuse, elle l'est pour sa maison, et davantage encore.

Napoléon, en effet, instaure une monarchie qui n'est pareille à nulle qui soit en Europe. Quelque effort qu'il fasse pour souder ensemble les deux Frances, celle qui vient de la Monarchie bourbonienne et celle qui procède de la Révolution, c'est celle-ci qui domine uniquement encore, dans ses armées, dans ses conseils et dans son gouvernement, non celle-là qui était analogue aux autres royautés. Il est, malgré lui peut-être, l'empereur de la République française et quoi de comparable en Europe?

Il pourrait, appliquant un système nouveau à une situation sans exemple, nommer, pour entourer l'Impératrice et composer sa cour, uniquement les femmes de ceux qui ont contribué, par leur sang et par leurs services, à établir et à consolider le régime. Si toute la gloire de ces jeunes gens qui sont eux-mêmes « des ancêtres », on la disposait sur les marches du trône; si, pour un emploi de dame du Palais, il fallait autant de quartiers de victoire que jadis de quartiers de noblesse; si, aux premières charges de la Maison, l'on appelait les plus illustres entre les vétérans des grandes guerres; si, pour les moindres fonctions, l'on exigeait des preuves d'héroïque valeur et de joyeux courage, alors, la Maison de l'Impératrice serait, comme l'Empire même, quelque chose de neuf et d'à part, qui commanderait l'admiration et imposerait le respect, qu'on pourrait haïr, mais que nul ne moquerait et qui s'imposerait à l'étonnement craintif de l'Europe comme l'Empire même.

Sans doute, les difficultés n'eussent point manqué. Si les grands officiers militaires étaient en nombre, leurs femmes, par leur origine, leur passé, leurs habitudes de vie, étaient pour la plupart peu préparées à tenir une place à la Cour où même dans la Société. Ne choisir que dans le militaire eût été prendre un caractère que Napoléon désirait éviter et renoncer à la fusion qu'on tentait dans le pays. La politesse y eût peu gagné, et les étrangers se fussent étonnés de certaines formes de langage et de manières. Mais rien n'eût empêché d'adjoindre aux femmes de soldats, des femmes de grands officiers civils et l'on eût trouvé là les éléments qui manquaient ailleurs. Peu à peu, un classement se serait fait qui eût permis de recruter des éléments excellents et de choisir dans les nouvelles mariées les plus jolies et les mieux élevées ; mais on était pressé ; on considéra qu'il y avait des droits acquis ; il n'y eut aucun plan arrêté ; on ne rechercha point les avantages de tel ou tel système, et l'Empereur, dans une très large mesure, abandonna les nominations à Joséphine. Celle-ci, incapable de comprendre la haute portée morale, sociale et politique que pouvait prendre, devant la nation et devant l'Europe, la composition de sa maison, la forma au petit bonheur, d'après ses souvenirs, sa reconnaissance, ses affections, ses habitudes, désireuse qu'elle était de remplir au plus tôt les cadres que l'Empereur avait tracés, sans qu'il en résultât un trop entier changement dans sa vie, une gêne dans sa société et une métarmorphose dans ses relations.

Pour tracer ces cadres, si l'Empereur s'était inspiré de la composition générale de la Maison de la Reine, il avait *à priori* introduit une différence essentielle. Bien que le service des officiers de l'Impératrice fût distinct de celui des officiers de l'Empereur, la Maison de l'Impératrice, au contraire de ce qui était sous l'ancien régime, n'avait point d'autonomie ni d'existence propre, « l'Empereur ayant jugé à propos de n'avoir qu'une seule maison et qu'une administration unique. » Les quatre premiers officiers, chefs des quatre services, ressortissaient donc, chacun en ce qui concernait son emploi, son budget et ses subordonnés, du grand officier de la Couronne correspondant. Par conséquence, ceux d'entre eux qui, en service à la Cour, avaient droit à un uniforme, le portaient de même forme, couleur et broderie, que leurs collègues de la Maison de l'Empereur : rouge pour les chambellans, bleu clair pour les écuyers, et partout broderie d'argent.

Les quatre premiers officiers étaient un Aumônier évêque, une Dame d'honneur, un Premier écuyer, un Premier chambellan. Par la suite, pour se rapprocher des anciens usages, le Premier écuyer qui faisait les fonctions de chevalier d'honneur en reçut le titre et fut remplacé comme premier écuyer : mais cela fit une charge et non un service ; le service de l'écurie resta au Premier écuyer dans des conditions spéciales, car, par exception au principe admis, et toujours sans doute pour sauvegarder des droits acquis, l'Impératrice garda dans la Maison son écurie particulière, comme l'avait eue Madame Bonaparte.

Malgré l'absence presque complète de Chapelle puisque le Premier aumônier représentait à lui seul son service, le *Service d'honneur* fut augmenté dans une proportion assez considérable : comme la Reine, l'Impératrice eut une dame d'honneur et une dame d'atours; mais, si elle n'eut point de surintendante de sa maison, au lieu des douze dames du Palais qu'avait établies Louis XIV et dont le nombre avait été maintenu tel par Louis XV et par Louis XVI, elle en reçut dix-neuf la première année, puis vingt-trois, puis vingt-huit, puis vingt-neuf, dont deux surnuméraires. Le nombre des dames du Palais fut illimité : sous Marie-Louise, il y en eut jusqu'à trente-huit. La Reine avait un premier écuyer, un écuyer ordinaire et quatre écuyers par quartier; ce fut le nombre adopté pour la maison nouvelle. De plus que la Reine, l'Impératrice eut un premier chambellan, un chambellan introducteur des ambassadeurs et d'abord quatre, puis six chambellans. Mais, de moins, tout ce qui tenait à la Bouche, puisque l'Impératrice mangeait le soir avec l'Empereur et que tout ce qui lui était nécessaire était fourni par les cuisines, l'office, la cave, la fourrière de la Maison; de moins aussi, tout ce qui tenait à la Chambre, au Conseil, aux Pages. Avant la réforme de 1788, la Maison de la Reine comprenait quatre cent quatre-vingt-dix-huit personnes, depuis la Surintendante jusqu'à la Porte chaise d'affaires; c'est à peine si la Maison entière de l'Impératrice en comprenait cent.

Il est impossible de comparer les chiffres de dépense : les appointements réglés dans la Maison de la Reine étant presque nuls (surintendante, 6,000 livres; dame d'honneur, 1,200 livres : dame d'atours, 600 livres; grand aumônier, 300 livres; chevalier d'honneur, 1,200 livres; premier écuyer, 600 livres); mais les avantages, les gains, les profits étant immenses : tandis que, dans la Maison de l'Impératrice, hors des appointements, rien, sauf les gratifications et les suppléments de traitement à attraper de l'Empereur.

Le Premier aumônier était donc réglé à 20,000 francs par année; la Dame d'honneur à 40,000 ; la Dame d'atours à 30,000 ; chacune des dames du Palais à 12,000 ; les survivancières à 6,000 ; le Chevalier d'honneur, le Premier chambellan, le Premier écuyer à 30,000 ; les écuyers et trois des chambellans à 12,000 ; deux chambellans à 6,000 seulement. Ces chiffres permettraient d'établir d'une façon à peu près précise ce que coûtait la Maison d'honneur, si l'on ne devait y joindre les suppléments payés à quantité de gens sur la Grande cassette, les gratifications assignées par l'Empereur, soit sur cette cassette, soit sur des chapitres divers du budget de la Maison, sur la caisse de la Police, sur la caisse des Théâtres, sur le Domaine extraordinaire et sur les caisses de l'État.

* * *

Selon la hiérarchie, le Premier aumônier marche d'abord ; mais, en droit, il n'a dans la Maison presque aucune fonction et, en fait, il n'exerça jamais sur Joséphine aucune influence. Ses attributions consistent à recevoir les ordres de l'Impératrice pour l'heure de la messe, à l'accompagner à la chapelle et à lui présenter son livre d'heures. Il doit, aux termes du règlement, être assisté de deux chapelains, mais ces chapelains ne furent point nommés. Il y eut par contre, durant quelques mois de 1806, un aumônier ordinaire, le célèbre abbé Fournier, qui fut ensuite nommé à l'évêché de Montpellier et rentra dans le service du Grand aumônier.

Joséphine, bien qu'elle gardât étroitement les convenances et qu'elle prît, aux offices de la chapelle, une attitude qui édifiait, s'inquiétait peu de croire et ne pratiquait nullement. Si elle recherchait l'avenir humain dans les tarots et les prophéties de devineresse, elle laissait de côté l'avenir céleste. De scrupules de conscience, elle n'en avait éprouvé qu'une fois, lors du Sacre, et d'une façon trop opportune pour qu'ils fussent sincères. Elle n'eût eu que faire d'un aumônier directeur et donneur d'avis ; il lui fallait un personnage de décoration ; elle l'eut. Ce fut le prince Ferdinand-Maximilien-Mériadec de Rohan, quatrième fils de Hercule-Mériadec de Rohan, duc de Montbazon, prince de Guéméné et de Louise-Gabrielle de Rohan-Soubise, frère cadet du cardinal de Rohan, évêque de Strasbourg, celui du Collier. Les Rohan n'avaient point pardonné qu'on eût, en 1786, enlevé à un des leurs la charge de grand aumônier pour en investir un Montmorency-Laval et la blessure en avait été cruelle surtout pour le prince Ferdinand qui se croyait tous les droits de succéder à son frère. N'était-il point alors archevêque-duc de Cambrai, comte de Cambrésis et prince d'Empire, grand prévôt de Strasbourg, abbé de Mouzon et de Mont-Saint-Quentin et tréfoncier de Liège ? Il est vrai qu'il avait l'esprit fort ordinaire et sans nul éclat, le caractère faible et vaniteux, qu'il préférait la mauvaise compagnie, passait pour boire plus que de raison et que, à la chasse, dans son diocèse, il avait tué de deux coups de fusil un garde particulier qui lui faisait respectueusement observer qu'il n'était point sur ses terres; mais c'était bagatelle. A la révolution liégeoise, il se crut appelé à devenir prince-évêque, vint prendre possession de la régence et s'installa au palais, mais il y resta peu. Il revint en France, émigra, rentra au Consulat, et, à l'Empire, « il se hâta, seul de son nom, de s'offrir. » Le 27 avril 1805 (7 floréal an XIII), il fut nommé premier aumônier de l'Impératrice : ce n'était point là ce qu'il avait rêvé et il avait bien pensé, en s'offrant, qu'on serait heureux de rétablir un Rohan dans la Grande aumônerie. Pour le consoler, on lui donna la survivance de la charge. Il est vrai qu'il avait soixante-sept ans et que Fesch, le titulaire, n'en avait que quarante-deux, mais il avait la foi. Seulement, cela le nourrissait mal: il avait cru à un traitement de 40,000 francs, et il fut en effet payé sur ce pied en l'an XIII, mais tomba ensuite à 20,000. Il ne recevait rien de Saint-Domingue où étaient ses biens, avait des dettes immenses, était, dit-il, menacé d'être arrêté: aussi demandait-il constamment, soit un chapeau de cardinal, soit un siège de sénateur, soit une bonne somme sur le Grand livre. Napoléon lui lâchait de temps en temps une gratification de 24,000 ou de 12,000 francs ; il lui donna même l'étoile de la Légion et, en 1808, à ce Rohan qui, comme les autres, portait la superbe devise: *Roi ne puis*, *Prince ne daigne*, *Rohan suis*, il conféra le titre de comte. Au bas de ses armoiries nouvelles, parti de Rohan et de Bretagne, au franc quartier des comtes archevêques, le prince Ferdinand inscrivit-il sur un listel ondoyant sa devise ancienne ?

Il mourut le 30 octobre 1813, tout à fait ignoré; mais n'est-il point à remarquer que ce solliciteur empressé des premiers jours de l'Empire était le propre cousin germain du duc d'Enghien, que sa nomination fut signée juste un an après l'exécution de Vincennes et que nul n'y trouva à redire ?

Si médiocre que fût le personnage, il était Rohan, et la maison de l'Impératrice fut ainsi, en l'une des premières charges, décorée d'un des plus beaux noms de la vieille France ; mais, à cela, Joséphine ne fut pour rien ; elle n'eut point à s'intéresser à cette nomination : ce prince vint de lui-même prendre la charge où l'on était accoutumé à trouver ses ancêtres, sans paraître s'apercevoir que les maîtres eussent changé. Le cas est à part et sans analogue.

* * *

Après le Premier aumônier, marche la Dame d'honneur qui, dans la Maison de l'Impératrice, a, pour le service de la Chambre, la même prééminence que le Grand chambellan dans la Maison de l'Empereur: c'est dire qu'elle est le chef de ce service, et qu'elle le règle dans l'Appartement d'honneur, aussi bien pour les dames du Palais que pour les chambellans, même pour celui qui a titre de Premier chambellan. Si elle est présente, c'est elle d'abord qui fait les honneurs ; c'est elle qui dirige les présentations et invitations, qui présente au serment les officiers et les dames qui doivent le prêter ; qui arrête les états d'aumônes sur la Cassette, et les états de traitements et de gages pour le paiement de la Chambre. Elle prend appartement au château où qu'aille l'Impératrice et préside la table de service. Pour ses écritures, elle a un secrétaire à 6,000 francs d'appointements.

En son absence, elle est suppléée dans ses fonctions par la Dame d'atours qui, d'après le règlement, a pour attributions spéciales l'administration et la surveillance des atours de l'Impératrice, matériel et personnel.

Quant aux dames du Palais, elles n'ont que des fonctions de représentation : quatre sont de service ensemble, deux de petit et deux de grand service : les deux dames de grand service se tiennent dans l'Appartement d'honneur pour y recevoir les personnes qui se présentent chez l'Impératrice; elles sont près d'elle selon sa convenance ou les règles d'étiquette, et l'accompagnent si elle sort; les deux autres restent chez elles, mais doivent se tenir prêtes à répondre à tout appel; le dimanche, d'obligation, elles viennent à la messe du Palais, et elles sont convoquées pour tous les cercles et toutes les occasions où, sans avoir besoin de toute sa cour, l'Impératrice doit au moins être entourée de tout son service. A Paris, les dames de service ne sont point logées; mais elles le sont dans les résidences. Les dames du Palais ont le pas sur toutes les dames, même femmes de grands officiers, et, sur la présentation de la Dame d'honneur, elles ont l'honneur de prêter serment aux mains de l'Impératrice.

De même est-il pour les chambellans qui partagent avec les dames du Palais le service de l'Appartement d'honneur, commandent aux valets de chambre et aux huissiers et veillent aux dispositions intérieures. Ils sont trois seulement de service par trimestre, et, de ces trois, un seul, qui change chaque semaine, est de jour et doit se tenir constamment dans l'Appartement d'honneur. Il a chambre au Palais pour s'y habiller plus que pour y dormir. Le Premier chambellan, qui n'a nulle distinction hormis son titre, son traitement de 30,000 francs et sa clef un peu plus grande, prend le service comme ses collègues, mais en tête de liste. D'ailleurs, cette liste sert peu, l'Impératrice désignant les tours à son gré et, surtout, suivant les convenances des uns et des autres. Les dames du Palais et les chambellans devraient manger à la table tenue par la Dame d'honneur, mais, souvent, il n'est servi que la table du Grand maréchal où s'assoient toutes les personnes des deux maisons.

Telle est *la Chambre* : il n'est point inutile de regarder comme Joséphine en a recruté le personnel, car c'est là une de ses défaillances, c'est là une de ses infériorités comme souveraine, et, sans doute, la responsabilité ici lui incombe tout entière, surtout au début, et en ce qui touche le choix de ses dames.

Il faut distinguer cinq promotions : la première tout de suite après la proclamation de l'Empire, la plus nombreuse, celle qui donne le ton et qui établit le caractère de la Maison (20 juin 1804 — 1er messidor an XII) est composée de parentes ou d'alliées des Beauharnais, des dames qui, au Consulat à vie, ont été nommées pour faire les honneurs du Palais consulaire, de quelques amies de pension d'Hortense, mariées à de grands officiers de l'Empire, puis de quelques femmes d'ancien régime dont les noms sont connus sans être du premier rang.

Nul amalgame n'est possible entre des éléments si disparates et si hétérogènes. Les jalousies qu'excitent les origines différentes, les fortunes inégales, les habitudes de vivre dissemblables, sont déjà un inconvénient. Mais, pour Joséphine, il est encore un plus grand mal : parmi les personnes qu'elle a choisies pour la parenté, les alliances ou les relations qu'elle a eues avec elles — faute immense, car, par là, elle appelle sans cesse à l'esprit le souvenir du temps où elle était madame de Beauharnais, souvenir que, à toute force, il lui eût fallu effacer si elle eût prétendu s'établir en souveraine — parmi ces dames, il en est qui sont des plus vives et des plus hardies à la décrier. Elles ne prennent au sérieux ni l'Empire, ni l'Impératrice, ni la fonction qu'elles remplissent. Elles ont naturellement gardé mémoire du passé, sont instruites des aventures, connaissent les points faibles, et le Sacre, le Couronnement, le Pape et l'Empereur n'ont point changé pour elles cette petite Tascher et ne lui ont point donné de prestige. Il est mauvais qu'on sache les origines des dieux et il importe d'épaissir un nuage sur leurs premiers âges.

La pire à ce point de vue est justement la plus élevée en dignité, celle qui assume la direction de la Maison et qui pourrait seule en rectifier l'esprit : la Dame d'honneur.

C'est pour son nom que Joséphine l'a prise afin de s'établir par une telle parenté en renom de noblesse devant son mari, le public et peut-être elle-même : une la Rochefoucauld, cela sonne, et être cousine d'une la Rochefoucauld, cela montre qu'on est soi-même de bonne souche. La parenté, il est vrai, était à feu de M. de Beauharnais et non à Mademoiselle Tascher et la parenté, double ou triple même, n'allait nullement aux la Rochefoucauld, mais à ce qu'était, en son nom, Madame de la Roche-

MADAME SAVARY, DUCHESSE DE ROVIGO

Tableau de Gérard

(Appartenant à Madame la baronne de Soubeyran)

foucauld : aux Pyvart. Ces Pyvart, qui s'étaient faits de Chastulé, étaient de noblesse incertaine, puisque le premier de leur nom était au XVIIe siècle un maître ordinaire des comptes en la Chambre des comptes de Blois, mais ils avaient grandi, s'étaient enrichis surtout, si bien qu'un d'eux, le dernier mâle, après avoir été longtemps capitaine aux Gardes, s'était retiré en 1781 avec le brevet de maréchal de camp et la croix de Saint Louis. La mère d'Alexandre de Beauharnais était une Pyvart et il y avait, entre les Beauharnais et les Pyvart, deux autres alliances; mais, du vivant d'Alexandre, nulle relation ne subsistait, entre Joséphine et les Pyvart. Joséphine n'avait pu connaître cette cousine lorsqu'elle avait épousé Alexandre-François de la Rochefoucauld, second fils du duc de Liancourt, puisque en ce même mois de juin 1788, où ce mariage fut célébré, elle était partie pour la Martinique. Lorsqu'elle en revint en 1790, comment le rapprochement se fût-il établi? N'était-elle pas toujours séparée de son mari? La Révolution court, Alexandre de la Rochefoucauld émigre, « mis hors la loi, a-t-il dit, pour avoir contribué à chercher à sauver le Roi et la Reine. » Madame de la Rochefoucauld, suspecte, est emprisonnée à Port-Libre. Au sortir de prison, peut-être les deux femmes se rencontrent et la relation s'établit. Madame de la Rochefoucauld n'a point, en effet, quitté la France, où, en 1795, son mari l'a rejointe et tous deux vivent alors à Mello.

La liaison se fait assez intime pour que, par Joséphine, Alexandre de la Rochefoucauld, à peine radié, soit, dès le 11 ventôse an VIII (2 mars 1800), nommé préfet de Seine-et-Marne. L'année suivante (ventôse an IX — mars 1801) il est chargé d'affaires à Dresde, puis ministre (24 vendémiaire an X — 16 octobre 1801). Pour cela, Madame de la Rochefoucauld ne s'est point épargnée. A peine a-t-elle su que Joséphine allait à Plombières qu'elle a senti un besoin immédiat des eaux, et sa cure, outre la santé sans doute, lui a valu une légation.

Pourtant, bien qu'elle soit la *chère cousine* et que depuis lors la correspondance soit établie, « elle affiche, paraît-il, toutes les opinions de ce qu'on appelait les aristocrates pendant la Révolution ; » l'on a même dit qu'elle était « de ces personnes qui n'allaient point le soir aux Tuileries et qui, ayant partagé ce palais en deux régions fort différentes, croyaient pouvoir, sans déroger à leurs opinions et à leurs souvenirs, se montrer au rez-de-chaussée, chez Madame Bonaparte, le matin, et échapper à l'obligation de reconnaître la puissance qui habitait au premier étage. » Cela n'est point exact : à dater du 5 frimaire an XII (27 novembre 1803), Madame de la Rochefoucauld est présente à tous les cercles et si, comme l'affirme Madame de Rémusat, elle vint faire à Joséphine une scène extrêmement violente sur la mort du duc d'Enghien; si elle dit alors : « Quant à moi, mes sens sont tellement révoltés que si votre consul entrait dans cette chambre, vous me verriez le fuir comme on fuit un animal vénéneux, » ses impressions étaient sans doute fugitives, car, quelques jours après, elle assiste au cercle des Tuileries.

Faut-il croire que, pour l'obtenir à la Cour impériale, il fallut tant d'efforts !

Il est vraisemblable que Joséphine désirait sa présence infiniment plus que Napoléon et qu'elle dut, pour avoir l'agrément de celui-ci « multiplier les demandes et les importunités. » Cela ne montre point Madame de la Rochefoucauld dans l'attitude du refus, mais, au dehors, elle se posa ainsi et elle fit une légende du prix qu'elle mit à son acceptation. Au taux qu'on prétend s'être vendu, on s'imagine fixer sa valeur : il courut qu'elle ne s'était rendue que contre 400,000 francs comptant, 100,000 francs de traitement pour elle, 15,000 francs d'augmentation et 12,000 francs de pension pour son mari. Il en faut rabattre : pourtant, outre son traitement de Dame d'honneur (fixé à 40,000 francs), elle eut un supplément de traitement égal; son mari, nommé commandant de la Légion d'honneur, le 25 prairial an XII (14 juin 1804), gratifié de 20,000 francs le 20 fructidor (7 septembre), fut promu le 11 nivôse an XIII (1er janvier 1805) à l'ambassade de Vienne et là, outre son traitement de 160,000 francs, il reçut chaque année une gratification de 40,000 francs et ses frais d'établissement furent portés de 53,000 à 80,000 francs. Ce M. de la Rochefoucauld était un agent médiocre, incapable de s'informer et même de rendre compte de ce qui était public dans la capitale où il résidait. Ce n'était donc pas pour ses mérites qu'on le comblait. Ceux de sa femme étaient-ils tels au moins qu'ils répondissent à de telles prodigalités ?

Née hors du monde, élevée loin de la Cour où elle ne fut point même présentée après son mariage, Mademoiselle Pyvart, épousée, pour son argent de Blois et surtout de Saint-Domingue, par un cadet de grande maison, était une toute petite femme, à ce point petite que, à table, on lui mettait, comme aux enfants, un coussin sur sa chaise. De corps un peu contrefaite — et les bonnes amies disaient bossue ; — mais le visage, éclairé par de beaux yeux bleus relevés de sourcils noirs, spirituel, méchant même par la lèvre mince, par le nez coupant, ne manquait point d'un agrément dont les peintres ont su tirer bon parti. « Hardie comme les femmes mal faites qui ont eu quelques succès malgré leur difformité, » faisant elle-même les honneurs de ses défauts physiques, ne reculant point devant les mots et se tenant assez grande dame pour tout dire, elle était la femme la moins préparée par la nature et l'éducation pour tenir une telle place, bien qu'elle s'entendît à en tirer le meilleur parti. Elle fit en sorte que sa fille, à défaut de devenir Reine catholique et légitime des Espagnes, fût princesse Aldobrandini Borghese, belle-sœur de la princesse Pauline, et reçût de l'Empereur une dot de 800,000 francs, sans parler d'autres avantages; elle fit donner à son mari des ambassades qui, outre l'argent qu'elles procuraient, avaient pour elle l'agrément de le tenir éloigné; mais elle discrédita sa fonction autant qu'elle nuisit à celle qui lui avait procuré son étrange et rapide fortune. Ses mots couraient le faubourg Saint-Germain : cette phrase, quand il lui fallait revêtir le grand habit : « Allons habiller le Magot », et cette autre, un soir qu'elle arrivait en robe ronde chez Cambacérès, très formaliste comme on sait sur les toilettes de cour : « Je demande pardon à Votre Altesse, je sors de chez l'Impératrice. » En 1806, à Mayence, elle passa la mesure : elle s'avisa — ou s'imagina — qu'elle avait connu le prince Louis de Prusse et le pleura beaucoup plus qu'un parent. Elle trouva de bon goût d'affirmer que les Français seraient immanquablement battus par les Prussiens et, comme cela n'arriva point, elle s'en mit fort en colère et fit retomber en insolence son déplaisir sur Joséphine. L'Empereur songea sérieusement alors à lui demander sa démission; puis, du temps passa; comme à l'ordinaire, il pardonna ou ne s'en soucia point et, quoique en sourdine, Madame de la Rochefoucauld continua sa musique. Ce ne fut rien à présent d'affirmé, seulement une allure d'incrédule, un air vaurien de profiter des choses et des gens sans y croire, avec des sourires d'entente aux ennemis du régime, s'ils se prêtaient à la plaisanterie — ce qu'on trouve, respect gardé, chez des valets engagés tout à l'heure par de nouveaux riches; — mais aussi, des rancunes et des vengeances de bossue si l'opposition se rencontrait, si, de quelque part que ce fût, mais surtout de son monde, s'élevait un blâme, une attaque ou une ironie qu'elle sentît ou crût dirigée contre elle. Impitoyable alors, féroce, sans pitié et colorant ses vengeances en devoir. C'était pourtant là, le devoir, le moindre de ses soucis : elle n'était à son poste que lorsqu'elle y trouvait intérêt ou qu'il y avait contrainte; elle ne présidait point la table de service; elle n'habitait point son appartement; elle ne faisait que ce qu'elle ne savait éviter de faire.

Peut-être y a-t-il pis et doit-on se demander quel rôle elle a joué dans certaines intrigues obscures dont le mieux qu'on peut penser est qu'elles furent intrigues d'argent. La place de secrétaire de la Dame d'honneur avait été, lors de la création de la Maison, donnée à un nommé Bildebert, dont on a dit du bien. Madame de la Rochefoucauld remplaça ce Bildebert, le 1er ventôse an XIII (20 février 1805), par un certain Loistron Ballon de Luigny dont le père avait été valet de chambre du comte d'Artois et qui lui-même en avait eu la place en survivance. Ce Luigny, qui avait l'air de s'employer, pour vivre, à de vagues traductions de l'anglais, était resté en correspondance avec son ancien maître par le canal des frères Bourlet, qui centralisaient les renseignements, et il tenait, dans l'organisation de la contre-police, un rôle important. Ce fut donc un coup de maître de l'introduire dans la Maison de l'Impératrice où il pouvait apprendre et flairer bien des choses et même, à un moment, jouer un rôle décisif. Entre ses mains, tout le moins, était-on assuré que les aumônes de la Cassette n'iraient qu'à des bien-pensants, puisque c'était lui le preneur de renseignements. Elles servirent aussi à ses menus plaisirs, et, sur les aumônes, il entretint somptueusement une certaine Madame de Campestre dont les mémoires sont singulièrement édifiants. Madame de la Rochefoucauld qui signait les états de dépense de M. de Luigny, qui recevait Madame de Campestre, qui, avec le prince de Poix, s'était faite la répondante de Luigny, qui lui avait obtenu ce traitement de 3,000 francs, augmenté de 6,000 francs de frais de bureau, était-elle entièrement consciente de l'infamie de son protégé et des dangers qu'elle faisait courir à ses maîtres, c'est trop qu'on puisse le demander.

Au divorce, elle crut faire un coup de partie en donnant sa démission : elle se tenait certaine ainsi de n'avoir pas à suivre sa bienfaitrice et d'être nommée dame d'honneur de l'Impératrice nouvelle; mais ce fut mal joué. L'Empereur s'était rendu compte qu'il n'y avait là qu'une apparence de la Rochefoucauld; il n'avait point oublié les scènes de Mayence; le ton de la dame lui déplaisait autant que son inexactitude et sa tenue. Il accepta simplement la démission, sans même donner à la Dame d'honneur congédiée ce que recevaient presque de droit les officiers des Maisons supprimées, les *Honneurs conservés*, c'est-à-dire l'entrée dans la Salle du Trône. Madame de la Rochefoucauld, qui avait entièrement oublié le chemin de Malmaison, dut, pour les obtenir, apprendre la route de Navarre. L'unique voyage qu'elle y fit coïncide avec la décision que Joséphine obtint pour elle de l'Empereur. Ce fut la dernière fois que Madame de la Rochefoucauld la vit vivante; morte, on dit qu'elle la pleura. Était-ce de regret de n'en pouvoir plus rien obtenir?

Ce ne sont pas de tels défauts qu'on rencontre chez Madame Lavallette, la dame d'atours; mais, si Napoléon a compté que, en édictant un règlement sévère et en chargeant la Dame d'atours de le faire observer, il arrêterait la folie des dépenses de toilette de l'Impératrice, empêcherait les relations compromettantes et inutiles avec les marchands, établirait un ordre et une règle dans la dépense, Joséphine, en se réservant le choix de la Dame d'atours, a mis à néant tous ces beaux projets. Elle l'a prise à dessein humble, pauvre, sans nom, sans usage et dans sa sujétion absolue. C'est cette Emilie de Beauharnais, propre nièce d'Alexandre, qui, abandonnée par un père émigré et par une mère divorcée et remariée à un homme de couleur, a été recueillie par Joséphine, placée par elle chez Madame Campan, puis, mariée en deux jours, à un aide de camp de Bonaparte, sur l'inquiétude qu'on a prise que Louis ne fut amoureux d'elle. Cet aide de camp, fort brave homme et plein d'esprit, d'une intelligence qui se mettait à tout et d'un cœur qui lui donnait peu d'égaux, était de famille parisienne fort ordinaire, des petits marchands, dont on ne sait pas même bien le nom — Chamans ou Chamant. — Éduqué, grâce aux charités de l'accoucheur Baudeloque, à la Révolution, il était dans les ordres; à présent capitaine. Nulle fortune. La mariée eut 15,000 francs que lui donna Bonaparte et, durant l'expédition d'Égypte, elle dut aller vivre à Fontainebleau, près de la mère de sa mère, Fanny de Beauharnais. Elle y eut la petite vérole, fut très marquée; ce fut un désespoir. Il lui sembla qu'elle avait fait banqueroute, non à l'homme qu'elle avait épousé, mais à celui qu'elle aimait, pour qui elle s'était gardée et qui, en effet, lorsqu'il revint d'Égypte, la dédaigna. De son enfance, ballotée aux prisons, jetée en cris de désespoir d'une étrange éloquence vers les Jacobins dictateurs, de ses épreuves de jeunesse, de cette misère, de ce mariage subit, de cette mère, de ce père qui, revenu d'émigration, acoquiné à une chanoinesse allemande, s'était refait une famille, Émilie était restée brisée par une mélancolie profonde, maladive et sans issue, « un dégoût de la vie fortement exprimé. »

Par surcroît, depuis ses couches (avril 1802), la pauvre était blessée et c'était un supplice pour elle de se tenir constamment debout comme l'exigeait l'étiquette. Qu'on s'étonne ensuite « de son air de monotonie et de froideur calme, de sa démarche de statue ».

Tout naturellement, elle était disposée à être inquiète; sa mélancolie devait tourner à la persécution — outre les causes morales accessoires, il y avait à son état mental une raison physiologique : son père et sa mère étant cousins germains; — mais il semble bien que Joséphine, Hortense et même cette Stéphanie de Beauharnais qu'une étrange fortune allait faire princesse de Bade, la prenaient en Cendrillon et ne lui ménageaient point les mauvais compliments. Au moins le croyait-elle et dès lors, pour elle, n'est-ce point pareil ?

On peut penser qu'Émilie eût désiré être traitée en nièce et que Joséphine eût, au contraire, voulu — en quoi elle avait raison — que Madame Lavallette ne parût ni rappeler des liens de famille qui d'ailleurs n'existaient point, ni même s'en souvenir, et qu'elle se renfermât dans sa place, mais, de cette place, d'autre part, l'Impératrice n'entendait point que sa nièce remplît aucune des fonctions. De là, des picoteries continuelles, une sujétion qu'elle lui faisait davantage sentir, des fatigues multipliées qu'elle lui imposait, surtout l'impuissance à s'acquitter de son devoir et, malgré cela, vis-à-vis de l'Empereur, une responsabilité qui donnait lieu à des reproches. La Dame d'atours qui, d'après le règlement, avait le choix et la surveillance du personnel, était en réalité constamment bravée par les femmes de garde-robe qui étaient à Joséphine dès le Consulat et qui seules avaient part à sa confiance et à son intimité. C'était devant la Dame d'atours, que, à un seul jour fixé par semaine, les fournisseurs devaient se présenter; elle devait tenir registre des commandes et des achats et délivrer les mandats : or, il arrivait des marchands à toute heure, il en entrait malgré toutes les consignes, et qui pensait au registre de la Dame d'atours?

Il y eut mieux : en janvier 1809, lorsque l'Empereur lassé de payer les dettes, imposa à Joséphine une intendante des atours qui, sous les ordres directs de la Dame d'atours, devait commander et recevoir les fournitures sans souffrir que le montant des crédits fût dépassé, cette intendante, Madame Hamelin, se mit presque tout de suite d'intelligence avec Joséphine, s'ingénia à grossir les commandes, se remua pour trouver chez des usuriers de l'argent à emprunter et, s'établissant sur un pied d'égalité avec Madame Lavallette, engagea avec elle une lutte étrange où la Dame d'atours n'eut le dessus qu'après bataille donnée.

Comment alors ne point s'expliquer le dégoût qu'éprouvait Madame Lavallette? Rien ne l'avait préparée à la vie de cour, elle y portait des ignorances qui étaient pires que des fautes : chargée d'indiquer aux dames du Palais les costumes qu'il fallait prendre, elle ne savait quand c'était le temps du grand habit ou de la robe ronde, et l'Empereur l'en rabrouait. Même à cela, disait-il, elle n'était point bonne. Qu'y pouvait-elle? Que pouvait-elle pour empêcher les dettes de Joséphine, les familiarités avec les marchands? Et, sans le vouloir, sans le savoir, elle ajoutait au discrédit où se trouvait sa tante, à cette impossibilité où l'on était de prendre au sérieux l'Impératrice entre cette Dame d'honneur qui se moquait d'elle et cette Dame d'atours qu'elle trompait avec ses femmes de chambre.

Les noms, la qualité, la gloire, les actions, les fonctions des maris n'ont point imposé ces deux-là qui sont les premières, mais seulement le caprice ou les volontés de Joséphine; pour les autres, il en sera de même, et pour certaines, les raisons de les choisir seront moindres encore. Certes, il eût été d'un cœur dur et médiocrement reconnaissant de congédier à l'Empire les quatre dames qui, dès le mois de frimaire an XI (novembre 1802), avaient été désignées pour faire, auprès de Madame Bonaparte, les honneurs du Palais consulaire. A chacune, en ce temps, l'on avait écrit une belle lettre : « La connaissance personnelle que le Premier consul a de votre caractère et de vos principes lui donne l'assurance que vous vous en acquitterez avec la politesse qui distinque les dames françaises et la dignité qui convient au Gouvernement. » Il n'avait pas fallu moins pour décider certaines d'entre elles à accepter une place qui, sans doute, étant donnée la splendeur où Bonaparte avait porté le Consulat, ne pouvait manquer d'être honorable, mais qui, pourtant, n'avait ni le relief, ni les agréments, ni les honneurs d'une charge de Cour. On n'avait donc pu penser à offrir une telle mission à des dames ayant tenu le premier rang dans la société ancienne, et l'on s'était trouvé heureux de rencontrer pour l'accepter, des femmes qui, la plupart, appartenaient à la classe de ces financiers, occupant à la cour des Bourbons des offices intermédiaires, entrant par leurs alliances dans la haute noblesse et, sinon formés à l'étiquette royale, au moins ayant les habitudes d'un monde distingué.

Telle était Madame Le Gendre de Luçay, qui, en son nom, était Papillon d'Auteroche, la nièce de ce Papillon de la Ferté qui avait été intendant

LA MARÉCHALE NEY, DUCHESSE D'ELCHINGEN

Tableau de Gérard

(Appartenant à M. le Prince de la Moskowa)

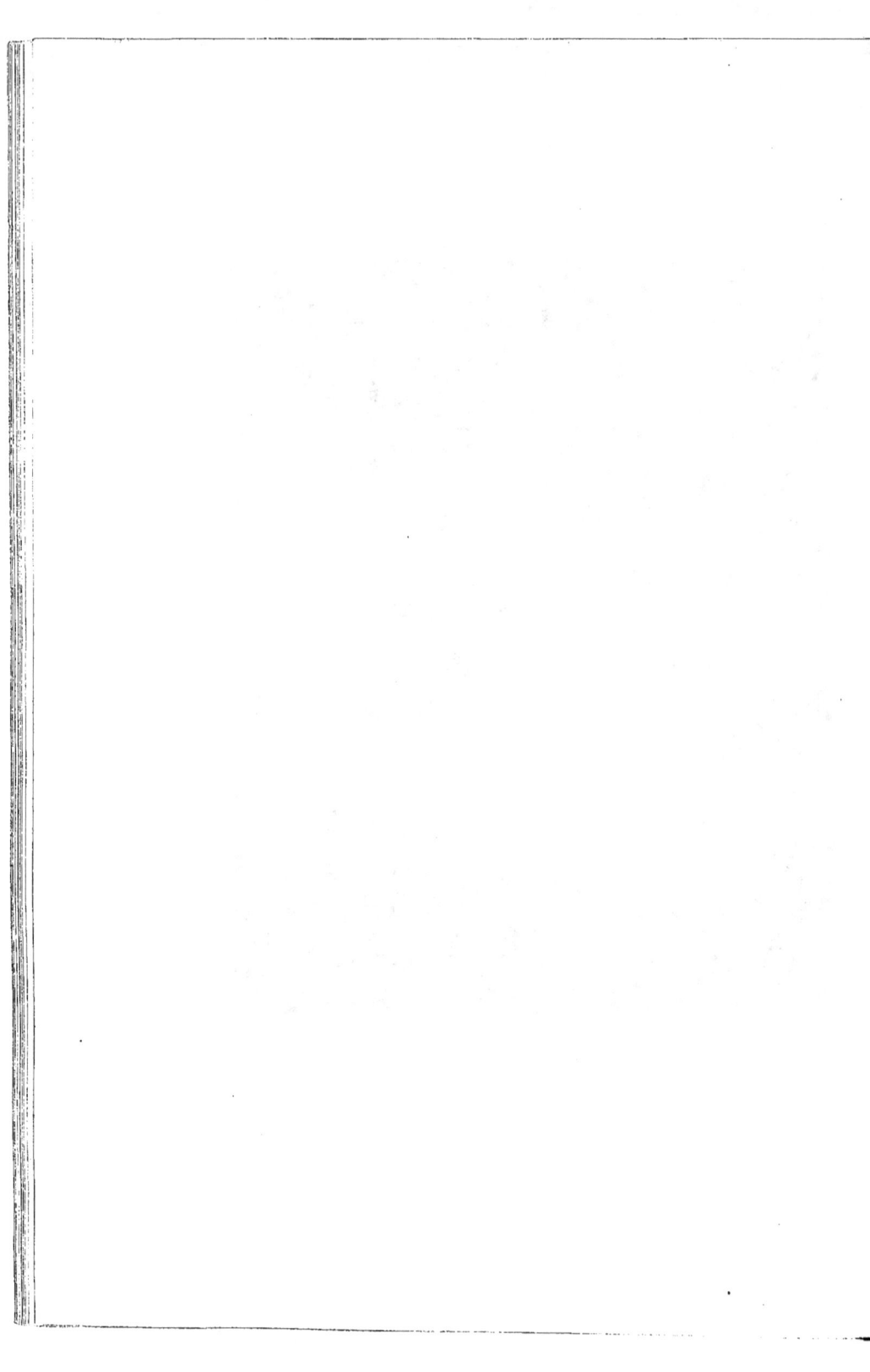

des Menus. Elle tenait à tous les fermiers généraux les plus réputés comme fortune, son mari, petit-fils du fameux Bouret, étant fils du fermier général Le Gendre de Villemorien et elle-même se trouvant très proche parente des Dufort. Les Le Gendre étaient d'origine noble et avaient dans leur famille un titre de comte palatin de 1677; plusieurs de leur nom avaient occupé des charges de gentilhomme ordinaire et avaient obtenu des grades dans l'armée et la marine; mais le mariage avec Mademoiselle Bouret les avait décidément jetés dans la finance. Leur fortune, des plus considérables, comprenait entre autres terres, celle de Valençay, payée 620,000 livres en 1765. Ils y avaient joint la terre de Luçay et le comté de Veuil, ce qui faisait plus de quarante mille arpents dont quinze mille en bois. M. de Luçay, qui avait été adjoint à son père dans ses deux places d'administrateur des Postes et de fermier général, s'était surtout occupé de l'exploitation de ses bois et jouissait d'une telle influence dans son département qu'il en avait été élu administrateur. Quoique, durant la Révolution, il eût traversé des jours singulièrement mauvais, il n'avait point émigré et avait conservé ses biens et son action. Le Premier consul n'avait fait que se conformer aux vœux des populations en le nommant préfet du Cher et l'avait ensuite appelé près de lui comme préfet du Palais. C'était surtout pour ne point se séparer de son mari que Madame de Luçay, malgré la fortune et la situation dont elle jouissait, s'était déterminée à accepter une place près de Madame Bonaparte qu'elle ne connaissait nullement et de qui elle n'avait rien sollicité. Née la même année que l'Empereur, fort agréable de visage et de tournure, Madame de Luçay avait le meilleur ton et savait son monde. Les quinteux ne trouvaient à lui reprocher « qu'une prévenance excessive » et un peu de manière.

Hors du Palais, elle menait grand train et, dans son hôtel de Paris, rue d'Angoulême-Saint-Honoré, comme dans la terre de Saint-Gratien qu'elle acheta après avoir vendu Valençay à M. de Talleyrand — terre alors de cinq cents arpents et comprenant tout l'étang de Montmorency — elle recevait la meilleure société. Aussi, quelque effort qu'elle fît, lorsqu'elle était de service, pour conformer ses heures à celles de l'Impératrice et être prête aux temps marqués, elle avait conservé, de sa vie indépendante et libre, trop d'accoutumance pour ne pas manquer parfois. L'Empereur, auquel elle marquait, en toute occasion, un dévouement que les revers n'ébranlèrent pas, ne lui en tenait point rigueur et il lui confiait, en toute occasion, les commissions les plus flatteuses. En 1807, elle fit fonctions de dame d'honneur près de la princesse de Wurtemberg qui venait épouser Jérôme et, en 1810, elle fut désignée comme dame d'atours de la nouvelle Impératrice.

Elle avait une fille, Lucie de Luçay, tout à fait jolie en sa petite taille, avec ses admirables yeux noirs, charbonnés et pleins de feu, et ses cils immenses, qui, recherchée à la fois par M. Lepelletier d'Aunay et par M. de Rochambeau, leur préféra Philippe de Ségur, alors chef d'escadron et maréchal des logis de l'Empereur, depuis général et gouverneur des Pages. Elle l'épousa, le 25 septembre 1806, sous les auspices de l'Impératrice qui l'agrégea à sa maison comme dame surnuméraire. Elle mourut à vingt-sept ans par suite d'une imprudence, et ce fut un deuil véritable à la Cour où elle tenait par tant de liens et dans la Société où elle n'avait inspiré que des sympathies.

Après Madame de Luçay, celle des dames du Consulat qui avait le plus d'assiette dans le monde était Madame de Talhouët. Joséphine l'avait rencontrée à Plombières et, s'étant liée avec elle, avait obtenu son acceptation. Son mari, ci-devant officier au régiment du Roi, était d'une maison d'ancienne chevalerie bretonne, connue dès le XIIIe siècle, maintenue en noblesse aux réformations de 1426 et de 1669, mais ruinée, entrée dans la robe au XVIIe siècle et demandant alors des certificats d'indigence pour des places à Saint-Cyr. Madame de Talhouët était née Baude de la Vieuville, d'une famille qu'il convient de ne pas confondre avec les La Vieuville, marquis et ducs de la Vieuville, quoique ces Baude eussent, en 1746, obtenu, sous ce même nom, la réérection en marquisat de la terre de Châteauneuf qu'ils avaient achetée des Beringhem. Son frère qui, par la suite, entra comme chambellan dans la Maison, avait, en 1791, étant lieutenant aux Gardes, épousé Mademoiselle du Cheylar, veuve du marquis de Lambertye, celle que d'Antraignes, dans sa correspondance, désigne sous le nom de l'*Amie* et qui joue un singulier rôle dans les conspirations.

Madame de Talhouët avait de belles terres dans la Sarthe où elle fit nommer son mari membre du Conseil général et président du Collège électoral : en l'an XII, il fut membre de la Légion et comte de l'Empire en 1809. Dès 1802, Madame de Talhouët avait marié sa fille aînée au général Joseph Lagrange ; elle maria la seconde, en 1809, à M. Lecouteulx de Canteleu, et fit, en 1817, épouser à son fils, ancien officier d'ordonnance de l'Empereur, une des filles de M. Roy, le financier, l'ancien fermier des ducs de Bouillon, devenu, par ses spéculations sur les biens nationaux, un des hommes les plus riches de l'Europe. Tout cela indiquait un esprit peu ordinaire : d'ailleurs, à voir seulement « les yeux noirs et actifs » de Madame de Talhouët, l'on savait sur quoi compter ; mais si elle était intelligente, si elle se mettait bien et d'une façon même plus jeune que son âge, elle était dans le monde « d'une de ces hauteurs d'argent » qui, en ce temps encore, faisaient peu d'impression et ne donnaient point un rang.

Ensuite, il eût fallu placer Madame de Lauriston, dont le mari avait fait partie de la Maison militaire dès qu'elle avait été formée. Il avait été de la même promotion que Napoléon et, retiré chef de brigade en l'an IV, il était rentré aide de camp du Consul en l'an VIII. C'était le petit-neveu de Law, le fils d'un Law, comte de Tancarville, qui, du service de la Compagnie des Indes, était venu au service du Roi et était mort maréchal de camp. Madame de Lauriston, née Leduc, était la fille d'un maréchal de camp de l'artillerie et la sœur de cette comtesse de la Bouère qui a joué son rôle dans les guerres de la Vendée. Chacun s'accordait à la trouver charmante, non seulement de figure, mais d'âme ; chacun rendait hommage à sa conduite exemplaire et Napoléon avait pour elle une considération et une estime dont il s'est plu sans cesse à lui donner des marques, quelques griefs qu'il pût avoir contre « son bel aide de camp ». On en a des preuves sensibles par la lettre qu'il lui écrivit de Finckenstein le 5 avril 1807, par la pension de 48,000 francs qu'il lui octroya en décembre 1813, pour tout le temps que son mari serait prisonnier de guerre. Comme l'a dit d'elle un témoin dont l'indulgence n'est point l'ordinaire défaut : « elle a bien sur sa figure le calme de la conscience et la beauté sied à merveille en elle à la vertu. »

La dernière, par l'âge, par la qualité de son mari, les services qu'il avait rendus et ceux qu'il pourrait rendre, était sans doute Madame Rémusat, Mademoiselle Claire Gravier de Vergennes. Pour que Joséphine pensât à ce ménage, il fallut ce concours d'étranges circonstances qui, durant la Révolution, mit en présence, dans la maison Chanorier, à Croissy, la vicomtesse de Beauharnais et Mesdemoiselles de Vergennes. Quand Joséphine parla du mari pour en faire un préfet du Palais, le Premier consul opposa la plus vive résistance. « Quels services a-t-il rendus, demanda-t-il ? Qu'a-t-il fait pour être auprès du chef de l'État ? » D'une famille bourgeoise qui se relevait en noblesse par quelque charge d'échevin de Marseille et par quelques alliances, il avait, sept à huit ans, exercé une charge d'avocat général à la Chambre des comptes, aides et finances de Provence, qu'il avait eue par son premier mariage avec Mademoiselle de Saqui-Sanes dont le père en était revêtu. Son frère, négociant de Marseille, émigré à Smyrne durant la Révolution presque entière, avait été, en 1797, un des obscurs députés royalistes dont le Dix-huit fructidor avait invalidé les pouvoirs. Pour Mademoiselle de Vergennes, qu'il avait épousée en 1796, si elle portait un nom célèbre dans la diplomatie européenne, elle ne descendait point directement du ministre des Affaires étrangères de Louis XVI, elle était la petite-fille du frère que le ministre avait fait ambassadeur en Suisse. Ces Gravier, fils d'un maître à la Chambre des comptes de Dijon et petit-fils d'un trésorier de France au bureau des finances de la même ville, devaient leur fortune à leur double alliance avec ces Chavignard qui, usurpant le nom de Chauvigny et présentés comme tels à la Cour, eurent des aventures qu'a racontées Saint-Simon et finirent par percer sous leur troisième nom de Chavigny.

Les Rémusat n'étaient guère préparés à occuper une place de Cour ; mais ils étaient fort pauvres ; Monsieur quémandait un emploi ; Madame, dont le père avait été décapité, n'avait pas un sol ; Joséphine, qui était tenace, les imposa et fit de la femme, sa favorite. Le ménage n'eut point à se plaindre. 25,000 francs de traitement à Monsieur comme préfet du Palais, 12,000 à Madame pour accompagner Madame Bonaparte, c'est le fixe : dès la première année (an XI), 6,000 francs de gratification comme chargé du Théâtre-Français, 50,000 francs de gratification extraordinaire, le 17 prairial (6 juin); 30,000 francs lors du voyage de Belgique et, à Bruxelles, un cadeau de 5,000 francs de dentelles, — total : 122,000 francs ; en l'an XII, le traitement de Monsieur porté à 30,000 francs, une gratification de 42,000 francs sur le chapitre Théâtres ; une gratification extraordinaire de 10,000 francs le 28 brumaire, une autre de 200,000 francs le 28 messidor (c'est du 12 au 26 brumaire que Madame Rémusat a fait, à Pont-de-Briques, ce séjour qui a donné lieu à tant de commentaires); — donc en l'an XII tout près de 300,000 francs. Même fortune en l'an XIII, l'an XIV et 1806; à partir de novembre 1807, un traitement supplémentaire de 5,000 francs par mois, 60,000 francs par an. « Nulle générosité » a dit de Napoléon Madame de Rémusat : que lui fallait-il !

Pour de l'esprit, certes, elle en avait, et elle était fort instruite, mais aussi pédante : il n'y a qu'à ouvrir son *Essai sur l'éducation des femmes*. Elle avait trop fréquenté les débris de la société de la Chevrette, les avant-dernières amantes de Jean-Jacques et les dernières amantes de Saint-Lambert, pour n'être pas entichée de gens de lettres et n'avoir point le goût d'écrire ; mais, d'abord, elle s'attacha au sérieux et, par Joséphine, qu'elle mena, se fit une fortune. Puis, de la femme, elle voulut passer au mari, réussit moins ; dirigea alors le Théâtre-Français, reçut des pièces, morigéna la troupe tragique et la troupe comique et, après 1807, s'exerça sur tout ce qui chantait, dansait et musiquait. Elle donna dans le grave et eut pour cela Guizot, Villemain presque enfant, Leclerc qui lui dédiait son *Éloge de Montaigne*, même Châteaubriand qui, chapitre oublié dans les *Mémoires d'outre-tombe*, ne dédaigna point de la prier de parler de ses dettes à l'Empereur — qui les paya. De 1807 à 1809, elle exerça une véritable influence ; mais cette influence qu'elle devait en partie à Talleyrand — car c'était lui qui l'avait recommandée à l'Empereur pour tenir un de ces salons où se réunissaient gens du monde et gens de lettres et où l'on pût les écouter, — elle la perdit par Talleyrand. Si liée avec lui qu'elle ne pouvait rien lui refuser, elle ménagea, lors de la campagne d'Espagne, son rapprochement de Fouché, fut de la conspiration, ou, du moins, la connut. Napoléon, au retour, après la grande scène avec le prince de Bénévent, sans couper entièrement les vivres aux Rémusat, les réduisit d'abord à 36,000 francs de supplément de traitement, puis (1810) à 24,000 mille, et, s'il garda le mari comme premier chambellan, il ne mit point la femme de la Maison de la nouvelle Impératrice et la laissa chez Joséphine. Dès lors, elle se déchaîna et, étant toute à Talleyrand, fut mêlée de si près à ses intrigues que, dans la crise finale, il lui distribua un rôle des plus importants, qu'elle joua au mieux et dont elle se crut fort mal payée par la préfecture de la Haute-Garonne. C'est cette femme qui écrivait du pamphlet de Châteaubriand : *De Buonaparte et des Bourbons* « Je mettrais mon nom à chacune des pages de ce livre pour attester qu'il est un tableau fidèle de tout ce dont j'étais témoin. »

A la voir, en vérité, rien de cette noirceur d'âme et de cette profondeur de génie : une femme petite, un peu ronde, avec des yeux très vifs, grands et brillants, un nez remuant et flaireur, peu de traits, mais infiniment d'agrément et même de gaieté dans la physionomie. N'est-elle point ainsi d'elle-même, et l'image que d'ailleurs elle a donnée d'elle depuis la publication de ses mémoires, n'est-ce point un reflet de celle de son grand ami, de son directeur, de l'homme qui, à partir d'une certaine époque, a exercé sur elle une influence entière ? Ses lettres sont d'une aimable femme, un peu tracassière et pédante ; ses mémoires, Talleyrand y a applaudi, s'il ne les a point dictés.

Il est, comme on voit, des différences entre ces quatre dames, mais aucune n'est du premier rang, aucune, avant la Révolution, n'eût eu chance d'arriver aux charges de la Maison de la Reine ; mais, ayant continué leur service à la proclamation de l'Empire, elles se trouvent, par leur ancienneté, les premières de la liste et donnent, en quelque façon, l'air de la compagnie.

Dans ce qui vient ensuite, l'on trouve d'abord une femme qui, comme Madame de la Rochefoucauld et Madame Lavallette, se trouve parente de Joséphine, mais cette fois directement, par les Tascher : ce pourquoi elle n'est traitée ni de cousine, ni de nièce : c'est Madame Savary, qui est née Faudoas-Barbazan, et dont la mère, née Buttet, créole de Saint-Domingue, avait été d'abord la vicomtesse des Cars. La parenté vient des Buttet, singulièrement riches jadis. Mademoiselle de Faudoas, élevée avec Hortense chez Madame Campan, n'a point voulu, comme avait fait sa mère, se sacrifier à un grand nom, et elle a choisi pour son mari ce Savary, ancien aide de camp de Desaix, devenu, après Marengo, l'aide de camp du Premier consul. Savary, quoiqu'il eût fait tous ses grades depuis 1790, était de ces familles nobles, vouées au militaire, qui ont fait la monarchie et construit la France, et son père, retiré capitaine de cavalerie, chevalier de Saint-Louis, major de place à Sedan, valait les des Cars et les Faudoas. Jolie à miracle, musicienne qu'on citait, élégante autant par ses ajustements que par la façon dont elle les portait, Madame Savary eut cet honneur de partager la disgrâce que certains chroniqueurs ont infligée à son mari, parce qu'il fut et resta le serviteur fidèle, dévoué et incorruptible de son bienfaiteur. Elle rendit beaucoup de services à plusieurs qui se réclamaient alors de sa parenté et qui, lorsqu'elle fut malheureuse à son tour, lui fermèrent leur porte, mais elle n'en tint pas la tête moins haute et n'en demeura pas moins une grande dame d'esprit, de cœur et d'allure.

Madame Savary, à la fois parente de l'Impératrice et femme d'un des serviteurs les plus dévoués du nouveau régime, est ici bien en sa place ; et de même est-il de Madame Ney et de Madame Lannes. Toutes deux sont femmes de grands officiers de l'Empire, toutes deux sont merveilleusement jolies et, sinon de naissance, au moins d'éducation, égales à leurs fonctions. Madame Ney, née Auguié, d'une famille qui toute était de la domesticité de la Reine — car sa mère et ses deux tantes, les demoiselles Genet, étaient femmes de chambre de Marie-Antoinette — a été élevée avec Hortense chez Madame Campan, et doit son mariage à Madame Bonaparte. Madame Lannes est d'origine pareille, puisque, avant la Révolution, son père M. Guéhéneuc, d'une ancienne famille noble de Bretagne, avait été valet de chambre du Roi. Madame Ney est une jolie femme brune, un peu maigre, mais avec des yeux noirs superbes, une physionomie douce et spirituelle, des extrémités charmantes ; Madame Lannes, plus belle encore, a un visage virginal, des traits d'une régularité parfaite, un teint d'une blancheur idéale : toutes deux sont faites à souhait pour parer une cour. Madame Ney, très fière de son rang, décidée à le soutenir par une immense dépense, mène un des plus grands trains de l'Empire et a facilement raison du million de revenu que Ney tire de ses charges et de ses dotations. Son hôtel de la rue de Lille lui a coûté onze cent mille francs d'achat et d'ameublement, et c'est partout le même luxe. Voyage-t-elle, va-t-elle aux eaux, il lui faut sa maison entière, ses meubles, son lit, son argenterie faite exprès et le train d'une princesse, qu'elle est. Pourtant, malgré ses talents de cantatrice, car sa façon passe l'amateur, et « elle déchiffre à première vue les passages les plus ardus », malgré ses succès comme actrice de société, assez timide, surtout devant l'Empereur, pour qu'on le remarque et qu'on en induise qu'elle manque d'usage. Elle aime le monde pour lui et pour elle, mais est restée à ce point familiale que, lorsqu'elle reçoit, le fond de sa société est composé de sa famille et, par là, comme sa parenté ne s'est point comme elle élevée aux dignités, a surtout visé et obtenu des recettes générales, le ton y est resté bourgeois. Cela frappe même les étrangers et n'est point pour lui faire médiocre honneur. Madame Lannes tient un moindre état, ou plutôt, à Paris, en son hôtel de la rue de Varennes, elle n'en tient point, toutes les splendeurs étant réservées pour sa terre de Maisons. A Paris, elle vit en personne privée, pour son mari, ses enfants, ses parents, quelques vieux amis. Ce n'est point qu'elle ne sache au mieux le monde et la Cour ; elle a fait son apprentissage en Portugal où elle a singulièrement réussi, mais cela l'ennuie et elle se plaît mieux chez elle.

Après ces trois, dont la nomination est toute juste et naturelle et qui prennent dans la Maison les places qui leur appartiennent, on pourrait s'étonner de rencontrer la femme d'un fonctionnaire, fort honnête sans doute et fort versé en son métier qui est l'Enregistrement, mais l'Enre-

LA MARÉCHALE LANNES, DUCHESSE DE MONTEBELLO

Miniature d'Isabey

(Appartenant à M. le Général Baron Kirgener de Planta)

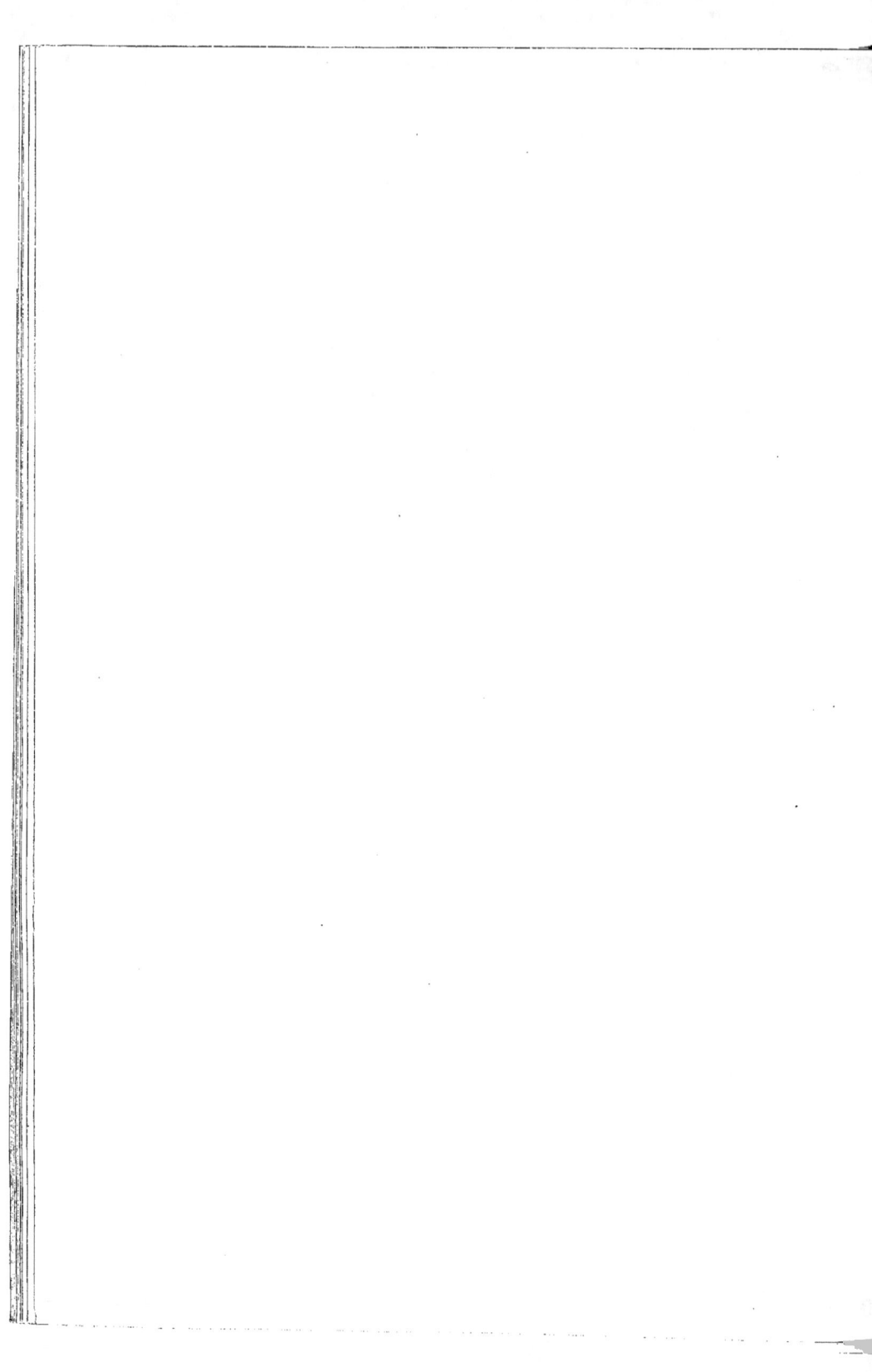

gistrement mène-t-il à des places de Cour? Madame Duchatel, née Papin, eut sans doute, pour y être imposée, des titres différents, car quoiqu'elle fût fort élégante de toilette et fort jolie femme, ni sa naissance, ni les services de son mari ne l'eussent désignée, et certes l'Impératrice ne l'eût point élue.

C'est là tout ce qu'on rencontre pourtant du régime nouveau, tout ce que Joséphine a prélevé sur les trente grands-officiers de l'Empire ; tout le reste s'attache ou se rattache à l'ancien régime, quelquefois dans les premiers rangs, mais point pourtant dans cette fleur qu'on nommait la noblesse de Cour.

Certes, les Colbert y touchent par leurs services et leurs alliances et Madame Auguste de Colbert a bien des titres à faire partie de la Maison souveraine : par son père, le général de Canclaux, sénateur, commandant en chef, à deux reprises, des armées républicaines en Vendée, ambassadeur du Directoire à Madrid et à Naples, par son mari, soldat intrépide, l'un des cavaliers illustres de l'armée, elle a ses grandes entrées dans le monde nouveau, où elle porte la splendeur d'un nom rendu dix fois glorieux par la suite d'hommes illustres qui l'ont fait noble. Seule presque, elle représente ensemble le passé et le présent et, dans son écusson, ce sera une joie aux yeux de voir la guivre d'azur rehaussée encore du franc quartier des comtes militaires. De plus, elle est « une des personnes les plus excellentes du château ». Douce, simple, très aimable, elle n'a nulle morgue, nulle vanité, elle adore son mari et, en même temps qu'une parfaite égalité d'humeur, elle porte en tout une dignité de conduite qui lui assure l'estime et la sympathie des plus difficiles.

Près d'elle, on peut nommer Madame Octave de Ségur : née d'Aguesseau et la dernière de son nom, elle tient au nouveau régime par son père, rallié dès la première heure, président du tribunal de la Seine, puis ministre à Copenhague et sénateur, et par son beau-père, l'ancien ambassadeur de Louis XVI en Russie et à Berlin, conseiller d'État au Consulat et, à l'Empire, grand-maître des cérémonies. Son mari, qui avait débuté dans les lettres d'une manière aimable, avait été, en 1801, nommé sous-préfet de Soissons. En 1805, il disparut, poussé, disent certains, par des chagrins domestiques, cédant plutôt, semble-t-il à une mélancolie maladive.

Il s'engagea, sous un nom supposé, dans un régiment où, quelques années plus tard, son frère Philippe le reconnut par hasard. Il se laissa faire sous-lieutenant, capitaine, chef d'escadron, fut fait prisonnier en 1812, resta en Russie jusqu'à la paix et, revenu en France, tourmenté des mêmes inquiétudes, se noya en 1818.

Madame Octave de Ségur était donc une sorte de veuve ; elle jouissait de sa liberté, mais n'en avait pas moins bonne réputation, quoiqu'elle fût peu aimée des autres femmes. Fort jolie avec ses yeux de velours, s'entendant au mieux à grouper autour d'elle les hommes les plus aimables, elle exerçait sur sa société intime une influence directe qui explique les hostilités qu'elle souleva. On lui prêtait une aversion absolue pour la contrainte et quelquefois des impolitesses : surtout, elle avait un beau nom, une très jolie voix dont elle usait à ravir, beaucoup d'agrément dans le visage et une cour. C'est plus qu'il ne faut.

Si bonne que fût la naissance de Madame Octave de Ségur, on pouvait s'étonner de la sous-préfecture du mari ; mais les liens qu'elle avait avec l'Empire lui donnaient encore une raison d'être à la Cour : pour Madame de Serrant, il ne s'en trouvait aucune. Née, comme elle était, Rigaud de Vaudreuil, cousine du fameux comte de Vaudreuil, l'ami des Princes, elle avait été mariée d'abord à M. de Valady, capitaine aux Gardes, qui, en 1792, fut élu à la Convention et qui, l'année suivante, fut guillotiné comme Girondin ; puis, en émigration, sans doute en 1795, elle épousa M. Antoine Walsh de Serrant, jadis colonel en France d'un régiment irlandais de son nom et maréchal de camp. M. Walsh, laid, maussade, singulièrement intéressé, avait vingt-six ans de plus qu'elle et était veuf d'une Choiseul-Beaupré. A peine le calme un peu revenu en France, il y renvoya sa femme qui, se trouvant fort dénuée, fut recueillie par Madame Lefebvre, dont le mari, au temps qu'il était sergent aux Gardes, avait eu Valady pour capitaine. Madame de Serrant, grâce à cette protection, commença à arranger ses affaires et celles de son mari, dont elle obtint la radiation. L'Empire arriva : un matin, ce mari l'amena chez Joséphine et quel fut son étonnement lorsqu'elle s'entendit remercier de bonne gistrement mène-t-il à des places de Cour? Madame Duchatel, née Papin, eut sans doute, pour y être imposée, des titres différents, car quoiqu'elle fût fort élégante de toilette et fort jolie femme, ni sa naissance, ni les services de son mari ne l'eussent désignée, et certes l'Impératrice ne l'eût point élue.

C'est là tout ce qu'on rencontre pourtant du régime nouveau, tout ce que Joséphine a prélevé sur les trente grands-officiers de l'Empire ; tout le reste s'attache ou se rattache à l'ancien régime, quelquefois dans les premiers rangs, mais point pourtant dans cette fleur qu'on nommait la noblesse de Cour.

Certes, les Colbert y touchent par leurs services et leurs alliances et Madame Auguste de Colbert a bien des titres à faire partie de la Maison souveraine : par son père, le général de Canclaux, sénateur, commandant en chef, à deux reprises, des armées républicaines en Vendée, ambassadeur du Directoire à Madrid et à Naples, par son mari, soldat intrépide, l'un des cavaliers illustres de l'armée, elle a ses grandes entrées dans le monde nouveau, où elle porte la splendeur d'un nom rendu dix fois glorieux par la suite d'hommes illustres qui l'ont fait noble. Seule presque, elle représente ensemble le passé et le présent et, dans son écusson, ce sera une joie aux yeux de voir la guivre d'azur rehaussée encore du franc quartier des comtes militaires. De plus, elle est « une des personnes les plus excellentes du château ». Douce, simple, très aimable, elle n'a nulle morgue, nulle vanité, elle adore son mari et, en même temps qu'une parfaite égalité d'humeur, elle porte en tout une dignité de conduite qui lui assure l'estime et la sympathie des plus difficiles.

Près d'elle, on peut nommer Madame Octave de Ségur : née d'Aguesseau et la dernière de son nom, elle tient au nouveau régime par son père, rallié dès la première heure, président du tribunal de la Seine, puis ministre à Copenhague et sénateur, et par son beau-père, l'ancien ambassadeur de Louis XVI en Russie et à Berlin, conseiller d'État au Consulat et, à l'Empire, grand-maître des cérémonies. Son mari, qui avait débuté dans les lettres d'une manière aimable, avait été, en 1801, nommé sous-préfet de Soissons. En 1805, il disparut, poussé, disent certains, par des chagrins domestiques, cédant plutôt, semble-t-il à une mélancolie maladive.

la Gouvernante, l'archiduchesse Marie-Christine. Ruinée par l'invasion française, restée avec un mari impotent et quatre enfants, elle a connu à Bruxelles, lors du voyage du Consulat, Madame Bonaparte qui, depuis les campagnes d'Italie, est en relations suivies et en correspondance avec la comtesse d'Albany. Pour obtenir Madame d'Arberg à sa cour, la nouvelle Impératrice lui fait des conditions toutes spéciales. Seule des dames du Palais, elle a logement et bouche au Château et dans toutes les résidences. Elle garde près d'elle sa fille aînée, âgée de vingt-cinq ans, qui reçoit le titre de dame surnuméraire avec 6,000 francs d'appointement. Son fils est nommé chambellan de l'Empereur et, après avoir été employé aux missions les plus confidentielles, il est préposé à l'administration du département des Bouches-du-Weser. Lorsque sa fille aînée a été mariée par l'Empereur au général sénateur comte Klein, la seconde lui succède aux Tuileries et est encore mariée, par les mêmes soins et avec une pareille dot, au général Mouton, comte de Lobau. Et c'est bien fait : car Madame d'Arberg, qui a été belle admirablement, qui est grande, bien faite, d'une noble tournure, « qui a de la distinction jusque dans les plis de son manteau de Cour », est en même temps une des femmes les meilleures qu'on puisse rencontrer et est adorée de toute la Maison. Elle y tient en réalité une place bien plus importante que Madame de la Rochefoucauld et Madame Lavallette réunies. Seule, elle est au courant de la noblesse ancienne des Pays-Bas et de l'Allemagne ; seule, elle sait les cours et les usages qu'on y suit ; seule, elle peut donner une instruction et glisser un avis. Par sa continuelle présence, car, presque toujours, même en voyage, elle suit l'Impératrice, elle se trouve le guide indispensable, au moins en ce qui touche l'étiquette et les formes à suivre. Sans doute, l'Empereur souhaiterait que son influence s'étendît au delà et que Madame d'Arberg s'érigeât en Mentor, mais elle a trop de tact et d'esprit pour ne pas sentir que, sur certains sujets, elle userait sans nul profit son influence et qu'il est des défauts de Joséphine qui, tenant à sa nature même, ne peuvent être redressés. Sans afficher de prétentions, sans se mettre en vue, inconnue des historiens, dédaignée des chroniqueurs, Madame d'Arberg est pourtant la seule des dames du Palais qui, pour le ton à établir, pour les façons à faire prévaloir, pour les avis utiles à donner et pour l'espèce de discipline à maintenir chez l'Impératrice, ait joué un rôle, exercé une action et donné une direction. Est-elle présente, tout va régulièrement ; s'absente-t-elle, tout se détraque. C'est elle qui souffle Joséphine, et pour tout ce qui est de ce service, Joséphine l'écoute fort bien. On le sait au Palais ; et les insurgées ou les irrégulières craignent son regard, sa politesse et ce qui la peut suivre.

Elle est en sa place ; et c'est pourquoi elle y fait si bien : dès qu'on a renoncé à faire à l'Impératrice un entourage uniquement impérial, dès qu'on prétend se conformer uniquement à ce qui est d'usage dans les autres cours d'Europe, c'est à des femmes sachant les cours qu'il faut s'adresser, et Madame d'Arberg est en réalité, suivant cette nouvelle forme, non seulement le meilleur choix qu'on puisse faire, mais le seul qui s'explique et se justifie.

Napoléon estima sans doute qu'il avait eu tort de laisser les nominations à la disposition de Joséphine, car les quatre promotions qu'il fit ensuite, de l'an XIII à 1806, furent presque entièrement de son style ; mais, de son côté, réussit-il mieux et parvint-il plutôt que sa femme à opérer dans sa cour une fusion analogue à celle qu'il rêvait dans le pays ? Sans doute, il éleva le niveau, il eut des noms plus illustres, mais il en eut aussi qui n'étaient que de bourgeoisie ou de petite noblesse, et c'est que lui aussi prit des femmes de sa connaissance personnelle, des femmes qui, à coup sûr, étaient d'éducation excellente et de manières distinguées, mais qui n'avaient été ni élevées, ni préparées pour la Cour, qui n'étaient point de naissance à y figurer et dont les maris n'avaient point un tel rang dans la hiérarchie impériale qu'ils les imposassent. Il les prit par souvenir, par reconnaissance, par sentiment de cœur, comme Joséphine avait pris les siennes par vanité, mais le résultat fut presque identique.

Il faut mettre à part la promotion du 5 thermidor an XIII (24 juillet 1805), réservée aux dames du Piémont et de la Ligurie. Madame Perron de Saint-Martin, née Argentero de Berbeggio, femme de l'ancien grand-maître de la garde-robe du roi de Sardaigne; Madame de Solaro de Villanova, née Coconito de Montiglione; Madame de Brignole-Sale, née Pieri ; Madame Gentile; Madame de Lascaris-Vintimiglia-Castellar, née Caron de Saint-Thomas ; enfin Mesdames de Remedi et de Fatigliano-Novello, qui n'acceptèrent point. Ces Italiennes ne venaient passer à Paris que les deux mois de leur service et s'y montraient silencieuses et dépaysées : une seule faisait exception et, seule des dames du Palais, a joué à la Cour un rôle politique : c'est Madame de Brignole.

Par son mariage, Anne Pieri était entrée dans une famille qui a tenu le premier rang à Gênes et qui y a nombre de fois été revêtue du doganat. Les Brignole étaient alliés à ce qui est le plus grand en Italie : même une Brignole, mariée d'abord au prince de Monaco, a, en 1798, épousé le prince de Condé, dont elle avait longtemps été la maîtresse. Avant de se fixer à Paris, Madame de Brignole dirigeait les affaires de son pays, faisait et défaisait les gouvernements, prenait part à toutes les intrigues et mettait de ses protégés dans toutes les places. On l'appelait la Reine Annette. Elle ne se contentait point de la Ligurie, qui eût été trop petite pour son génie et, aussi bien vue au Vatican qu'aux Tuileries, dès 1801, lors de la négociation du Concordat, elle s'était entremise pour l'échange des lettres de Monsignor Spina avec Rome. Elle avait quarante ans lorsqu'elle fit son entrée au Château et, quoiqu'elle eût été galante, elle n'avait alors conservé qu'une ancienne liaison avec M. de Serra, qu'on appelait le Mirabeau de la Ligurie et qu'elle parvint à faire nommer à un poste diplomatique ; les bagatelles d'amour l'inquiétèrent peu ; elle ne vécut, ne respira que pour l'intrigue et la politique : elle se glissa chez Talleyrand, dont elle devint bientôt l'amie à tout faire, l'espèce de confidente, la complice toute prête ; mais, en même temps, elle garda les dehors, ne se compromit point comme lui, se maintint dans la faveur de Napoléon. Elle n'était point si sotte que d'oublier l'avancement de sa famille : un de ses fils était près du Pape, monsignor, évêque, en passe d'avoir le chapeau ; elle mit l'autre près de l'Empereur, le fit maître des requêtes au Conseil d'État, puis préfet du département de Montenotte, ce qui la maintenait elle

LA COMTESSE DUCHATEL

Dessin d'Isabey

[illegible]

… de Solaro de Villa…
… Brignole-Sale, née Pieri ;
… Castellar, née Caron de
… de Fatigliano-Novello, qui
… passer à Paris que les deux
… et dépaysée : une seule
… a joué à la Cour un rôle

… dans une famille qui a tenu
… été revêtue du doge…
… en Italie ;
… en 1798,
… dont elle avait longtemps été la maîtresse.
… Madame de Brignole dirigeait les affaires de
… prenait part à toutes les
… dans toutes les places. On l'appelait
… la Ligurie, qui eût été
… au Vatican qu'aux Tuileries ;
… s'était entremise pour
… avait quarante
… été galante,
… de Serra, qu'on
… à un
… elle ne vécut,
… chez Talley…
… confidente, la
… les dehors, ne se
… de Napoléon. Elle
… un de ses
… avoir le chapeau,
… des requêtes au Conseil
d'État, puis … maintenant elle

en autorité sur les Génois : mais ce fils, qu'elle maria richement à une Negroni, ne prêtait point au grand. Elle se distingua mieux par les établissements qu'elle procura à ses filles, faisant épouser à l'une le comte Charles Marescalchi, fils du Marescalchi qui tenait à Paris le portefeuille des Relations extérieures du royaume d'Italie ; faisant épouser à l'autre ce Dalberg, neveu du Prince primat, ancien ministre de Bade à Paris qui, lors de l'arrangement anticipé de la succession de son oncle, reçut de Napoléon, avec le titre de duc français, une dotation de 200,000 francs de rente. Talleyrand n'avait point nui à ces mariages et Madame de Brignole s'en montra reconnaissante, car, dans ce groupe de femmes qui entourait le prince de Bénévent et qui, plus qu'on ne se l'est imaginé, a contribué à sa victoire définitive et au renversement de l'Empire, celle-ci a tenu une des premières places et joué un des rôles principaux.

Sans cette figure, qui mériterait une longue et patiente étude, la promotion d'Italie serait si terne qu'il n'y aurait rien à en dire. Il n'en est point ainsi des promotions françaises, faites le 12 pluviôse an XIII (1er février 1805), le 1er vendémiaire an XIV (septembre 1805) et le 10 février 1806.

La promotion du 12 pluviôse comprend cinq noms : Mesdames Devaux, de Montalivet, de Turenne, de Bouillé et de Marescot. Sur Madame Devaux, sur les motifs qui l'ont fait choisir, nul renseignement. Son mari, Moisson-Devaux, d'une famille bourgeoise de Caen, a servi, a été, à la Révolution, président du district de Bayeux, puis député aux Cinq-Cents et est mort maire de Bayeux. Elle-même est née Rotz de la Magdeleine, d'une famille noble de la même ville. « Elle n'avait aucune fortune, ni une position marquée dans le monde d'alors ni le précédent » ; mais, sans doute, a-t-elle formé des relations anciennes avec Joséphine, car son fils a été, par la suite, nommé intendant de la Maison de la reine Hortense, place d'extrême confiance et qui n'eût point été donnée à un indifférent. Il y a là un mystère que n'a point révélé sa fille, mariée à un écuyer de l'Empereur, M. Michau de Montaran, laquelle pourtant ne s'est point fait faute d'écrire, comme de peindre et de musiquer. « Il y avait une raison personnelle », a dit quelqu'un, mais quelle?

Pour Madame de Montalivet, c'était cette belle Mademoiselle Lauberie de Saint-Germain dont Napoléon, comme il l'a dit lui-même, avait, à Valence, « aimé les vertus et admiré la beauté. » Il avait même désiré alors l'épouser, mais Mademoiselle de Saint-Germain, qui était « d'une grandeur extraordinaire » et qui n'eût pu, pour cette raison seule, s'apparier au lieutenant Bonaparte, avait d'ailleurs une inclination pour son cousin, M. Bachasson de Montalivet, qu'elle épousa en 1797. Le Premier consul, qui avait aussi fort connu et apprécié M. de Montalivet, se souvint de lui dès qu'il prit le pouvoir, lui confia d'abord la préfecture de la Manche, puis celle de Seine-et-Oise, puis la direction générale des Ponts et chaussées, en attendant le ministère de l'Intérieur. Madame de Montalivet n'avait point sollicité la place de dame du Palais et elle ne l'accepta point sans poser ses conditions : « Votre Majesté, dit-elle à l'Empereur, connaît mes convictions sur la mission de la femme en ce monde : la faveur enviée par tous qu'Elle a la bonté de me destiner deviendrait un malheur pour moi si je devais renoncer à soigner mon mari quand il a la goutte et à nourrir mes enfants quand la Providence m'en accorde. Aussi, demanderai-je respectueusement à Votre Majesté, qui ne me veut que du bien, si mon service auprès de l'Impératrice pourra se concilier avec des soins auxquels il me serait impossible de renoncer ? S'il en était ainsi, Votre Majesté aurait deux fois des droits à ma reconnaissance. » L'Empereur, en écoutant, avait commencé par froncer le sourcil ; mais, s'inclinant bientôt d'un air gracieux devant son interlocutrice : « Ah ! vous me faites des conditions, Madame Montalivet, je n'y suis pas accoutumé. N'importe. Je m'y soumets. Soyez donc dame du Palais : tout sera arrangé de manière que vous restiez épouse et mère comme vous l'entendez. » Il en fut ainsi : Madame de Montalivet ne fit de service que quand elle le voulut, et l'Empereur, loin de lui garder rancune, saisit toutes les occasions de lui marquer son estime.

C'étaient aussi d'anciennes connaissances de Napoléon, les Marescot. Il avait eu à Brienne un Marescot pour condisciple ; il en rencontra un autre à l'École militaire, qui, comme lui, servit dans l'artillerie. Tout naturellement, lorsque, devant Toulon, il rencontra un troisième Marescot, frère de son camarade d'école et officier du génie déjà fort avancé, il se lia avec lui, et bien que, de Toulon, Marescot fût allé à l'Armée du Nord, puis qu'il eût commandé dans les Pyrénées, puis qu'il eût été chargé de la défense de Landau et de Kehl et du commandement supérieur de Mayence, que, par suite, il n'eût plus eu l'occasion de rencontrer Napoléon, celui-ci l'avait si peu oublié que, tout de suite après le Dix-huit brumaire, il le fit inspecteur général du Génie, « comme avaient été les maréchaux de Vauban et d'Asfeld », puis grand-officier de l'Empire et grand-aigle de la Légion. M. de Marescot, qui était d'une bonne famille de l'Orléanais, prétendant à la même origine que les Marescotti de Bologne et descendant en fait de Jean Marescot, bourgeois d'Orléans, anobli en mai 1436, avait épousé Mademoiselle d'Artis de Thiésac, d'une famille anciennement alliée aux Tascher. C'était une femme bonne, « essentielle même », fort estimée dans le monde et par ses amis, mais vivant retirée et ne sortant point d'un très petit cercle. Au reste, elle ne parut que deux ans à peine aux Tuileries. En 1808, Marescot, chargé d'une mission d'inspection en Espagne, se trouva de passage au corps Dupont lors de l'affaire de Baylen : par une aberration incroyable, il consentit, lui grand-officier de l'Empire, n'ayant aucun commandement actif, à assister le négociateur envoyé au général Castaños et à signer, comme témoin, a-t-il dit, la capitulation d'Andujar. Dès que l'Empereur l'apprit, il écrivit à Madame de la Rochefoucauld : « Le général Marescot s'étant déshonoré en attachant son nom à une infâme capitulation, ce qui m'a contraint à lui ôter toutes ses charges et emplois, dans cette situation de choses, il est impossible que Madame Marescot continue à être dame du Palais, quelque innocente que soit cette dame et quelque mérite qu'elle ait d'ailleurs. Je désire donc que vous lui fassiez demander sa démission en portant dans cette démarche tous les adoucissements qu'il vous sera possible. » Cette lettre est en date du 6 septembre. Dix jours après, Madame de Marescot, qui s'était retirée à son château de Challay (Loir-et-Cher), envoyait sa démission qui, transmise à l'Empereur à Erfurt, revenait avec cette simple annotation : *Accepté. Erfurt le 1er oct. 1808.* N.

Les deux autres dames de cette promotion n'étaient, semble-t-il, recommandées que par leur nom et leur qualité, et n'étaient point personnellement connues de Napoléon. L'une, Madame de Turenne, née de Brignac, appartenait, par son mariage, à l'une des familles les plus anciennes et les mieux alliées qui fussent en France : les Turenne, marquis d'Aynac et de Montmurat, barons de Felzins, comtes de Gramat, faisaient preuve de descendre d'Hector, bâtard de Turenne, vivant en 1399, fils de Raymond, comte de Beaufort et vicomte de Turenne, et, dès lors, des vicomtes du Bas-Limousin, vicomtes de Turenne par la grâce de Dieu. Mademoiselle de Brignac de Montarnaud, dernière de son nom, était d'une famille connue dès le XIIIe siècle comme ancienne en noblesse, et de plus elle était fort riche. Elle épousa, en 1799, M. de Turenne qui, durant la Révolution, engagé dans la compagnie franche des dragons de Toulouse, avait pris part aux campagnes des Pyrénées-Orientales et qui n'aspirait à présent qu'à rentrer dans l'armée. Il prit parti en effet dans cette sorte de Garde d'honneur que l'Empereur prétendit former au début de la campagne de l'an XIV, et, plus heureux que la plupart des volontaires, il obtint de rejoindre la Grande Armée le 15 octobre 1805. En 1806, il fut nommé capitaine officier d'ordonnance de l'Empereur, qu'il ne quitta plus qu'à Waterloo, donnant en toute occasion les preuves d'un dévouement très rare et d'une exemplaire bravoure. Madame de Turenne était fort agréable de physionomie, mais avait, pour sa taille, le buste si long que les mauvaises langues prétendaient qu'elle n'avait point de jambes. C'était exagéré.

Encore bien plus inattendue à la Cour impériale était Madame de Bouillé, née Walsh de Serrant, belle-fille du général mis en accusation après l'affaire de Varennes, femme de ce Louis de Bouillé, l'un des émigrés les plus militants, aide de camp du roi de Suède en 1791, plus tard colonel propriétaire du régiment des Hulans-Britanniques. Rentré en France en 1802, M. de Bouillé, comme bien d'autres, n'avait point tardé à s'ennuyer de n'être rien et de n'avoir part à rien. L'oncle de sa femme, M. de Serrant, désireux que l'exemple qu'il avait donné trouvât des imitateurs, l'engagea fort à rentrer au service et à demander pour sa femme une place de Cour. M. de Bouillé fut d'autant plus tenté qu'il avait plus de chances de réussir : outre l'illustration de sa famille, qui faisait ses preuves depuis 1155, son père, chevalier des Ordres du Roi et le seul officier général qui, en 1791, eût été capable de commander une armée, il pouvait invoquer sa mère, Mademoiselle Bègue, fille d'un major des troupes de la Martinique, d'une famille établie dans la colonie depuis 1716 et qui y avait eu des alliances avec toute la famille maternelle de Joséphine. Il se détermina à faire sa demande le 18 brumaire an XIII (9 novembre 1804), eut tout de suite une audience de Joséphine qui, à sa bienveillance accoutumée, « ajouta même quelque chose de plus personnel en rappelant à M. de Bouillé sa parenté avec sa mère ». Quatre mois après, Madame de Bouillé fut nommée dame du Palais et M. de Bouillé, engagé lui aussi dans les Gardes d'honneur formés lors de la campagne d'Autriche, en reçut le commandement en second. Ce corps, comme on sait, ne prit point part à la guerre, mais, le 13 février 1806, M. de Bouillé fut enployé comme chef d'escadron à l'état-major de l'Armée de Naples. Presque tout de suite il fut, par Joseph, proposé pour la Légion d'honneur et, en 1810, il était général de brigade. Il se retira pour cause de santé en 1812 : ce pourquoi les Bourbons le firent lieutenant général.

On dit que Madame de Bouillé fut fort étonnée de sa nomination et que, quelques instants avant de l'avoir reçue, elle se défendait de manière probante d'avoir rien demandé. En effet, c'était son mari qui s'en était chargé. Plus tard elle s'adoucit et accepta fort bien le secours d'une pension de 2,000 francs qui dut lui être payée jusqu'à la paix avec l'Angleterre.

Tout à la fin de l'an XIII (septembre 1805) — car ses appointements ne coururent que du 1er vendémiaire an XIV (23 septembre), — Madame de Canisy fut nommée dame du Palais. Quoique mariée depuis six ans, à peine si elle en avait vingt : née le 1er février 1775, fille de cette marquise de Canisy, née Loménie, que Napoléon tout enfant avait pu voir passer en sa gloire devant les fenêtres de l'École de Brienne, elle était restée orpheline après l'extermination des Brienne, et l'on sait quel rôle étrange joua près d'elle alors le Père Patrault et comme, dit-on, Napoléon fut forcé d'intervenir pour faire rendre Mademoiselle de Canisy à sa famille : elle n'en fut point plus heureuse, car, à peine nubile, à quatorze ans, elle fut épousée par son oncle, singulièrement plus vieux qu'elle et qui, après lui avoir fait deux enfants, la négligea beaucoup. Il était, depuis le 1er février 1805 (12 pluviôse an XIII), l'un des écuyers ordinaires de l'Empereur, et tout naturellement sa femme dut le suivre à la Cour. « Grande, bien faite, avec des yeux et des cheveux fort noirs, de jolies dents, un nez aquilin et régulier, le teint un peu brun et animé, elle avait dans sa beauté quelque chose d'imposant, même d'un peu altier. » C'était une Muse, dit une femme qui l'a connue. Elle fit à la Cour de grandes passions et s'attacha si fort M. de Caulaincourt, le grand-écuyer, que cette liaison, à la chute de l'Empire, s'acheva par un mariage.

Enfin, la dernière promotion faite sous le règne de Joséphine, le 10 février 1806, comprit quatre noms : Chevreuse, Maret, Mortemart et Montmorency.

Madame Maret, Mademoiselle Lejéas, avait alors vingt-cinq ans. Comme son mari, elle sortait de la bourgeoisie dijonnaise, mais d'une bourgeoisie riche, lettrée et où l'éducation était excellente. Extrêmement belle et d'une beauté qui était jolie et rare, avec une taille remarquable mais non démesurée, des traits d'une finesse extrême, « parfaitement agréable en ses manières », elle savait en même temps tirer tout le parti qu'il fallait de sa beauté et, comme son mari était un des mieux dotés de l'Empire, elle en profitait pour se mettre à miracle. On a dit qu'elle dépensait 50,000 francs par an pour sa toilette : ce qui est sûr, c'est que sa note annuelle, chez Leroy seul, ne va guère au-dessous de dix mille francs. En même temps, excellente mère, parfaitement dévouée à son mari et honnête femme au point d'avoir résisté en face et très nettement aux déclarations de l'Empereur. Elle avait quantité d'amies fort dévouées qui louent grandement et justement en elle tout ce qui mérite d'être loué : sa beauté, sa grâce, son élégance, son caractère, la sûreté de ses relations et, en même temps, sa simplicité et son air de bonne compagnie lorsqu'on la surprenait dans des occupations bourgeoises et terre à terre. Elles louent ses talents, la justesse de son esprit, la fierté de son cœur. Et c'est bien fait et l'on n'en saurait trop dire : aussi bien, c'est la note discordante qui fait le mieux valoir l'harmonie.

On sait que Maret, probe, honnête, fidèle à son maître, patriote éprouvé, incapable de se prêter aux intrigues ni même de les cacher, fut, surtout après qu'il eut reçu le portefeuille des Relations extérieures, la cible de Talleyrand. En toute occasion, à propos de tout et de rien, Talleyrand le poursuivit d'épigrammes où quelquefois on trouve de l'esprit, plus souvent une rancune mal déguisée et, parfois, de la simple grossièreté. Comme de juste, cette haine contre le mari, il l'étendit à la femme et le petit cercle d'adoratrices qui se pressait autour de lui renchérit et a trouvé ses échos. Comme on ne pouvait accuser Madame Maret d'être laide ni sotte, comme on ne pouvait guère entacher sa conduite ni diffamer son élégance, on l'accusa d'être ambitieuse, surtout d'être hautaine et d'avoir impatiemment supporté que les dames de compagnie du Consulat prissent le pas sur elle. L'on ajoute que « quand l'Empereur accorda le titre de comtesse à toutes les dames du Palais, Madame Maret fut comme humiliée de cette parité; elle s'entêta à ne point porter ce titre et demeura simplement Madame Maret jusqu'au moment où son mari obtint le titre de duc de Bassano. » Il y a là une erreur manifeste et volontaire : toutes les dames du Palais ne reçurent point ensemble le titre de comtesse; il ne se trouve à l'Almanach de 1809 que neuf dames du Palais sur vingt-sept qui soient titrées, trois sont duchesses, cinq comtesses, une baronne, et la plupart, toutes peut-on dire, n'ont de titre qu'à cause de leur mari. Ce ne fut que le 3 mai 1809 que Maret reçut le titre de comte qu'il échangea, le 15 août de la même année, contre celui de duc. Ce n'est donc point la faute de Madame Maret, si elle ne prit point, dès le 27 novembre 1808, comme le fit Madame Rémusat, un titre qu'elle n'avait encore nul droit à porter.

On a dit encore que Madame Maret ne fut nommée qu'à la demande de la princesse Caroline, comme si son mari n'avait point rendu assez de services et n'était point assez éminent en dignité pour la pousser, si elle le désirait, à une telle place. On a ajouté encore qu'elle fut fort aise d'être promue en aussi bonne compagnie; en vérité elle n'était point si sotte que de croire gagner de la noblesse en se frottant aux gens qui en ont.

Sans doute, les compagnes que l'Empereur donna à Madame Maret en avaient plus que qui que ce fût à la nouvelle cour, et c'était, il faut l'avouer, un étonnement de les y voir, comme une conquête marquée par Napoléon; mais, à y regarder d'un peu près, tout avait son explication.

Madame de Montmorency, la femme de Anne-Charles-François duc de Montmorency, premier baron chrétien, premier baron de France, chef des nom et armes de sa maison, vingt-sixième descendant de Bouchard Ier, Madame de Montmorency est née Goyon-Matignon, de la branche de Gacé. A son retour d'émigration elle a trouvé vendue la majeure partie des grands biens qu'elle avait eus de la succession de son père et qui lui assuraient 200,000 livres de rente. Éliminée de la liste des émigrés, elle a obtenu, en l'an IX et l'an X, la levée du séquestre, mais n'a recouvré qu'environ deux mille livres de rente; en l'an XII, l'Empereur lui a rendu quatre cents hectares de bois dans le département de la Manche, mais ses créanciers s'en sont emparés et les ont fait vendre. Par un décret du 9 avril 1806, postérieur de deux mois à sa nomination, elle est rétablie en environ seize cents hectares de forêts dans les départements de l'Orne et de la Manche; c'est peu sans doute pour payer deux millions et demi de dettes, mais grâce à des arrangements, elle s'en tire pour six cent mille livres; non sans un terrible procès qu'elle soutient contre l'un de ses créanciers, M. de Girac, ancien évêque de Rennes. M. de Montmorency, de son côté, a été rétabli en des forêts dont le produit lui permet d'établir, en 1809, un majorat de quatre-vingt mille livres de revenu et il reçoit, cette même année, de l'Empereur, une dotation de quatre-vingt mille livres de rente sur le Grand livre. Grâce à une nouvelle faveur de l'Empereur, la mère de Madame de Montmorency, Madame de Goyon-Matignon, née Breteuil, recouvre presque entière la fortune de sa mère, Mademoiselle Parat de Montgeron. Enfin, le baron de Breteuil, son grand-père, a, depuis l'an XIII où il est revenu d'émigration, reçu de l'Empereur, d'abord une gratification de 6,000 francs, puis un brevet de pension de 15,000. L'Empereur lui a racheté la nue propriété fort contestable de l'hôtel Breteuil à Paris ; il lui a racheté la pleine propriété du pavillon Breteuil à Saint-Cloud qu'il vient de lui rendre en même temps que des biens et des terres considérables. Cela vaut quelques égards : de plus, l'Empereur souffre que Madame de Montmorency se constitue près de lui l'avocate, presque toujours heureuse, de ses parents émigrés et plus ou moins proscrits. Il l'écoute ; il la fait parler ; il tire d'elle des renseignements qui lui épargnent des injustices et des fautes, et chacun s'en trouve bien.

Aussi bien, Madame de Montmorency qui avait trente-deux ans à peine, qui, sans être très jolie, avait une tournure admirable et unique, de laquelle on disait que, « en la voyant marcher, danser, courir, on ne l'eût point voulue autrement ni plus belle ni plus jolie, » raffolait de monde et d'élégance. Jadis son luxe faisait le bruit de Paris : elle avait été élevée à tel dessein et certains gardaient souvenir de son mariage comme du spectacle le plus élégant qu'on eût jamais vu : tous les hommes en habit violet brodé d'argent, toutes les dames en robe de même couleur et garniture ; mais, le luxe péri, elle n'avait pas moins aimé le monde. Pour y aller, sous le Consulat, elle était réduite à laver et à repasser son unique robe de mousseline et, bravement, lorsqu'elle dépassait minuit et que le cabriolet qu'elle avait par moitié avec son beau-frère Thibault de Montmorency cessait de lui appartenir, elle mettait un capuchon et des galoches et regagnait pédestrement son logis. Et, ainsi faite, elle n'eût été de rien, n'eût point pris sa part des splendeurs, des divertissements de la Cour ! Chacun dit « qu'elle y fut très bien, sans hauteur, sans bassesse, paraissant s'y plaire et n'affectant point de s'y trouver par contrainte. Elle s'y amusait beaucoup ; l'a peut-être regrettée. Car son nom lui donnait là les avantages qu'il aura partout. L'Empereur disait souvent qu'il n'estimait que la noblesse historique ; mais aussi celle-là il la distinguait beaucoup. »

De même que de Madame de Montmorency, se louait-on fort à la Cour de sa belle-sœur, Éléonore de Mortemart, laquelle était Montmorency en son nom. Son mari, il est vrai, n'était que cadet, marquis, non duc, mais d'assez bonne race pour être prisé. Aussi, lui avait-on fait les mêmes avantages : restitution des biens non vendus, une dotation de 91,400 francs de revenu, la place de gouverneur de Rambouillet à 15,000 francs, et, à toute occasion où Madame de Mortemart demandait des grâces, un empressement à les lui accorder; rentrées d'émigrés, restitution de biens ou rappel d'exilés, et c'était l'Empereur même qui en faisait part : « Ne doutez pas, lui écrivait-il, de l'intérêt que je vous porte et de mon intention de vous en donner des preuves dans toutes les circonstances. »

Tout autre se montra Madame de Chevreuse et, sur celle-ci, il faut s'étendre, car il s'est formé une légende de ses aventures : à en croire des gens, c'est ici une des plus touchantes victimes de la tyrannie napoléonienne et l'on invoque son souvenir en certains salons lorsque l'on prétend s'attendrir. Il est vrai qu'on ne se tient point obligé d'être instruit des faits : M. le duc de la Rochefoucauld a bien écrit : « Napoléon l'avait forcée d'accepter une place de dame du Palais de l'Impératrice *Marie-Louise*. Sa résistance avait été un modèle de fermeté et d'esprit, mais il fallut céder ! »

Madame de Chevreuse, qui de tous ses prénoms affectionnait celui d'Hermessinde, était née Narbonne-Pelet, fille de ce Narbonne qu'on appelait Fritzlar, non pour la gloire d'avoir défendu durant trois jours ce petit poste, mais parce qu'un soir, au coucher, il avait plu à feu le roi Louis XV de le distinguer ainsi d'autres Narbonne pour les honneurs du bougeoir. Elle avait vingt et un ans en 1806, et, depuis quatre années, elle était mariée au jeune d'Albert de Luynes, de deux ans seulement plus âgé qu'elle, personnage à ce point insignifiant et subjugué qu'il n'a laissé de trace que dans sa généalogie. On l'appelait M. de Chevreuse, car, malgré la révolution, les d'Albert s'étaient maintenus en l'usage de faire porter, à défaut du titre, le nom alterné par leur fils aîné. Son père, M. le duc de Luynes, député aux États généraux par la Noblesse de Touraine, avait pourtant été de la minorité de son ordre, s'était au premier jour rallié au Tiers, avait voté toutes les lois constitutionnelles, compris l'abolition de la noblesse, et il s'était si bien distingué, avait donné de si bonnes preuves de son civisme — argent comptant — qu'il avait traversé toute la Révolution sans être même inquiété. Dès le 19 ventôse an VIII (10 mars 1800), *De Luynes*,

LA COMTESSE DE BRIGNOLE

École italienne

(Musée du Palais Rouge, à Gênes)

[illegible] sion de 91,600 francs de [illegible]
[illegible] 15,000 francs et a toute [illegible]
[illegible] des grâces, en l'expresse [illegible]
[illegible] de lui ou rappel [illegible]
[illegible] Ne doutez pas [illegible]
[illegible] de vos [illegible]
[illegible] les circonstances [illegible]
[illegible] en effet, il faut [illegible]
[illegible] en entre [illegible]
[illegible] de la grande [illegible]
[illegible] lorsque l'on pré [illegible]
[illegible] d'être instruit des [illegible]
[illegible] Napoléon l'avait forcée [illegible]
[illegible] l'impératrice Marie-Louise. Sa [illegible]
[illegible] de femme et d'esprit, mais il fallut céder [illegible]
[illegible] de tous ses prénoms affectionnait celui [illegible]
[illegible] fils de M. de Narbonne qu'on appelait [illegible]
[illegible] durant trois jours ce petit [illegible]
[illegible] il avait plu à Louis XV [illegible]
[illegible] pour ses neveux de Bourbon [illegible]
[illegible] elle était [illegible]
[illegible]
[illegible] de trois ans [illegible]
[illegible] la révolution [illegible]
[illegible] défaut du titre [illegible]
[illegible] de Luynes, depuis [illegible]
[illegible] pourtant [illegible]
[illegible]
[illegible]
[illegible] preuves de [illegible]
[illegible] la Révolution [illegible]
[illegible]

ex-constituant, avait été nommé membre du Conseil général de la Seine ; l'année suivante, maire du IXe arrondissement ; en l'an XI, sénateur, et, à l'Empire, commandant de la Légion. Même, quoi qu'il eût payé pour être tenu bon patriote, la Révolution n'avait point nui à sa fortune, car il avait profité d'une loi révolutionnaire pour acquitter ses dettes en assignats et racheter de même des droits utiles. Sauf en affaires où on le disait fort avisé, il était en tout d'une rare platitude et il ne comptait pour rien dans sa maison où sa femme était tout. C'était d'ailleurs, Madame de Luynes, une figure originale et dont on n'eût point en cent ans trouvé la pareille. Si M. de Luynes avait été constituant, c'était à sa femme qu'il fallait en demander le pourquoi : car, elle, toute Montmorency-Laval qu'elle était née, avait été de tout temps l'amie de Talleyrand et, pour préparer l'autel où officierait le ci-devant évêque d'Autun, elle s'était faite une des traîneuses de brouettes du Champ de Mars. Qu'on ne croie point à mal : elle avait bien trop à faire entre le jeu, la chasse et l'imprimerie, ses trois passions. Pour ne point perdre de temps, et n'avoir que sa jupe à enlever, elle jouait, bottée et culottée de peau, et c'était d'un singulier effet à des moments. A Dampierre, elle avait son imprimerie et elle y était si familière que, en maniant le composteur, elle singeait jusqu'au dandinement qui était alors de genre dans le métier. Elle a composé ainsi des gros livres : *imprimés par G. E. J. Montmorency Albert-Luynes*, et c'est *Les aventures de Robinson* et des *Recueils de poésies détachées à l'usage de quelques amis habitant la campagne ;* rien d'elle et bien peu de chose où l'on s'intéresse, qui date même et où l'on sente le temps : c'est un sport d'un nouveau genre, le sport du *labeur*. Mais ce sport la lasse vite et, dès la Révolution un peu apaisée, les étrangers revenant, elle rouvre, rue Saint-Dominique, les salons de l'hôtel de Luynes et recommence sa partie : partie de quoi ? de tout. Elle n'est pas une joueuse, elle est la joueuse, et tout lui est bon. Ses salons, « c'est un grand café où tout le monde afflue et se trouve avec plaisir, » une succursale mondaine du Cercle des étrangers et de Frascati : les tables de creps et de biribi y sont à demeure et, pour avoir des pontes, on se rend moins difficile sur la qualité qu'on ne le serait dans un cercle *ouvert*. La police le tolère, parce qu'elle y a des yeux et des oreilles et que, tout Paris, toute l'Europe y passant, c'est un écoutoir fort commode.

Dans ce milieu, Madame de Chevreuse : elle est rousse, maigre, avec des traits irréguliers tout de chiffon, et l'audace de ces laides pires que jolies, que fouette la consomptive passion de remuer et de chercher ce qu'elles croient le plaisir : il semble qu'à force de s'agiter, elles imaginent dépister la mort. Vive en imaginations plaisantes, amusante à voir avec sa taille longue, souple, très mince et sa frimousse cabossée qui pétille de malice, Madame de Chevreuse se permet tout, et la galerie qu'elle amuse lui passe presque tout. Son costume, lui seul, est à part : comme elle veut à tout prix un second enfant, elle s'est *vouée* au blanc et à un blanc si personnel, si préparé, si joliment approprié à son vœu et surtout à sa personne que la Vierge n'y semble en vérité pour rien du tout, si la maternité peut en tirer quelque chance. De ses excentricités, l'on ferait un recueil : la voici qui, costumée en paysanne, débarque chez un vieux bourgeois du Marais, commerçant retiré, se donne pour une parente de province cherchant condition, enjôle le bonhomme et l'affole ensuite par un brusque départ ; la voici, renouvelant la même scène chez la Genlis à l'Arsenal, avec tous les *Jarni*, les *J'allions* et les *Parguienne* du répertoire ; la voici, habillant en seigneur un vieux pauvre de Saint-Roch et le présentant un soir de grande réception comme un illustre Danois; la voici qui, sur un pari, s'en va seule, à onze heures du soir, en toilette audacieusement décolletée, courir les galeries du Palais-Royal ; mais là, elle rencontre son frère qui la reprend si vertement qu'elle a, sur l'instant, une grande crise de larmes. Elle fut de ces femmes, comme il s'en montre presque à chaque époque qui, si on les regarde, n'ont nulle beauté, qui, si on les écoute, n'ont point d'esprit, qui, si elles chantent, n'ont point de voix, qui, lorsque, sur le tard, elles se mêlent d'écrire, n'ont pas même l'originalité du souvenir, mais qui font la mode. Pourquoi ? c'est trop demander ; pour l'ordinaire elles tiennent le sceptre, parce qu'elles ont eu l'audace de le prendre.

Rousse « comme une carotte » et ayant tout d'une rousse, en un temps où c'était déshonneur de l'être naturellement et où même c'était fini de se faire telle par teinture ou perruque, Madame de Chevreuse avait mis à l'essai tous les coiffeurs de Paris : enfin l'illustre Duplan lui fit des cheveux à son goût, mais, de cette perruque qu'elle portait sur sa tête chaque jour rasée, comment dissimuler la fâcheuse raie qui en décelait le mystère ? Elle imagina alors une coiffure qui massait les cheveux sur le front : aussitôt, toutes les jeunes têtes du faubourg Saint-Germain dont l'hôtel de Luynes était « la métropole », se trouvèrent ainsi accommodées. On portait au Château des manches étroites sur la taille courte ; Madame de Chevreuse se fit la taille longue et décréta les manches amples : tout le Faubourg les eut ainsi. Cela était peu de chose, et, si elle ne se fût mêlée que de donner des lois aux couturières, l'Empereur et Roi n'en eût pris nul souci ; mais, avec le goût qu'elle avait pris de se faire remarquer, la haine qu'elle affichait contre tout ce qui était nouveau régime, Madame de Chevreuse, au milieu de ses courtisans et de ses adorateurs « dont quelques-uns étaient peu dignes d'elle », se plaisait non seulement à tourner en moquerie ce qui se passait aux Tuileries, mais à répandre les pires nouvelles, à mettre en doute les victoires, à inventer des désastres, à rabaisser avec son âpreté perfide de femme malade, l'honneur de l'armée. Or cela n'était point indifférent. A côté des salles de jeu, il y avait, à l'hôtel de Luynes, les salles de flirt ; qui ne venait point pour l'un venait pour l'autre, et ce n'était point seulement quiconque tenait au Faubourg ou aspirait à en être cru, mais même des grands officiers de l'Empire et des généraux du premier rang. Le bruit que menait Madame de Chevreuse s'entendait si bien du dehors que Hortense, peu habituée à telles enquêtes, écrit à Madame Campan pour avoir une consultation sur ce que sont les Luynes et d'où ils viennent. L'Empereur ne s'en tient pas là. De Vienne où il est, il s'inquiète de cette campagne de paroles qu'on mène à Paris, sous une impulsion anglaise, avec la complicité des financiers et des nobles, pour compromettre le crédit et, si l'on peut, faire sauter la Banque. C'est Madame de Chevreuse que toutes les lettres désignent comme la plus passionnée, puis Mesdames d'Avaux et Récamier, MM. de Duras, de Lasalle et de Montrond. Il n'est point homme à tolérer ce syndicat de trahison et il pense un instant à faire un sérieux exemple sur la famille de Luynes. « Qu'elle prenne garde, dit-il. Je lui ferai voir la différence que je mets entre une généalogie d'épée et une généalogie de valets. Si elle m'échauffe la bile, je ferai reviser la confiscation des biens du maréchal d'Ancre qui a été odieusement assassiné et, si on le réhabilite, il ne manquera pas d'héritiers pour venir réclamer ses dépouilles à la famille de Luynes qui n'a été enrichie que par cet odieux attentat. » Cela eût été bien gros, eût semblé révolutionnaire — quoique M. de Luynes en mourût de peur — mais un ordre d'exil à quarante lieues de Paris, n'avait rien, vu le temps de guerre et les nécessités de défense nationale, qui sentît le despotisme et, de Schœnbrünn, cet ordre allait être expédié lorsque Talleyrand averti s'interposa. Il parla d'étourderies, de légèretés sans conséquence, obtint que l'ordre fût révoqué, que Madame de Chevreuse fût nommée dame du Palais et donnât, pour l'avenir, ce gage de sa bonne conduite. Restait à la décider elle-même, mais, sans doute, on convint de l'effrayer sur les conséquences d'un refus. Il faut bien préciser ce point : la place a été sollicitée par les Luynes, non imposée par l'Empereur : « ce n'est pas moi, a dit Napoléon, qui ai été chercher cette dame pour la faire dame du Palais : c'est Talleyrand qui me l'a demandé de la part de la duchesse de Luynes. »

Nommée, Madame de Chevreuse se résigna à paraître, mais elle le fit toujours de mauvaise grâce. « On n'avait pour elle que des politesses, elle y opposait une sorte de froideur hautaine comme pour affirmer qu'elle n'était là que par contrainte. » « Je l'ai vue, a dit un témoin, étant de service chez l'Impératrice ; elle n'y était pas inconvenante, mais si j'avais été l'Impératrice, jamais je ne me serais exposée à de pareils traits de la part de Madame de Chevreuse. »

Ce n'était point que Joséphine lui ménageât pourtant les marques de faveur les plus désirables et les plus enviées. Elle allait si loin en ce genre que les femmes des grands officiers avaient à bon droit raison d'être jalouses et que c'était presque aux princesses que Madame de Chevreuse se trouvait égalée. A la fête donnée par Bessières, au nom de la Garde, à la Ville de

Paris et à l'Impératrice, le 19 décembre 1807, qui Joséphine choisit-elle pour faire vis-à-vis, dans le quadrille d'honneur, à S. A. I. la Grande duchesse de Berg, conduite par le prince Borghèse? Madame de Chevreuse, et c'est le duc d'Arenberg qu'elle désigne pour lui donner la main. Cela suffit à montrer la faveur.

L'Empereur aussi la cajolait plus que toutes les autres, mais c'était parfois à faux, un peu en sous-lieutenant; il prenait cela pour de la galanterie. Sincèrement, cette résistance l'intéressait et il eût voulu la vaincre, faire encore cette conquête et, lorsque Madame de Chevreuse se déridait, qu'elle daignait s'amuser des fêtes, se plaire aux pompes de la Cour, y paraître en parure et en gaité. « Allons, disait-il en riant, j'ai surmonté son aversion. » Mais, le lendemain, nouvelle lubie : tantôt, refus d'accompagner l'Impératrice à l'Opéra parce qu'elle a fait vœu de n'y point aller tant qu'elle n'aura point un autre enfant ; tantôt, à la chasse au bois de Boulogne, où l'Empereur lui envoie les Honneurs, refus de prendre le pied renvoyé à l'Impératrice. Chaque jour, des insolences nouvelles qui, soigneusement reportées par elle à sa cour de l'hôtel de Luynes, en reviennent à l'Empereur grossies et arrangées. A la fin il lui dit : « Madame, dans vos maximes et dans vos doctrines féodales, vous vous prétendez les seigneurs de vos terres; eh bien! moi, d'après vos principes, je me dis le seigneur de la France et Paris est mon village. Or, je n'y souffre personne qui puisse m'y déplaire. Je vous juge d'après vos propres lois, sortez et n'y rentrez jamais. » Pourtant, il pardonna encore; il ne comprenait pas, s'obstinait, cherchait à cette hostilité des origines bizarres et lointaines, imaginait que c'était une lutte de famille, le père de Madame de Chevreuse, successeur de M. de Marbeuf, ayant été rappelé de Corse sur la demande des États, dont Charles Bonaparte avait été le député à Versailles : « J'ai toujours cru, disait-il, que la haine que me portait Madame de Chevreuse se rattachait à cette vieille inimitié. » En vérité, cela n'allait ni si loin ni si haut. Madame de Chevreuse, habituée à voir sa famille et tout son monde à ses pieds, convaincue qu'elle était intangible, ayant pris cette posture de la femme d'opposition dont on cite les épigrammes, encouragée à tout oser par sa longue impunité, s'amusait à ce jeu rare, inédit et loisible à elle seule, de faire la dompteuse et d'entrer dans la cage de la bête féroce pour lui tirer la queue ou lui frotter les oreilles. Cela eût pu durer longtemps encore, sans Madame de la Rochefoucauld ; mais celle-ci saisit avec empressement l'occasion qu'elle trouva de se venger des offenses continuelles de Madame de Chevreuse « contre qui elle avait une jalousie excitée depuis longtemps et longtemps contenue ».

Lorsque, de Bayonne, le roi et la reine d'Espagne vinrent à Fontainebleau, l'Empereur détacha pour les recevoir une partie de la Maison d'honneur : quatre dames, quatre chambellans, un préfet du Palais et un lieutenant des chasses. Madame de Chevreuse, dont c'était le tour, fut désignée en même temps que Mesdames de la Rochefoucauld, de Luçay et Duchatel. La Dame d'honneur, selon son devoir, l'avertit en lui indiquant le jour d'arrivée de Leurs Majestés Espagnoles. Madame de Chevreuse, qui était à Dampierre et ne se souciait pas d'en bouger, répondit sèchement qu'elle était malade et Madame de la Rochefoucauld en fit son rapport à l'Empereur. La chose eût encore passé si Madame de Chevreuse, très fière de son haut fait, ne l'eût répandu dans son monde en ajoutant « qu'elle n'était point faite pour être geolière. » Madame de la Rochefoucauld ne laissa point perdre le propos et le redit à l'Empereur. Talleyrand, absent, ne pouvait parer le coup ; Luynes qu'on eût ménagé, était mort et, comme sénateur, avait été enterré au Panthéon ; Madame de Chevreuse reçut avis que sa nomination était retirée et qu'elle eût à fixer son séjour à sa terre de Luynes, près Tours ; puis, Luynes paraissant peu habitable, où elle voudrait, mais à quarante lieues de Paris : ce fut alors une crise de désespoir dont retentit la rive gauche entière : quitter Paris, quitter Dampierre, ne plus étonner la Cour de ses insolences et la Ville de ses excentricités, cela se pouvait-il supporter ? N'était-ce pas d'une tyrannie sans exemple qu'un Corse seul pouvait inventer ? Douze ans auparavant, les femmes qui partaient pour l'échafaud, versaient moins de larmes, poussaient moins de cris et l'on s'apitoyait moins sur elles. Il fallut se décider pourtant, et Madame de Luynes accompagna sa belle-fille. Elles furent à Caen, puis à Montpellier, puis en Touraine, puis à Grenoble et, de chaque station, c'étaient des sollicitations pour revenir : mais l'Empereur s'était montré assez patient pour avoir le droit d'être inflexible : « il fallait, a-t-il dit, un exemple sévère qui épargnât le besoin de répéter sur d'autres. » Le supplice n'était point d'ailleurs si cruel et n'était-il pas possible de trouver un gîte agréable hors des dix à douze départements faisant la banlieue de Paris ? Madame de Chevreuse avait le choix entre cent vingt chefs-lieux, mais il lui fallait Paris, et, espérant toujours gagner quelque chose, elle ne laissait point un jour sans lamentations. « J'ai été sollicité pendant trois ans pour demander son rappel, a dit Savary, et j'avoue que je ne concevais pas qu'on mît tant de bassesse à le demander après s'être conduit avec tant d'insolence. »

L'excuse et l'explication de cette conduite, ce qui vaut un peu de pitié à cette jeune femme, c'est qu'elle était poitrinaire et qu'elle mourut de son mal à Lyon le 6 juillet 1813 ; mais, pour cela, a-t-elle vraiment droit à des apologies et Napoléon mérite-t-il d'être traité de bourreau ? Cela est acquis pourtant, et Madame de Chevreuse restera, pour certains, le type des victimes du Faubourg, contraintes par le tyran de paraître à sa cour, d'y émarger régulièrement mille francs par mois et d'y donner l'exemple des vertus aristocratiques.

De fait, ainsi qu'on l'a vu, il n'est pas une seule des dames du Palais qui ait été contrainte par l'Empereur ou par Joséphine à accepter sa place ; il n'en est pas une seule qui ne l'ait sollicitée en personne ou dont la famille ou le mari ne l'ait demandée. Si trois se trouvent peut-être dans le cas de n'avoir point été consultées par ceux qui avaient autorité sur elles, une fois la violence faite, en admettant qu'il y ait eu violence, elles se plurent assez en la fonction pour y prendre des habitudes, y contracter des relations et y éprouver des attachements. Aucune n'a négligé les émoluments et n'a manqué de se présenter chez le trésorier de la Couronne ; aucune n'a dédaigné les revenants bons qu'attiraient aux personnes de la Cour les anniversaires et les solennités ; aucune n'a cherché volontairement à démissionner et, s'il est des femmes qu'on ait désirées et qui aient refusé de venir, il n'est point une seule d'entre elles qui aient été inquiétée ou persécutée pour cette cause.

***

Telle est cette cour : le ton général y est excellent, avec beaucoup de politesse et de douceur, point de conversation bruyante, nul éclat de voix, une tenue d'une correction entière. Les dames du Faubourg ont eu quelque peine à s'y faire, mais comme elles ne sont point sottes, toutes, sauf Madame de Chevreuse, se sont mises au diapason. C'était de mode à Versailles, l'air évaporé, la voix de tête, le genre *à l'aise*. Aux hommes, il seyait d'avoir renom de mauvais sujets — et c'est assez de nommer les favoris, Coigny, Vaudreuil, Lauzun, Tilly, — aux femmes, de se plaire en telle société. On avait la parole criarde, le discours osé ; on était ingénieux en escapades et certaines des plus grandes dames semblaient prendre leur plaisir à se compromettre. Mais, presque aussitôt entrées aux Tuileries, ces dames, qui avaient été de Versailles, n'entendant que leur propre bruit dans le commun silence, perdirent leur assurance, baissèrent la voix, sans qu'il fût besoin, comme disait Tracy à Cabanis « qu'on leur donnât sur le nez » et se mirent au niveau de leurs compagnes, plus bourgeoises, moins libérées, décentes en leurs propos et réservées en leurs manières : il en résulta une physionomie d'ensemble un peu grave, un ennui profond, mais tel qu'on le rencontre en toutes les Cours où la dignité des souverains est respectée et où ils exigent la bonne tenue des courtisans.

L'on ne demande point aux dames du Palais d'avoir de la saillie, de l'instruction, une conversation brillante : elles n'auraient qu'en faire. Des cancans, des histoires du monde, des scandales, des aventures, voilà ce qui plaît à Joséphine et ce qu'elle aime qu'on lui conte : cela amuse par contre-coup Napoléon. Pour lui, il n'a jamais, pour ainsi dire, de conversation un peu longue avec une femme : il se l'est reproché plus tard, disant qu'il y aurait beaucoup appris. Lorsque, par grand hasard, il en trouve une qui lui tienne tête (Madame Maret, Madame Savary, par exemple)

LA COMTESSE DE MONTALIVET

Miniature d'Augustin

Appartenant à Madame de [illegible]

il s'en étonne si fort que, dix ans après, il s'en souvient et il le raconte.

Il ne souffre point que, à son insu, les femmes se mêlent d'intrigues ou même d'affaires politiques et c'est dans ce sens qu'il dit : « Il faut que les femmes ne soient rien à ma cour. » Il a, de la condition, de la fonction, des destinées de la femme, une idée très nette et dont, à ce moment, rien encore ne l'a fait revenir. De cette fonction, le luxe fait partie : il entend qu'à sa cour les femmes soient mises avec recherche : cela rentre d'ailleurs dans son système, fait profiter l'industrie et gagner les marchands — tyrannie à laquelle les femmes se plient volontiers, sauf, à ce qu'elle a dit, Madame de Rémusat qui recevait pourtant assez d'argent pour payer quelques nippes. D'ailleurs, elle exagère étrangement la dépense. A l'en croire, un habit de Cour coûtait au moins cinquante louis et l'on en changeait fort souvent ; « le plus ordinairement, dit-elle encore, cet habit était brodé en or ou en argent et garni de nacre. » Or, le Cérémonial porte : « Toutes les dames admises à la Cour portent un habit de même forme que celui de l'Impératrice, sans broderie ni frange, ou avec une broderie ou frange en bas seulement. Le dessin de la broderie est libre, mais ne peut excéder un décimètre de hauteur. » C'est un règlement, il est vrai, et le fait peut y contredire, mais voici le fait : qu'on prenne les livres de Leroy, le couturier le plus cher de Paris, et les comptes des compagnes de Madame Rémusat, quelle met 1,200 francs à un grand habit? Madame de Brignole, fort élégante, n'en a point un qui passe 510 francs ; Madame Duchatel, si raffinée en sa toilette, porte un grand habit de crêpe rose avec robe de crêpe et satin rose qui coûte 297 francs ; le plus cher de ses costumes, en tulle et satin avec robe de dessous en tulle garni, elle le paye 521 francs. D'ordinaire, comme toutes ces dames, elle fournit les étoffes et, pour la façon d'un grand habit, Leroy demande 18 francs. Il est vrai qu'il y a de plus la chérusque, de dentelle d'or ou d'argent, de blonde ou de tulle : c'est deux louis : 48 francs.

Madame de Lauriston? Le plus élégant de ses grands habits, en gaze blanche garnie de rubans et de guirlandes avec robe pareille : 576 francs.

Voici la reine des élégances, la femme la mieux mise et la plus dépensière de la Cour, Madame Maret : on lui voit un grand habit de 1,500 francs, en satin rose lamé d'argent avec robe de même, mais il est seul de son espèce et, de ceux qu'elle porte d'ordinaire, le plus cher monte à 598 francs. L'habit de velours blanc frisé, garni de tulle et satin, avec chérusque de blonde et robe de satin, le plus beau qu'ait Madame de Montmorency, combien ? — 510 francs. Et combien l'habit en tulle blanc avec chérusque en tulle d'Alençon et robe de dessous en satin que porte Madame la duchesse de Rovigo ? — 600 francs. Et elle-même, Madame de Rémusat, quand, le 16 avril 1814, elle se met en sa plus grande parure pour aller présenter au Roi son dévouement tout neuf, que lui coûte sa robe de gros de Naples blanc, garnie de tulle et satin, avec blonde au corsage et manches longues ? — 245 francs, et, avec la toque de satin blanc ornée de cinq plumes blanches, avec la chemisette de tulle maillé, frisé, avec ruche de blonde, elle en a, au total, pour 445 francs. Vingt louis pour marquer son enthousiasme aux Bourbons, cinquante pour témoigner sa haine à l'Empereur, Madame de Rémusat exagère : elle n'eut en sa vie qu'une robe de deux cents louis et ce fut le Premier consul qui lui en fit présent.

Napoléon ne tenait point tant à ce que les toilettes coûtassent cher, mais il voulait qu'elles fussent fraîches — donc renouvelées souvent — et exclusivement de fabrication française. Sur ce point, il était intraitable et avait-il si grand tort ? N'est-ce point assez qu'à une cour, la mode s'accrédite des étoffes, des formes et des vêtements étrangers, pour que la contagion s'en répande dans le pays, que les industries périssent, que les fabriques se ferment — et que, pis encore, des vêtements, l'esprit étranger passe aux cerveaux. Napoléon voulait qu'on fût et qu'on restât Français ; il voulait qu'on mangeât son soul à Lyon, à Valenciennes, à Cambrai, à Elbeuf, à Louviers, et c'est pourquoi, en toute occasion, il revenait à son dire, pourquoi, en toutes les Cours essaimées sur l'Europe, il ordonnait que l'on n'usât que d'étoffes, de passementeries, de gants, de modes, de fanfreluches qui fussent françaises.

Donc, elles sont élégantes, les dames, et de cette élégance très osée, très découvrante, très collante, qui exige des femmes qu'elles soient minces, nettes et librement taillées. Les robes, sans jupon, toutes plates, en étoffes le plus souvent légères, tombent droit : les soies même, ont peu de soutien, très peu d'apprêt, sont molles à la main et ne bouffent point. Par devant, on est décolleté jusqu'à montrer la naissance de la poitrine ; de dos, presque point à cause de la chérusque ; les manches, s'il y en a, sont plates et serrées ; en grand habit, pour retenir la robe, à peine, à l'épaule, un bouffant léger qui ne cache point la moitié de l'avant-bras. Point de talons aux souliers ; des corsets qui sont des brassières ; rien qui dissimule les formes vicieuses, qui grandisse les petites tailles, qui comprime les embonpoints. Une femme laide l'est davantage ; une jolie femme l'est mieux, une femme vraiment belle triomphe. C'est ici, pour le physique des femmes, l'ère de la sincérité.

Si elles tiennent à cette mode et si, malgré l'incommode de certains ajustements, elles ne souffrent guère qu'on la change, c'est que ces femmes qui donnent le ton sont presque toutes jolies et jeunes, quelques-unes d'une beauté supérieure, rare et divine. Elles sont entre les êtres privilégiés dont la forme ne doit pas périr. C'est là le trait commun à cette cour, le seul, peut-on dire ; car, si les corps se montrent, les esprits se cachent. Rien ne transperce : lorsque, à la Restauration, l'on cherchera, pour salir quelques dames de l'Empire, les anecdotes courantes, l'on ne trouvera rien et l'on en sera réduit à démarquer les vieilles historiettes de Brantôme, de Béroalde de Verville et de Marguerite de Navarre, à mettre en prose les contes de La Fontaine, à rajeunir ce vieux fonds de fabliaux où, depuis des siècles, les amateurs trouvent d'inépuisables ressources de gaudriole. Le diable n'y perd rien, mais, d'apparence, on est sage et l'on respecte les convenances. On sait que l'Empereur a sa police, que, s'il y a scandale, il n'est point homme à reculer devant une algarade publique ; que, au bal masqué, il est coutumier de leçons de morale et qu'il n'a même pas besoin du domino et du loup pour trouver ses occasions. On sait ce qu'il en coûte pour une fugue, et comme un enlèvement, même eût-on l'esprit de retour, vaut la définitive disgrâce. On sait que l'Empereur ne tolère point à sa cour les femmes divorcées et que c'est là, à ses yeux, une tare dont on ne se relève point. Il ne veut point de bruit; il ne veut point qu'on parle mal des femmes qui entourent l'Impératrice : à tort ou à raison, on jase sur certaines femmes de ses grands officiers; il court toute une légende qui sans doute est vraie sur Madame de Talleyrand; on conte des histoires sur Madame Regnauld; on en sait sur Madame Visconti. Selon les degrés, c'est l'expulsion totale, la disgrâce entière ou une froideur de glace. Qu'une femme ait un amant, il n'importe, mais qu'elle ne le montre point, qu'on n'en parle pas; que le public n'en apprenne rien ! Aussi, s'il se passe quelque chose, c'est sans bruit, et même, s'il s'agit du maître, à la Cour, on soupçonne, on devine, on surprend des traces, mais on se tait.

Pour l'Empereur, tout est bien si les choses se passent ainsi, dans ce silence et cette correction commandées, et, lui présent, elles sont telles; mais, lui absent, les souris s'émancipent. Joséphine n'a point la main assez ferme pour mener ce troupeau composé d'espèces si diverses et si nouvellement agrégées : des bandes se forment et des factions; Joséphine encourage les unes, se trouve en butte aux autres, ne sait point faire exécuter ses ordres, reçoit des algarades et pleure. Elle a conservé des intimités particulières avec certaine de ses dames du Consulat qui se vante de la mener et y réussit sans doute; elle affecte des airs maternels avec les anciennes compagnes d'Hortense; elle tolère, par le fétichisme d'un imaginaire cousinage, les frasques de sa dame d'honneur; « elle montre une déférence polie envers celles qui, par l'éclat de leur nom, ajoutent à sa cour un lustre nouveau »; même, a-t-on dit, elle fait preuve d'une adresse infinie pour conserver la supériorité de son rang. Qu'a-t-elle donc besoin d'adresse, et n'est-ce pas là, de sa part, la faute sans excuse et presque sans remède? Loin de s'imposer, elle s'excuse. Doutant d'elle-même, elle en fait douter : Aux unes, elle va dire qu'elle est très malheureuse de rester assise lorsque des femmes qui naguère étaient ses égales ou même ses supérieures entrent chez elle, qu'on exige d'elle qu'elle se conforme à cette étiquette, mais que cela lui est impossible; à d'autres, elle marque un contentement étrange, presque un étonnement de les avoir obtenues, cherchant pour s'en parer des parentés lointaines qui, à celles-là, ne doivent paraître que des mésalliances. D'où vient l'honneur, qui l'a sollicité, qui en bénéficie? N'est-ce point assez qu'elle soit la femme de l'Empereur pour qu'elle se trouve au-dessus de toutes les femmes, et, dès lors, quelle peut entrer en comparaison avec elle? Mais elle ne se sent point née du jour du Sacre, née, comme disait Napoléon, du Dix-huit brumaire; il survit en elle du Tascher, du Beauharnais, du Bonaparte, et non seulement elle ne commande point qu'on l'oublie, mais elle se plaît à le rappeler : un jour, à Saint-Cloud, elle traverse deux salons pour donner elle-même un ordre à un valet de chambre; le Chevalier d'honneur accourt lui représenter l'inconvenance : « Eh! Monsieur, dit-elle, cette étiquette est parfaite pour les princesses nées sur le trône et habituées à la gêne qu'elle impose, mais, moi qui ai eu le bonheur de vivre tant d'années en simple particulière, trouvez bon que je donne quelquefois mes ordres sans interprête. » Voilà le mot : il explique à soi seul que l'on trouve Joséphine aimable, qu'elle puisse être aimée, qu'elle ne soit jamais respectée. Il montre comme il a pu se produire que, à Mayence, durant la campagne de 1806, certaines de ses dames soient arrivées des tracasseries aux insolences ouvertes, sans qu'elle sentît en soi assez d'autorité pour imposer le respect d'elle-même, de l'Empereur et de l'armée.

A défaut du prestige personnel qui lui manquait, Joséphine n'eût pu être protégée contre les familiarités des unes et contre les méprisantes attaques des autres que par l'étiquette militairement exécutée. Au lieu d'y tenir résolument la main et de s'en couvrir constamment, elle voulut régner sur ses dames un peu comme une maîtresse de maison sur ses invitées, avec les formes qu'aurait prises dans son salon quelqu'un comme une Madame de Montesson. L'exemple a dû sans doute se présenter plus d'une fois à sa mémoire, car ç'a été là son modèle et son guide durant le Consulat. Et vraiment, on peut se demander si elle estimait ce qu'elle était devenue, ce que l'avait faite Napoléon, au niveau d'un mariage morganatique avec un duc d'Orléans. Jamais elle ne prit la notion de ce qu'il était, jamais elle ne participa à cet orgueil qui mettait ses pieds à lui au-dessus de chaque marche qu'il gravissait. Jamais, elle ne sentit qu'un aigle l'avait portée à travers les espaces jusqu'au trône d'un dieu.

***

A ce point de vue, l'étude de la Maison de Joséphine n'est point indifférente, puisque tout son caractère s'y reflète et que l'on y trouve toutes les nuances de son esprit; mais peut-être conviendrait-il de se borner aux dames du Palais, car, sur le choix des chambellans et des écuyers, son action semble avoir été beaucoup moins directe et son goût bien moins consulté. Néanmoins il est, çà et là, des points à relever.

L'on ne croirait pas, à voir les noms des chambellans, que, pour les trouver, l'on se soit d'abord heurté à bien des refus. « En 1804, a dit Philippe de Ségur, à fort peu d'exceptions près, portant sur plusieurs nobles obscurs, pauvres et ruinés et sur d'autres déjà engagés dans la fortune de Bonaparte, il fallut d'abord bien des négociations et des séductions de diverses natures pour attirer et décider quelques noms connus à entrer dans la première composition de la Cour. » Quels qu'aient été les moyens employés, la somme en *noms connus* des chambellans de l'Impératrice excède régulièrement celle des dames du Palais; l'élément Beauharnais a été exclus; on n'a point eu de ménagements à garder pour des positions acquises et les anciens souvenirs ont été moins consultés.

C'est pourtant à des influences intimes et sans doute au désir manifesté par Joséphine que M. Champion de Nansouty a dû sa place de premier chambellan à 30,000 francs d'appointements. De famille, peu de chose ou rien : Ces Champion, originaires d'Avallon, décrassés de roture vers la fin du XVIIe siècle par un secrétariat du roi, ayant eu, dès lors, pour honneurs deux maires d'Avallon, ne seraient point pour compter, s'ils n'avaient eu, semble-t-il, une alliance avec certains Minard dont s'est trouvée être la mère de Madame de Montesson. Cela vaut déjà une part de la faveur de Joséphine. M. Champion, qui possédait un coin de terre à Nans-sous-Thil, et qui s'en était fait ce nom qui sonne en noblesse, avait été élevé à Brienne, reçu à l'École militaire, renvoyé, mais, tout de même, en 1785, nommé sous-lieutenant dans Bourgogne-Infanterie; dix ans après, il était général de brigade; et, le Consulat survenant, en passe, par Madame de Montesson, d'obtenir beaucoup, mais il se procura encore de plus actifs protecteurs en épousant la propre sœur de Madame de Rémusat et en unissant ainsi sa fortune à celle de cette personne. Tout de suite, cela lui valut la troisième étoile, puis cette place; mais, dès les premières cérémonies, il se trouva en lutte pour le pas avec le Premier écuyer et, la Maison s'augmentant, il ne vint plus qu'en troisième rang. Cela se pouvait-il supporter? Il reçut, en échange (1er juin 1808), la place de Premier écuyer de l'Empereur avec les mêmes émoluments et l'exercice de l'office de grand écuyer en l'absence, presque continuelle, de Caulaincourt. Et ce n'est point assez des gratifications continuelles, ce n'est pas assez que Napoléon l'ait fait grand-aigle, colonel général des dragons, comte de l'Empire avec 58,728 francs de dotation, qu'est cela pour un homme de ce mérite? En 1814, le premier avec Dessole des officiers généraux à adresser son adhésion au Gouvernement provisoire et à séparer sa fortune de celle de Napoléon, c'est ce Champion de Nansouty : Madame de Rémusat a passé par là.

Avec ce Champion, avaient été nommés MM. de Beaumont et d'Aubusson-la-Feuillade. Là, l'ascension était visible. Sans être de famille illustre, les Bonnin de la Bonninière de Beaumont étaient d'une famille connue comme noble dès le XIVe siècle, qui avait fourni plusieurs pages du roi et avait été admise aux honneurs de la Cour. M. André de Beaumont après avoir passé aux pages, avait été major du régiment d'Anjou et avait épousé Mademoiselle de Miromesnil, nièce du Garde des sceaux. Brave homme, d'esprit un peu court, disposé à tout pour plaire, il eût fort bien fait en sa place s'il ne se fût un peu trop prêté à amuser la maîtresse, ne se fût montré serviable au point d'en devenir le plastron de la Maison. Les Beaumont étaient la plupart ralliés : le frère d'André ayant épousé la sœur de Davout; des autres, plusieurs servaient. Ainsi n'avait-on point dû insister pour l'obtenir.

C'était Madame de la Rochefoucauld, disait-on, qui avait amené M. d'Aubusson; on s'en paraît et c'était, alors, ce qu'il y avait de mieux.

Pierre-Raymond-Hector d'Aubusson, marquis de Castelnovel, de Saint-Paul de Serre, et de Melzéard, comte de la Feuillade, vicomte d'Aubusson, baron de la Borne et de Pérusse, ayant eu, dans sa maison qui remonte authentiquement au delà de l'an 800, la grande maîtrise de Saint-Jean, deux bâtons de maréchaux, au moins deux colliers de l'Ordre, était impossible à surpasser en noblesse, mais il n'avait point fait fortune sous l'ancien régime. Cadet à l'École militaire en 1779, il arrivait à peine lieutenant-colonel à la Révolution, après avoir traversé toutes les armes : il fut, affirme-t-il, nommé colonel trois jours avant le voyage de Varennes, mais n'eut point son brevet. Il émigra alors, mais d'une façon obscure et sans prendre de service, rentra aux premiers jours du Consulat et fréquenta dès lors un monde qui voisinait avec les amis du Château. Il voulait ses biens et une place, s'empressa donc de passer par la Cour pour obtenir la légation de Toscane, puis l'ambassade de Naples, et, d'un poste comme de l'autre, fut un des plus hardis quémandeurs. Toute somme lui était bonne et il prenait jusqu'à six mille francs. Au reste il ne se croyait point tenu à reconnaissance : « Vous savez mes services sous le dernier Gouvernement, écrivait-il à Talleyrand, le 18 août 1814 : *J'en ai été très mal traité puisque je n'ai jamais eu que la simple croix de la Légion d'honneur.* »

A la promotion du 12 pluviôse an XIII (1er février 1805), sans doute, les demandes étaient plus abondantes, les choix avaient pu être plus étendus, et M. d'Aubusson s'était employé pour recruter ou avait servi d'amorce. Ce fut lui qui remit la lettre par laquelle Très haut et Très puissant Seigneur, Messire Alexandre-Léon-Luce de Galard de Béarn, marquis de Brassac, comte de Béarn, baron de la Rochebeaucourt, sollicitait la clef de chambellan. Or, étant données les idées de fusion, nul n'était désirable au degré de M. de Béarn. Par lui, la plus illustre famille de Guyenne, issue des comtes de Lomagne et, par eux, des ducs de Gascogne, la noblesse la plus pure et la moins contestable, par sa femme, Mademoiselle Pauline de Tourzel, la noblesse de cour la plus réfractaire, la plus inféodée aux Bourbons, la plus approchée de leur personne, la plus intransigeante, la plus hostile aux ralliés, entrait aux Tuileries. Gou-

MADAME MARET, DUCHESSE DE BASSANO

Tableau de Gérard

(Appartenant à M. le Duc de Bassano)

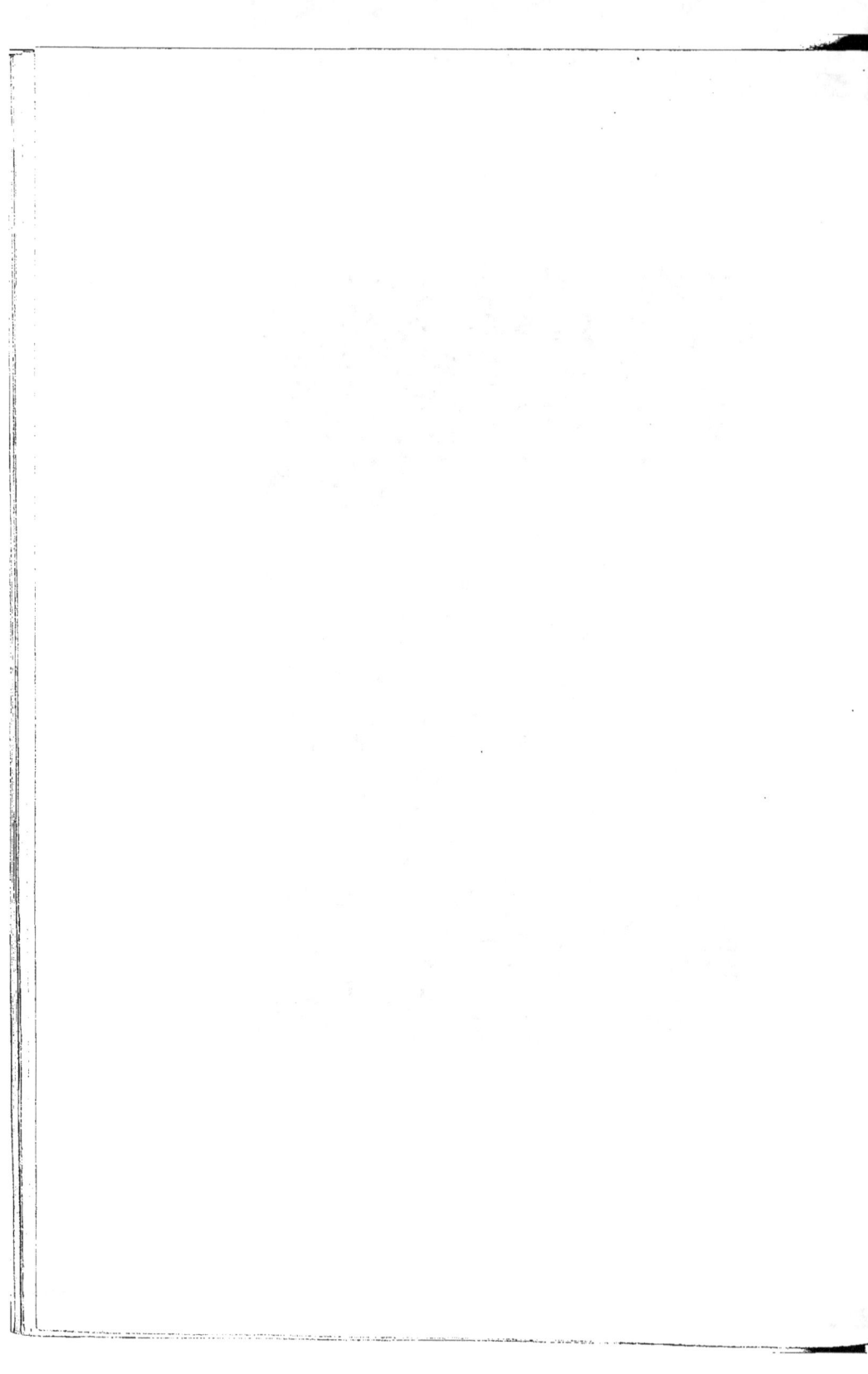

vernante des Enfants de France aux jours de l'extrême péril, Madame la marquise de Tourzel qui était Croÿ, dont la mère était Luxembourg, avait élevé cette dernière fille dans la religion de la monarchie. Pauline avait été la suprême compagne des jeux de Madame et du Dauphin. Avec sa mère, elle avait vu le voyage de Varennes, le Vingt juin, le Dix août, elle avait vu Septembre et ne savait encore pourquoi elle avait échappé. Elles avaient, elles deux, pleuré avec l'orpheline du Temple et c'étaient elles qui lui avaient transmis les dernières instructions de son père. Comment penser à rompre de tel liens et n'était-ce point un sacrilège? Mais M. de Béarn était très gêné d'argent, étant donnés les procès qu'il avait soutenus pour la succession de son grand-père et, en se ralliant, il comptait qu'on lui rendrait ses biens, ceux de quelques parents, qu'il obtiendrait de menues faveurs : il fit donc la démarche décisive sans en avoir le moins du monde parlé à sa femme, qui, lorsqu'elle apprit la nomination, fut au désespoir, déclara que c'était une tyranie sans exemple et qu'elle voulait que M. de Galard refusât. En conscience, le pouvait-il? et si lui en tira quelque présidence de collège électoral, l'étoile de la Légion et le titre de comte, sa femme même ne dédaigna point à des moments de se servir de la clef de son mari pour s'ouvrir la porte du cabinet de l'Empereur : Il est vrai que c'était pour demander des grâces en faveur de diverses personnes de sa famille. La fin justifiait les moyens.

M. de Galard-Béarn avait bien fait de se presser : il fut le dernier des chambellans à 12,000 francs. Ensuite, on ne les paya plus que moitié, 6,000, et l'on en trouva autant qu'on voulut et de bonne race.

Pourtant, quoique d'ancienne maison et avec un marquisat de 1620, M. de Saint-Simon-Courtomer, dont la famille n'avait nul rapport avec les Rouvroy de Saint-Simon, ne pouvait sans doute être mis sur le même pied que M. de Galard. Bien plus âgé que ses collègues, car, à son entrée à la Cour, il avait passé la cinquantaine, il porta aux Tuileries quelque chose du tour et du genre d'esprit qu'on avait à Versailles aux dernières années du Bien-aimé. Cela étonna. On le fit tout de même président de collège électoral, officier de la Légion, comte de l'Empire; tant on était convaincu qu'il ne pouvait y avoir d'autre maison de Saint-Simon, que c'était ici la ducale — ou du moins qu'on en donnait l'illusion.

La grandeur de M. de Gavre était plus réelle bien qu'elle ne fût pas française : Prince de Gavre par diplôme impérial de 1736, marquis d'Aiseau, comte du Saint-Empire, de Peer, de Frezin, de Beaurieux et de Castelnuovo, vicomte du Quesnoy, baron de Monceau, grand échanson héréditaire de Flandre, cela comptait et il le fit payer : douze jours après sa nomination, M. de Gavre obtint la levée du séquestre sur les biens du général major de Gavre, resté au service d'Autriche; en 1806, il usa et abusa de son titre pour venir solliciter en Espagne un procès suivi par sa famille depuis cent cinquante ans et qu'il termina à son bénéfice; la même année, il conquit l'étoile de la Légion; en 1808, il se fit donner le titre de comte sur promesse d'un majorat qu'il n'institua point; en 1810, — par quel hasard! — il lui plut d'entrer dans l'administration et on le nomma préfet de Seine-et-Oise : triste préfet que l'on maintint pourtant près de trois ans. C'était presque la fin lorsqu'on s'avisa que M. de Gavre était d'une sottise dangereuse. Il retourna aux Pays-Bas où on le vit général major et grand maître des cérémonies.

En 1807 seulement, l'Empereur compléta en chambellans la Maison de l'Impératrice, et l'on est assez embarrassé de dire pourquoi il y ajouta ces deux noms. L'un n'avait rien d'illustre : Du Val ; c'était celui d'une famille normande divisée en deux branches : d'Epremesnil et du Manoir. Peut-être Joséphine, qui avait été des plus liée avec le d'Epremesnil, conseiller au Parlement, céda à ce souvenir en prenant ce cousin dans sa maison. Pour l'autre, nul nom plus grand, car c'était Montesquiou, mais Rodrigue-Charles-Eugène de Montesquiou, nommé en 1807 chambellan de l'Impératrice, était dès longtemps engagé au service et passionné pour le métier : quoiqu'il eût épousé Mademoiselle d'Harcourt, il ne résida guère à Paris, et c'est au feu qu'il gagna le titre de chevalier, puis de baron de l'Empire, l'aigle d'or de la Légion, une dotation de 10,000 francs, l'aigrette de colonel du 13ᵉ chasseurs, — et tout cela pour mourir de maladie, à Ciudad-Rodrigo, vers la fin de 1810. Ce Montesquiou était le petit-fils du conquérant de la Savoie, le fils aîné de Élizabeth-Pierre, celui qui, ministre en Saxe de 1791 à 1792, émigré alors et fort mal accueilli par les Princes, venait de se rallier à l'Empire en assistant au couronnement comme président de canton et était entré au Corps législatif en 1805. En 1809, il remplaça le prince de Bénévent dans la charge de grand-chambellan, et en 1810, sa femme obtint le grand office de gouvernante des Enfants de France. Pouvait-on moins faire pour ces Montesquiou qui, par les premiers ducs d'Aquitaine, descendent en ligne droite de Clovis et qui, non contents de l'antiquité de leur race, en ont maintenu par les armes l'éclatante renommée jusqu'aux derniers jours de la monarchie, lui ont fourni, avec les deux Montluc, un d'Artagnan.

Sauf ce Montesquiou qui, constamment en mission de guerre, ne parait avoir jamais pris le service près de l'Impératrice, sauf Nansouty, bientôt parti et qui d'ailleurs n'a point rempli son office, les chambellans de Joséphine ne se rattachent par rien au nouveau régime ; ils sont tous des gens du passé, appartiennent à la classe qui jadis eût fourni des chambellans à la reine de France, si la Reine en avait eu. Ce service entièrement de Cour, subordonné à la Dame d'honneur, ne pouvait être rempli par des hommes ayant pris, de leurs actions personnelles, une idée de leur dignité, un sentiment de leur indépendance, une conception de la vie telles que les guerres de la Révolution avaient dû les donner à des soldats.

* * *

C'était exclusivement parmi les soldats qu'avaient été pris les officiers d'honneur de l'écurie de l'Impératrice, Chevalier d'honneur, Premier écuyer, écuyers cavalcadours ; aussi, sauf le Chevalier d'honneur et le Premier écuyer, dont les charges étaient des sortes de retraites, les écuyers paraissaient peu ; ils étaient soldats, la guerre était continuelle et, comme avait dit l'Empereur, « le service de guerre passait avant tout ».

Au début, le Premier écuyer, qui avait le pas sur toute la Maison, remplissait les fonctions de chevalier d'honneur. Il donnait la main à l'Impératrice de préférence à tout autre, était présent aux audiences que donnait Sa Majesté et se tenait derrière son fauteuil ; il avait l'administration et la direction des écuries de l'Impératrice, en nommait les gagistes, accompagnait Sa Majesté dans ses voyages, y dirigeait et ordonnait tout, commandait les escortes, et remplissait près d'elle les même fonctions que le colonel général de la Garde de service près de l'Empereur. Logé dans les Palais impériaux, nourri, servi et voituré par les gens de l'Impératrice, il recevait de plus 30,000 francs d'appointements.

C'était évidemment sur le désir personnel de Joséphine que M. d'Harville avait été nommé premier écuyer. De grande race, car les d'Harville, fort anciens d'eux-mêmes, ayant eu un vice-amiral, chevalier des ordres du Roi, avaient été substitués, à la fin du XVIIe siècle, aux Jouvenel des Ursins qui, depuis le XVe siècle, ont occupé les plus grandes charges civiles et ecclésiastiques dans le royaume. Louis-Auguste Jouvenel de Harville des Ursins, marquis de Traînel et comte de Harville était, à la Révolution, colonel d'Orléans-dragons et se rallia dès le début au parti populaire. Il avait été des intimes amis d'Alexandre de Beauharnais, mais plus heureux ou plus sage, avait échappé à la proscription ; il servit d'une façon distinguée aux Armées du Nord, de Sambre-et-Meuse et du Rhin, et prit, en 1798, la position d'inspecteur général de cavalerie. En 1800, il fut appelé à commander les troupes de réserve au camp de Dijon, et, dès le 12 mars 1801, fut nommé sénateur. Sa femme, née Dal Pozzo, d'une branche naturalisée en France de cette illustre famille piémontaise, était assez liée avec Joséphine pour la recevoir chez elle, à Lisy, en février 1803, et M. d'Harville, dont le Premier consul acceptait l'hospitalité, était sur le pied d'échanger avec lui des chevaux de *son rang*, des chevaux que Napoléon avait montés. Cela est tout à fait à part et montre le degré d'intimité. Mais, avec ses cinquante-six ans, M. d'Harville n'était plus propre même à un service de Cour dès qu'il était actif, car, après le voyage de l'an XIV (1805-1806) en Allemagne, il se sentit incapable de continuer ses fonctions. On lui continua le traitement, porté même à 40,000 francs avec le titre de chevalier d'honneur, et, à Paris, quelquefois encore, il parut dans les cérémonies, mais depuis le 12 juin 1806, la place de premier écuyer fut remplie et tout le service en fut fait par le général sénateur Ordener.

En cette nomination, impossible de ne pas voir, de la part de l'Empereur, une réaction prononcée contre les choix qu'il avait faits lui-même et une leçon donnée aux ci-devant. Ceux-ci prenaient par trop d'étoffe et tournaient ouvertement en mépris ce qui venait de la Révolution. Un jour où plusieurs dames du Faubourg avaient été présentées à l'Impératrice, Madame de la Rochefoucauld s'était émancipée à dire : « Nous avons reçu aujourd'hui bonne compagnie. » L'Empereur jugea qu'il était temps de rabattre le mors et de le remettre en bouche; il nomma, pour assister constamment l'Impératrice, pour être le chef réel et le gendarme de sa maison, cet ancien dragon de la Légion de Condé, ce paysan lorrain qui avait gagné chacun de ses grades à la pointe du sabre et qui, n'ayant point quitté les camps depuis 1773, incarnait si noblement l'armée démocratique et la Révolution même, — toute la Révolution peut-on dire, car c'était Michel Ordener qui, en l'an XII, avait enlevé à Ettenheim le duc d'Enghien.

Était-ce pour son bonheur qu'il mettait en pareille place le héros des Grenadiers à cheval et Ordener n'eût-il point préféré les attentes sous le canon aux stations dans le Salon de service? Il ne s'était guère instruit des façons courtoises et élégantes. Il jargonnait terriblement, et le français qu'il parlait déconcertait, quoique pas davantage que Luckner hier ou Kellermann à présent. Il avait appris la guerre, mais non la guerre d'épigrammes, et, plus il était brave homme, loyal, ferme sur son devoir, exécutant son service comme une consigne, plus on cherchait ses côtés faibles et il en montrait, surtout lorsqu'il voulait se rendre galant, se parfumait à l'essence de rose et prétendait s'appareiller aux gens qui l'entouraient. Il ne fallait pas, au moins, qu'on s'exerçât aux plaisanteries en présence de l'Empereur et qu'on s'avisât alors de planter des épingles dans le plastron de son grenadier, un froncement de sourcil, un regard posé sur les rieurs et c'était assez. Pourtant Ordener en souffrit et cela devait être, quoique Joséphine eût pour lui beaucoup de bontés, mais elle était rieuse.

Les écuyers cavalcadours avaient été choisis, sauf une exception, parmi les hommes de familles anciennes qui avaient pris parti dans les armées de la République ou qui, se trouvant dans le militaire à l'époque de la Révolution, y avaient suivi leur fortune. Le seul à part, qui du reste ne fit que passer dans la Maison où il ne resta qu'un trimestre, était un nommé Jacques Leroy qui, au Dix-huit brumaire, était aide de camp du général de Harville et dont la nomination s'explique à ce titre. Après une carrière accidentée, il entra dans l'état-major des places et se distingua en 1815 à la défense de Langres. Près de lui, c'est M. de Fouler, page de la petite écurie en 1786, qui resta, fit toutes les campagnes, y avait déjà gagné le commandement du 11e cuirassiers, y gagnera le grade de général de division, le titre de comte et une dotation de 30,000 francs. M. de Bonardi de Saint-Sulpice, qui remplaça Leroy, était d'ancienne noblesse de Provence, entré au service comme officier en 1777, colonel à la Révolution et général de brigade en 1803. La place près de l'Impératrice ne lui convint du reste pas ; il passa en pareille qualité près de l'Empereur sept mois plus tard (19 juin 1805), et neuf ans après, il était général de division, gouverneur de Fontainebleau et comte de l'Empire, avec 50,000 francs de dotation.

Avant même que M. de Saint-Sulpice eût quitté, le 5 mars 1805, avaient été nommés MM. de Corbineau et d'Audenarde. Le colonel de Corbineau, fils d'un inspecteur général des Haras, avait débuté, en 1788, dans les Gendarmes de la Reine ; rentré en 1791 comme sous-lieutenant de dragons, il n'avait point manqué une campagne, étant à la fois, semble-t-il, dans toutes les armées où l'on se battait, et se multipliant pour la gloire. Il y avait alors, servant en même temps, trois Corbineau, trois frères de valeur égale et de pareille intrépidité, « trois bras de carnation étendus en forme de prestation de serment », comme il se lit dans les armoiries de l'un d'eux, et leurs exploits rejaillissant de l'un sur l'autre, faisaient à leur nom une auréole dont un seul homme n'eût pu l'entourer. Celui-ci fut tué à Eylau, en portant un ordre de l'Empereur ; son frère cadet, major aux Chasseurs à cheval de la Garde, eut la cuisse emportée à Wagram ; son frère aîné, fait commandant de la Légion de simple légionnaire, après les batailles d'Ocaña et d'Alcala-la-Real, aide de camp de l'Empereur, général de division, fut un des grands cavaliers de l'Empire.

M. d'Audenarde, « mon bel écuyer », comme disait l'Impératrice, venait de Belgique. Fils de M. de Lalaing, vicomte d'Audenarde, chambellan de Marie-Thérèse et grand-maître des cuisines de la Cour de Bruxelles, petit-fils de M. de Lalaing, créé comte de Lalaing, en 1719, par l'empereur Charles VI, il avait, à vingt ans, pris du service dans l'armée autrichienne, et, ayant donné sa démission après la paix de Lunéville, il était rentré en 1804 dans l'armée française comme capitaine d'infanterie. Grâce à sa nomination dans la Maison de l'Impératrice, il put, en 1805, repasser dans la cavalerie. Il était général de brigade en 1812 et, à la Restauration, il fut sous-lieutenant aux Gardes du corps, où il eut des démêlés très vifs. La Monarchie de Juillet le fit pair de France et le second Empire sénateur. Il avait épousé la fille d'une amie de Joséphine, Mademoiselle Dupuy, de l'Ile-de-France, dont le père fut sénateur et la mère dame de la princesse Joseph. C'était une personne fort intéressante et qui joua un rôle vers ses quarante ans.

Enfin, à la place qu'avait occupée Bonardi de Saint-Sulpice fut nommé, le 20 juin 1805, le commandant de Berckheim, d'une illustre famille d'Alsace qui a même origine et mêmes armoiries que les d'Andlau et eut comme eux, en Empire, le rang de dynastes. M. de Berckheim, entré au service en 1789, à l'âge de quatorze ans, comme sous-lieutenant au régiment de la Marck, sera colonel en 1807, général de brigade en 1810, général de division en 1813 et commandera en chef, en 1814, la levée en masse et l'insurrection du Bas-Rhin.

Ces écuyers-là, on le comprend, n'ont guère le loisir de faire les jolis cœurs dans le Salon de service et de trotter à la portière de la voiture impériale; c'est d'un autre uniforme qu'ils se parent et, pour que le Premier écuyer lui-même ne regarde point un commandement militaire, fût-ce des dépôts de la Garde, autrement urgent que son service près de la souveraine, il faut un ordre sévère et réitéré de l'Empereur.

De là, au bout de quelques années d'expérience, la nécessité sentie par Napoléon de donner à l'Impératrice des écuyers qui ne soient point employés activement à l'armée, qui soient des officiers civils et qui exercent, au défaut du Premier écuyer, une surveillance sur le personnel des écuries : par décret rendu à Schœnbrünn le 7 juin 1809, « le sieur Honoré Monaco » est nommé écuyer de l'Impératrice. Ce Monaco était le fils aîné du ci-devant prince de Monaco, duc de Valentinois, marquis des Baux, et il devait, à la Restauration, succéder à ces titres et à bien d'autres. Il avait passé dans la Maison militaire comme officier d'ordonnance, puis dans l'état-major de Murat comme aide de camp ; il n'y avait point brillé ; il brilla moins encore dans les écuries de l'Impératrice après le divorce, et l'enquête que mena Caulaincourt à son sujet, en 1811, amena des résultats fâcheux pour sa renommée.

Sans M. de Monaco, les écuries marchaient pourtant à merveille, et, dès 1803, elles avaient été organisées sur un pied de souverain, avec leur autonomie et leur comptabilité spéciales, quoique rattachées pour ordre aux écuries du Premier consul, puis de l'Empereur. Elles étaient dirigées par un écuyer, Vigogne, fils de l'écuyer du Premier consul, qui avait sous ses ordres un piqueur, Guérin, deux sous-piqueurs, quatre cochers, deux postillons et quatorze palefreniers ; à l'Empire, on ajouta un sous-piqueur, quatre cochers, huit postillons et vingt palefreniers ou garçons d'attelage : cela montait, en appointements et gages, à 69,300 francs ; naturellement, le nombre des employés s'accrut chaque année, mais l'augmentation ne fut point si sensible qu'en un budget d'État, puisque, en 1809, le total n'allait qu'à 92,000 francs, dont 14,000 francs pour appointements.

Les hommes portaient la livrée du Premier consul ou de l'Empereur : habit vert, veste écarlate et culotte de drap vert, avec plus ou moins de galons, selon les grades et selon la petite ou grande livrée. Comme il n'y avait pas de postillons à la d'Aumont chez l'Empereur, on avait dû régler un habit pour ceux de l'Impératrice et on l'avait fait plus élégant et plus alerte que la livrée : c'était une veste de drap vert avec col, parements et ceinture en velours vert, simple galon d'or aux coutures, double galon aux revers, sous les boutons et au bas, et épaulettes en torsades d'or ;

ce gilet s'échancrait haut sur un second gilet écarlate, galonné d'or, lequel s'échancrait lui-même sur un gilet de taffetas rose, bleu céleste et blanc, à liséré d'or; la toque était en cuir, garnie de velours noir et d'une houppe d'or en torsades; les bottes en retroussis, avec éperons plaqués à long collet, étaient chaussées sur des culottes de peau de daim de forme spéciale; c'était une tenue d'une jolie élégance, la seule dans la Maison impériale où l'on rencontrât une trace des influences anglaises.

Le nombre des chevaux avait crû, du Consulat à l'Empire, dans la même proportion que celui des hommes : une trentaine en 1803, cinquante en 1804, cent en 1805. Ces chevaux coûtaient, en moyenne, 1,518 francs pièce; une paire, exceptionnelle, de chevaux entiers, *Le Monarque* et *L'Impérial*, fut payée 4,224 francs. Les voitures (douze en 1804, quatorze en 1806 à l'entretien ordinaire) étaient des couleurs les plus variées : il en était de bleu, de bleu de ciel, de jaune et noir, de bleu et or, de jaune et rouge; il en était à fonds de paillon et à fonds bleu et or; presque point à fonds verts; — encore celles-ci, à chiffres, non à armoiries, et servant à la suite. Ces voitures étaient d'un bon prix : les berlines de voyage 9,408 francs, les calèches à la d'Aumont 6,000, les berlines de ville 6,600; certaines plus cher, jusqu'à 8,000. Les voitures de grand gala étaient des écuries de l'Empereur : l'Impératrice n'en avait point sous ses remises.

Régulièrement, l'Impératrice devait atteler à huit chevaux; mais les petits jours, elle n'en avait que six à sa voiture, avec piqueur piquant devant elle, le couteau de chasse au côté, l'écuyer, l'officier commandant l'escorte et le page de service courant aux portières; trois valets de pied au moins sur le siège de derrière. Pour les berlines, un postillon montait les chevaux de la seconde volée, les quatre autres chevaux étaient menés du siège par le cocher; à huit chevaux, il n'y avait de même qu'un postillon, le cocher menant les six chevaux du siège. A la d'Aumont, à six chevaux, l'un des postillons menait la seconde volée; l'autre, monté sur un des chevaux de timon, menait à l'allemande la première volée; à la campagne et pour la chasse, il arrivait, semble-t-il, qu'on ne mît que quatre chevaux à la d'Aumont, mais c'était incorrect et marquait l'incognito.

Au total, la dépense des écuries de l'Impératrice atteignait, les premières années, à 550,000 francs. Le train monté, elle descendit et se fixa aux environs de 420,000 francs.

Ce système d'écuries particulières, détachées et presque indépendantes, était contraire aux règles générales de la Maison : tout service entraînant comptabilité devait en effet ressortir à chacun des grands officiers, sous le contrôle de l'Intendant général, et seul, le Service d'honneur, avec la Cassette et les fonds de Toilette administrés par le Secrétaire des dépenses, devait être personnel à la souveraine. Aussi, après le second mariage, non seulement il n'y eut plus d'écuries particulières pour l'Impératrice, mais les écuyers et les chambellans détachés près d'elle furent, en titre, écuyers et chambellans de l'Empereur. L'Impératrice ne conserva en titre que ses dames, son premier aumônier, son chevalier d'honneur et son premier écuyer.

La Maison de Joséphine, telle qu'elle fut constituée en 1804, telle qu'elle s'accrut jusqu'en 1809, fut donc une chose à part, qui eut son caractère propre, qui ne rappela que par les titres qu'on y prit la Maison de la Reine, qui n'eut avec la Maison formée plus tard pour Marie-Louise que quelques points communs assez rares. Cette maison représente Joséphine, participe d'elle plus que de l'Empereur même : elle n'est point d'institution monarchique ; elle n'est point d'institution démocratique ; elle est d'institution familiale et mondaine. C'est moins une cour qu'un salon : un salon qui se recrute peu à peu, où, d'abord, on est obligé de faire effort pour attirer le monde, où, la mode aidant, le niveau s'élève parce qu'on a intérêt à s'y montrer et où, après un temps, l'on se trouve comme embarrassé des premiers habitués. A quantité de détails, on sent l'improvisation première ; à d'autres, on reconnaît les alluvions successives. Joséphine n'a point la main assez ferme pour fondre, comme fait l'Empereur, en une masse d'apparence compacte, ces éléments hétérogènes. Elle les a reçus, les a accueillis, leur a fait jolie mine, s'est amusée à les entretenir, a joué à la dame de château, s'est efforcée de plaire à tous, de ne choquer aucun, de rendre des services, de faire des amitiés ; mais jamais elle n'est parvenue

JOSÉPHINE EN 1808

Miniature de Parent

(Appartenant à M. Soulange-Bodin)

à se faire respecter, à s'établir en son rang, à s'affirmer l'Impératrice ; elle est restée ce qu'elle s'était faite si parfaitement : la femme du Premier consul. Là elle avait su monter, là elle avait su se tenir, là elle avait merveilleusement réussi à se faire bien voir. Par quel prodige d'habileté et de tact, étant donnés son éducation, la vie qu'elle avait menée, les sociétés qu'elle avait parcourues, on s'en peut étonner à bon droit : mais toutes les qualités qu'elle avait déployées alors étaient exclusives de celles qu'elle eût dû montrer comme impératrice ; aussi ne grandit-elle pas à être entourée de cette maison, à recevoir les honneurs de souveraine, elle en fut plutôt diminuée, car il ne lui était point permis de rester au même niveau — et cela tint à ce que, possédant les qualités d'un ordre, elle n'avait point acquis les défauts si différents qu'il lui eût fallus pour se trouver au courant de sa nouvelle place. A vrai dire, c'était demander l'impossible.

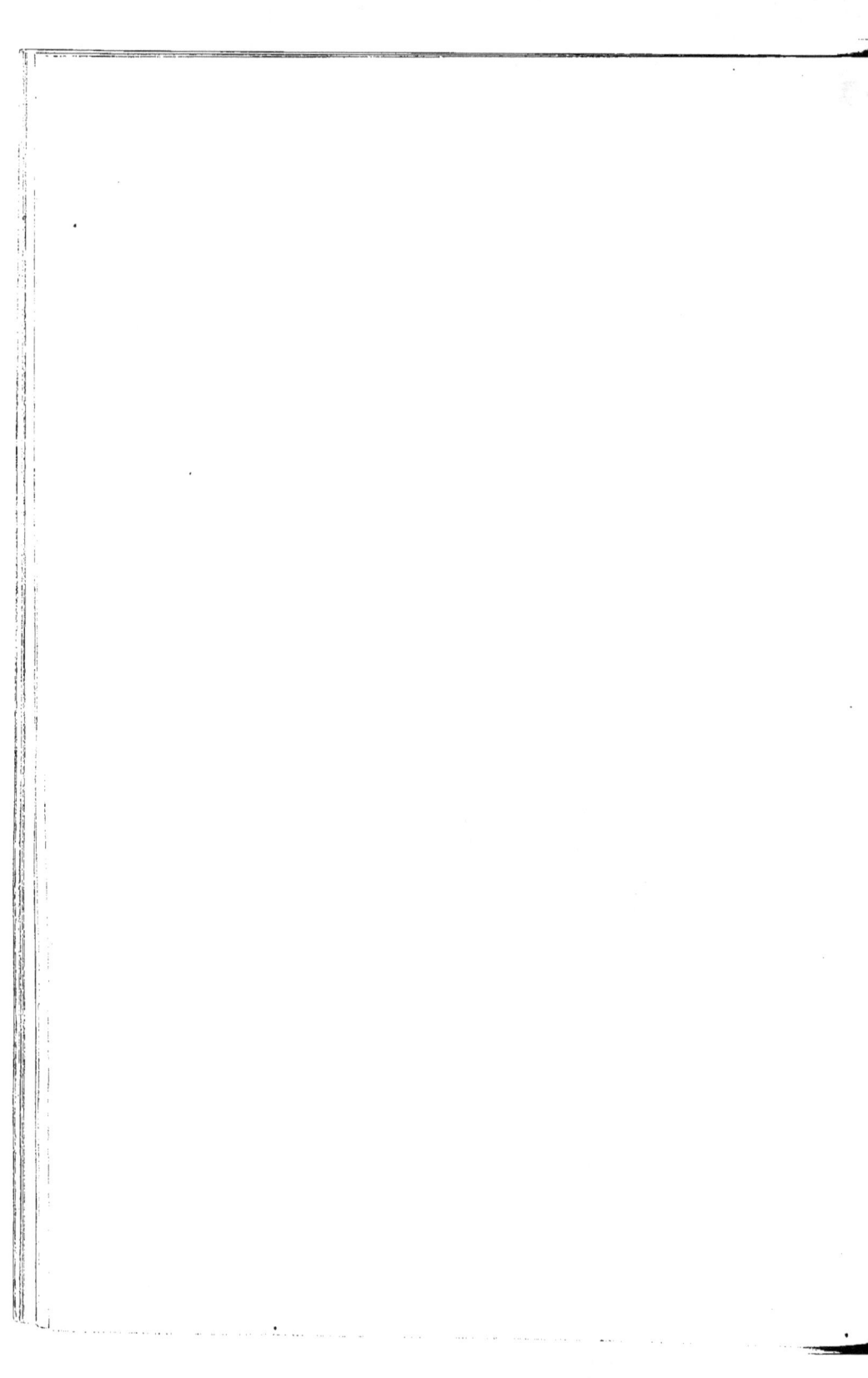

CARTOUCHE EMBLÉMATIQUE
Dessin de Percier et Fontaine
(Livre du Sacre, Musée du Louvre)

C'est au moment où elle devient mère, à ce moment seulement, que, en France, l'épouse du Souverain acquiert une dignité incommutable ; c'est de ce jour seulement que date son droit politique et que commence, dans l'Etat, son rôle personnel. Jusque-là, la répudiation plane constamment sur elle : les exemples en sont si fréquents, dans la troisième dynastie seulement, que c'est devenu là presque une loi de la monarchie et si, pour son accomplissement, l'intervention de l'autorité religieuse est requise dans certaines formes, c'est par une sorte de déférence de la part de l'autorité royale et moyennant la certitude que la demande, quels qu'en soient les prétextes, sera toujours accueillie : Louis VII répudie Eléonore d'Aquitaine ; Philippe II répudie Ingeburge de Danemark ; Louis XII répudie Jeanne de France ; Henri IV répudie Marguerite de Valois. L'épouse du Roi n'est assurée de rester reine, d'en conserver la dignité et les honneurs que lorsqu'elle a accompli la fonction essentielle qui lui est dévolue : assurer la continuation de la race dans laquelle elle a été accueillie, servir de trait d'union entre le passé et l'avenir.

Si telle pour les reines, dans les dynasties anciennes, celles qui, par le nombre des agnats, ont la garantie d'une succession quasi indéfinie, combien plus précaire la place pour l'épouse d'un fondateur de dynastie pour qui la perpétuation de son œuvre est indivisible de la perpétuation de sa race, et à qui, non seulement dans l'avenir, mais même dans le présent, il importe essentiellement d'avoir constitué un ordre logique et naturel d'hérédité. De soi-même et comme par contrainte, Napoléon songe constamment à cet autre fondateur de dynastie, auquel il se rattache par les honneurs qu'il lui rend, par les titres qu'il prend, par ceux qu'il confère, par les formes qu'il impose à son empire, cherchant, si l'on peut dire, une légitimité dans le retour à d'antiques modèles désertés depuis l'usurpation de Hugues-Capet : or quel souverain a répudié plus d'épouses que Charlemagne, lequel en eut neuf légitimes — sans compter les autres ?

Et Joséphine doit trembler d'autant plus que, cette situation, elle ne l'a point acquise d'un coup, elle n'y est point entrée d'un seul pas ; elle ne s'en est point emparée comme d'un droit de naissance : il n'y a nulle parité entre son passé et son présent, nul équilibre dans sa vie, nulle justification à sa fortune. Tout en elle est obscur, médiocre et vil, hormis ce qui n'est point elle-même, hormis l'homme qui l'a aimée, l'a prise par la main, l'a menée d'échelon en échelon à ce prodigieux sommet. Elle était près de lui, à côté de lui, vivant de sa vie, unie même à lui par un contrat civil. Par une pente insensible, par la galanterie naturelle aux Français, par des nécessités politiques, par l'amour que Napoléon conservait pour elle, elle s'est trouvée, peu à peu, sans qu'on sût presque comment, associée aux hommages que l'on rendait au Premier consul, quoi qu'elle n'eût ni titre ni qualité pour en recevoir, qu'ils fussent bénévoles et de pure courtoisie et que l'on crût sans doute qu'ils n'engageaient point. Des salons où passe quiconque, homme ou femme, est, en Europe, distingué par la naissance, les dignités ou l'intelligence ; une table où s'asseoient par fournées, à des jours fixés, de cent vingt à deux cent dix personnes ; une société qu'on prétend reformer et rétablir, à laquelle on veut imposer un ton, des façons, des mœurs et des modes ; tout, — les grands desseins comme les médiocres occasions — exige la présence d'une femme. Cette femme-ci, Napoléon la gardera-t-il par la suite ? Il ne sait. Trois fois déjà il a été sur le point de rompre ; mais en attendant, elle est là, il la croit utile, il l'aime encore ; à proportion qu'il s'élève, il l'élève après lui. Plus sa femme rencontre d'ennemis coalisés.

plus il s'obstine, car la contradiction l'excite et c'est une satisfaction pour lui d'y résister, de montrer ainsi combien est grand le pouvoir qui lui a permis de la tirer du néant où il lui suffirait d'un mot pour la replonger.

Et c'est ainsi que, associée, au temps du Consulat à vie, aux honneurs presque royaux que l'on rend à Bonaparte, elle se trouve, l'Empire survenant, associée d'abord aux honneurs impériaux, puis, en sa qualité acquise d'Impératrice, personnellement désignée pour en recevoir de spéciaux, sans que, pour cela, sa position soit plus stable, moins précaire, plus définitivement assise, sans qu'il en résulte une garantie contre la répudiation toujours menaçante ou une sûreté pour son avenir toujours obscur.

* * *

Ce n'est point pour elle, en effet, ce n'est point pour Joséphine que ces honneurs ont été réglés, c'est pour l'Impératrice prise en soi, l'Impératrice type, l'Impératrice fonctionnelle, si l'on peut dire. Joséphine en jouit, mais momentanément, occasionnellement : certains articles, les plus importants dans l'ordre politique, ne peuvent s'appliquer à elle, ils sont donc une menace contre elle, puisqu'ils règlent, en ce qui regarde l'Impératrice, sa situation dans des circonstances où Joséphine ne peut matériellement se trouver : c'est le cas pour la Régence dont les femmes sont exclues par le paragraphe 2 de l'article XVIII du Senatus Consulte du 28 floréal an XII, et pour la garde de l'Empereur mineur remise à l'Impératrice mère par le paragraphe 1 de l'article XXX.

Ce n'est donc, pour ainsi dire, qu'en attendant celle qui doit inévitablement la remplacer quelque jour, que Joséphine reçoit les mêmes honneurs civils et militaires que l'on rend à l'Empereur à l'exception de la présentation des clefs à l'arrivée dans les Bonnes villes et de tout ce qui est relatif au commandement des troupes et au mot d'ordre. Comme pour l'Empereur, lorsqu'elle entre dans une place, la garnison entière prend les armes ; la cavalerie va au-devant d'elle à une demi-lieue, les trompettes sonnent la marche ; les officiers et les étendards saluent ; de l'infanterie, une moitié est en bataille sur le glacis, l'autre forme la haie; les officiers et les drapeaux saluent, les sous-officiers et les soldats présentent les armes; les tambours battent aux champs et l'artillerie de la place tire trois salves. A son logis, garde d'un bataillon d'infanterie avec drapeau commandé par le colonel, d'un escadron de cavalerie commandé par le colonel; devant la porte, deux vedettes sabre en main. Parcourt-elle la ville? à son passage, les postes présentent les armes et les tambours battent aux champs. Part-elle? les mêmes honneurs qu'à l'arrivée.

Dans les ports, on agit comme dans les places de guerre; si elle embarque, on arbore le pavillon carré impérial au grand mât de son canot et, si elle monte sur un vaisseau, c'est aussi ce pavillon, salué de sept cris de Vive l'Empereur! et des décharges de toute l'artillerie.

Voyage-t-elle? Escorte de gendarmerie et escorte de cavalerie; à la lisière de chaque département le préfet, de chaque arrondissement le sous-préfet, de chaque commune le maire: toutes les cloches en branle et, si elle passe devant une église, le curé, en habits sacerdotaux, sur la porte, avec tout son clergé.

Est-elle sédentaire dans une résidence? Piquet de seize hommes avec officier, et trompette pour la suivre dans ses promenades. Rentre-t-elle à Paris après une absence un peu prolongée? Canon pour annoncer son arrivée, et tous les corps constitués venant lui présenter des félicitations et des hommages qu'elle reçoit assise sur son trône et entourée de sa maison.

Ses armoiries sont celles de l'Empereur: d'azur à l'aigle d'or empiétant un foudre du même. La couronne est semblable: un cercle d'or, enrichi de pierreries, relevé de six fleurons d'où partent six demi-cercles rejoints à un globe cerclé et sommé d'une croix; des aigles essorant occupant les intervalles des demi-cercles, trois ostensibles à la face externe. Le manteau sur lequel est posé l'écu est le même que celui de l'Empereur: amaranthe, semé d'abeilles d'or, bordé d'un large galon de broderie, doublé d'hermine et ayant les courtines relevées par un galon plat, flottant et brodé d'abeilles. Sans doute, l'Impératrice ne pose point la couronne sur le casque d'or brodé, damasquiné, taré de front, à visière entièrement ouverte, qui est réservé à l'Empereur; elle ne passe point en sautoir derrière l'écu les attributs de la souveraineté, le sceptre et la main de justice; elle ne l'entoure point du collier de Grand maître de la Légion où sont figurés les trophées des diverses professions dont se composent les cohortes; mais elle est la seule à recevoir ces armoiries pleines; tous les autres membres de la Famille auxquels a été concédé l'écu impérial, ne le portent qu'avec une brisure; aucun n'a droit à la couronne aquilée, aucun au manteau de cette forme.

Comme l'Empereur, et seule avec lui, l'Impératrice attelle huit chevaux à son carrosse de gala; tous ses gens portent sans changement la livrée de l'Empereur; ses officiers ont des habits de même forme, couleur et broderie que les officiers des services correspondants de la Maison de l'Empereur.

Elle-même a pour les cérémonies un costume spécial: dans les grands jours, c'est une robe de soie blanche sans queue, brodée et ornée de crépines d'or, garnie au corsage d'une dentelle d'or, de blonde ou d'Angleterre, relevée sur carcasse de baleine, de façon à former derrière le cou un collet, encadrant les épaules, et qu'on nomme *la chérusque*; une ceinture blanche brodée d'or est nouée à la taille et tombe sur la robe; un manteau à longue queue, de même couleur et de même broderie que celui de l'Empereur, est attaché aux épaules; un diadème en or et pierreries est posé sur la tête.

L'habit de cour est une robe ronde, en étoffe des manufactures françaises, avec chérusque, ceinture tombante, manteau à longue queue attaché à la taille. Le dessin des broderies qui ornent la robe et le manteau est libre; il peut être en soie, en argent ou en or, de même que le bas peut indifféremment être garni d'une broderie ou d'une frange, ou d'une broderie et d'une frange en même temps.

Nul n'est de la Cour, n'y peut-être invité, — hormis aux très rares grands bals — s'il n'a été présenté à l'Impératrice. Les femmes, françaises ou étrangères, lui sont présentées d'abord et ne le sont qu'ensuite à l'Empereur; pour les hommes c'est l'inverse.

Joséphine jouit donc de ce qui peut paraître le plus haut et le plus distingué dans les honneurs, mais elle n'en jouit que par hasard, par surprise, et en forme d'attente: elle n'est là qu'une passante; elle en a le sentiment, l'appréhension continuelle, et Napoléon en a lui la certitude: et pourtant, par une contradiction qui marque singulièrement cette nuance de caractère qu'on a remarquée en lui, cette impératrice à laquelle il refuse, en droit, même si elle devenait mère, aucune part de suprême pouvoir, cette Joséphine qu'il est déterminé à répudier quelque jour, il lui accorde l'honneur le plus éclatant et le plus envié, le plus personnel et le plus individuel qui puisse être, l'honneur que, seule depuis deux siècles, une reine, Marie de Médicis, a obtenu en France : honneur politique qui entraîne l'accession à l'autorité royale, honneur religieux qui confère, par la vertu du sacrement, les grâces nécessaires pour exercer cette autorité ; Napoléon associe Joséphine à son couronnement, il l'associe au sacre qu'il reçoit du vicaire de Jésus-Christ.

Il ne voit pas ou ne veut pas voir les conséquences ; il envisage, semble-t-il, cette cérémonie essentiellement religieuse, qui est pour le lier à jamais, comme une galanterie suprême qu'il fait à sa femme et qui ne l'engage point. Rien n'est changé dans la nullité politique de Joséphine, rien n'est plus assuré dans sa fortune conjugale. Elle est le lendemain ce qu'elle était la veille ; elle a seulement participé à une fête de plus, la plus éclatante qui soit, la plus mémorable, qui n'a nul précédent dans le passé, qui n'aura nulle répétition dans l'avenir.

Sauf en cette unique occasion, chaque fois qu'il s'agit de cérémonies nationales, d'actes politiques et constitutionnels, Joséphine ne paraît que comme comparse, comme assistante, comme spectatrice. C'est seulement aux fêtes de la Famille et aux fêtes de la Cour qu'elle prend place aux côtés de l'Empereur. Ce qui est de compliment et d'apparence, ce qui est de réjouissance et d'amusement, ce qui est de famille et de société, voilà son lot. Elle est la première dame de France, mais on peut dire que, malgré tout l'extérieur des honneurs, elle n'est point traitée en impératrice et l'on n'aurait, pour s'en assurer, qu'à comparer les droits et les prérogatives que Napoléon attribua à Marie-Louise parce qu'elle était la mère de son fils, avec ceux qu'il accorda à Joséphine qui était simplement sa femme.

Justement parce que la politique n'a rien à voir avec celle-ci, l'esprit peut s'attacher davantage à la splendeur des choses et l'on regarde mieux la femme manœuvrant dans le cadre somptueux où elle se trouve placée.

Elle y porte des toilettes qui ne sont pas seulement les plus riches qu'on puisse voir, mais qui sont accommodées avec un art infini à l'air de son visage, à sa taille, à sa démarche et qui, selon les circonstances et les occasions, fournissent comme la formule définitive du luxe féminin à son époque. Tout demanderait à être noté de ces cérémonies auxquelles l'Impératrice participe : l'étiquette et les usages, le costume des acteurs et des spectateurs, l'ordre et la pompe des cortèges, la beauté des carrosses, les agréments des musiques, le rythme des danses, et aussi la splendeur des salons, l'ordonnance des grands escaliers, et les palais construits à souhait pour ces triomphes : mais, en réalité, beaucoup de ces fêtes se ressemblent et, pour éviter une énumération fatigante et la répétition de détails qui pourraient sembler oiseux, on se restreindra à quelques exemples.

Mais d'abord, la cérémonie du Sacre étant à part et unique en son genre, il est d'autant plus intéressant d'y déterminer le rôle distribué à Joséphine.

***

Dès que l'Empereur a décidé que l'Impératrice sera couronnée et sacrée, le cérémonial a dû être réglé de façon qu'on lui assignât une place, qu'on lui destinât un costume, qu'on lui décernât des honneurs analogues à sa dignité et, dans une mesure, semblables à ceux attribués à l'Empereur. Sans doute, il ne peut y avoir parité. Ni glaive, ni sceptre, ni main de justice, mais, comme l'Empereur, la couronne, l'anneau et le manteau. Ce manteau devra être porté par toutes les princesses, d'où bien des orages, dont Napoléon ne s'abrite qu'en concédant à ses belles-sœurs et sœurs qu'elles auront chacune derrière elles, pour porter leur propre manteau, un officier de leur maison et en leur faisant écrire par le Grand maître des Cérémonies qu'elles auront à « suivre l'Impératrice dans toutes les marches de la cérémonie et *à soutenir le manteau de Sa Majesté*. » Elles le soutinrent d'ailleurs si faiblement que, lorsque l'Impératrice monta au grand trône, il y eut une seconde où, emportée par le poids, elle bascula presque, où l'on pût croire qu'elle allait rouler en arrière. Que ne devait-il pas peser ce manteau de velours pourpre de quatre aunes de hauteur et de huit de tour, semé d'abeilles d'or brodées en bosse, bordé, au-dessus d'une large bande d'hermine, d'une lourde broderie de branches de laurier, d'olivier et de chêne encadrant la lettre N ; ce manteau entièrement doublé d'hermine, dont la fourrure excédait de près de quatre pouces la bordure d'or et qui, vu sa forme de dalmatique, n'avait qu'une manche ouverte, n'était attaché que sur l'épaule gauche et n'était soutenu, du même côté, que par une agrafe de diamants? Rien qu'en fourrures, il avait été fourni par Toullet pour 10,300 francs d'hermine de Russie et pour 380 francs de peaux d'Astrakhan ; la broderie exécutée par Leroy et Raimbaud avait coûté 16,800 francs et il y avait de plus les velours avec la doublure de croisé et de florence blancs.

L'anneau avait été orné d'un rubis — emblème de joie — fourni par le trésor de la Couronne, tandis que, à l'anneau de l'Empereur, était montée une émeraude, emblème de révélation divine.

La couronne que, six années plus tard, on trouvait démodée et qui n'en fut pas moins imposée, lors du mariage, à Marie-Louise, car, disait Napoléon : « elle n'est pas belle, mais elle a un caractère particulier et je veux l'attacher à ma dynastie, » était un cercle d'or enrichi de brillants et d'émeraudes, d'où partaient huit demi-cercles, en forme de feuilles de laurier et de myrte, se rejoignant à un très petit globe surmonté d'une croix : ce qui lui donnait un aspect spécial, c'est que, posée assez avant, elle joignait presque un très haut diadème d'or, de forme conique, couvert d'améthystes — emblèmes de l'union de l'amour et de la sagesse — ayant au centre une énorme améthyste entourée de brillants ; et ce bandeau, placé sur le front en sorte que quelques boucles de cheveux en sortaient seules, semblait ne faire qu'un avec la couronne.

Le diadème, la couronne et la ceinture, confectionnés par Marguerite coûtèrent 15,000 francs de façon : Marguerite avait fourni deux mille deux cent soixante et un brillants pour 867,369 francs 10 centimes.

Voyons maintenant Joséphine dans sa gloire.

A dix heures du matin, le 11 frimaire an XIII (2 décembre 1804), salves de coups de canon : c'est le cortège qui part des Tuileries. Il fait un froid

LE SACRE. — LE DÉPART DES TUILERIES
Dessin d'Isabey, Percier et Fontaine
(Livre du Sacre. Musée du Louvre)

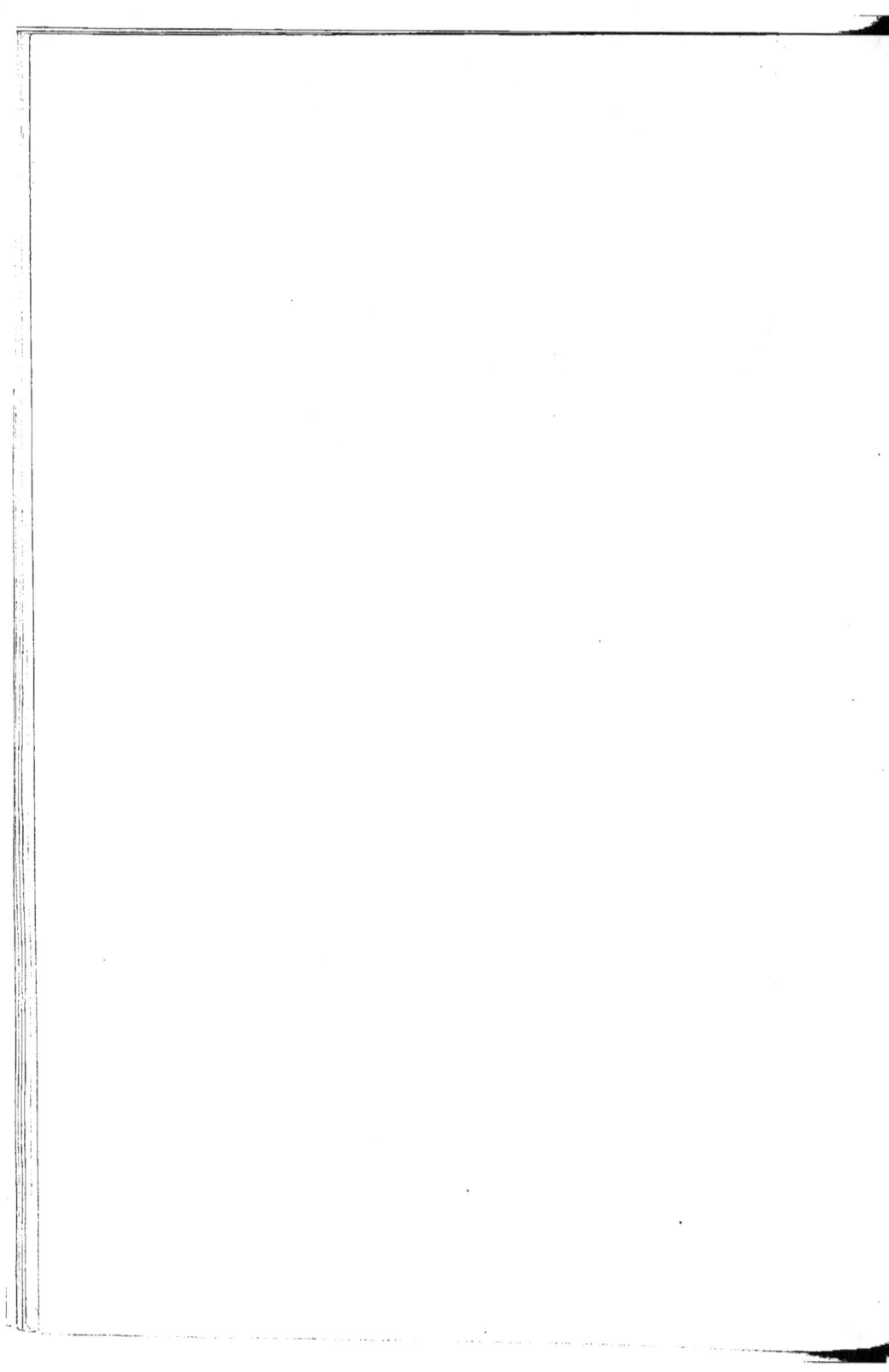

terrible, un froid de décembre, mais le temps est clair et le ciel bleu. Du Carrousel, le cortège débouche par la rue Saint-Nicaise, suit la rue Saint-Honoré, la rue du Roule, traverse le Pont-Neuf, passe, du quai des Orfèvres, à la rue Saint-Louis, à la rue du Marché-Neuf, à la rue du Cloître-Notre-Dame. Par les rues sablées dont la plupart n'ont pas sept mètres de large, entre une double haie de fantassins, voici défiler d'abord le maréchal Murat, gouverneur de Paris, et son état-major, puis quatre escadrons de Carabiniers, quatre de Cuirassiers et les Chasseurs de la Garde, entremêlés de Mamelucks : après les soldats, un grand vide ; — quatre hérauts d'armes à cheval, en dalmatique de velours violet brodée d'aigles d'or, une première voiture à six chevaux où sont les maîtres et les aides des cérémonies ; dix autres pour les grands officiers de l'Empire, les ministres, les grands officiers de la Couronne, les grands dignitaires, les princesses. Ces voitures sont hautes et grandes berlines à housse, fonds or avec les armes impériales aux portières : elles ont coûté chacune entre sept et huit mille francs. Les chevaux, — on en a acheté pour l'occasion cent quarante nouveaux payés en moyenne 1,314 francs pièce — sont menés, les deux de volée par un palefrenier monté, les quatre autres à grandes guides par le cocher. Derrière chaque voiture, trois laquais à la livrée de l'Empereur.

Un espace... des acclamations... l'Empereur! Les huit chevaux isabelle, panachés de blanc, à queue et à crinière nattées, pomponnées et cocardées de rubans rouge et or, sont, chacun sous son harnais de maroquin rouge garni de bronze ciselés, tenus en main par un homme à pied ; un piqueur est monté sur un des deux chevaux de volée; les six autres chevaux sont menés à grandes guides par le cocher de l'Empereur, César Germain, en sa plus grande tenue, chapeau bordé à plumet vert et blanc, bas de soie à coins brodés d'or, des galons sur toutes les coutures de son large habit vert, de son gilet écarlate, de sa culotte verte. Et la voiture est comme une grande cage dorée et peinte que ses huit glaces font translucide : l'impériale est chargée d'une lourde couronne que portent quatre aigles ; quatre figures allégoriques soutiennent le ciel ; aux frontons, des aigles encore qu'enlacent des guirlandes ; des frises pleines avec des médaillons représentant les principaux départements de l'Empire liés par un chaînon de palmettes décorent le corps de la caisse; aux panneaux sont blasonnées les armes de l'Empire; aux sièges, aux marchepieds, aux roues, des emblèmes qu'accompagnent des guirlandes de fleurs, sont sculptés en plein bois. C'est Getting qui, pour 114,000 francs, a exécuté cette voiture sur les dessins de Fontaine, mais Fontaine la trouve manquée « parce que, par économie, on a beaucoup retranché à la richesse et à la magnificence ». Derrière le siège du cocher, très écarté de la carcasse dorée, et derrière la voiture même, des pages tant qu'il en a pu monter, six ici, sept là, tous jolis, pomponnés, frisés, le nœud vert flottant à l'épaule sur la grande livrée galonnée à toutes les tailles, l'air vif et gai d'enfants malins et hardis, le visage rose fouetté par la bise, une bande de collégiens dorés qui met du rire dans ce solennel et comme du printemps dans cet hiver.

Dans la voiture, toute de velours blanc brodé d'or, où l'on a prodigué les lauriers, les oliviers, les palmes, les abeilles, les étoiles de la Légion et les lettres N, au fond — ils s'y sont trompés en montant et se sont placés sur le devant, car les deux banquettes, pareillement larges et longues, pareillement tendues, ne se distinguent en rien l'une de l'autre — au fond, à droite, l'Empereur, à gauche, Joséphine; Joseph, sur la banquette de devant en face de son frère, Louis en face de sa belle-mère.

Joséphine est vêtue d'une robe, à manches longues, de satin blanc, semée d'abeilles d'or et brodée d'argent et d'or : au bas, broderie haute et crépines d'or; sur le corsage et le haut des manches, semis de diamants. La robe seule, fournie par Pochet et Raimbaud et leur nouvel associé Leroy, a coûté 10,000 francs. Elle s'évase aux épaules en une chérusque de blonde chenillée de 240 francs, et est accompagnée à partir de la taille d'un manteau de cour — ce qu'on appelle *un bas de robe* — en velours blanc brodé en or qui coûte 7,000 francs; ne le trouvant pas assez riche, on y a ajouté sept aunes de franges à 150 francs l'aune. Les souliers sont en velours blanc brodés d'or et ont coûté 650 francs. Ils sont chaussés sur des bas de soie à coins d'or. Les mains ont des gants blancs brodés d'or.

L'Impératrice a sur la tête un diadème — différent de celui qu'elle portera à la cérémonie — qui est de perles et diamants, très légèrement montés. Il est estimé 1,032,000 francs : un seul diamant au milieu vaut 165,000 francs. Son collier et ses boucles d'oreilles sont de pierres gravées entourées de brillants et sa ceinture est toute couverte de diamants. Elle porte sur elle des millions et n'en est ni alourdie, ni empêchée. Jamais elle n'a été plus jolie: jamais elle n'a paru mieux en beauté; ses quarante et un ans en semblent trente à peine. Qu'importe si, de cet agrément, quelque chose est emprunté, si le fard avive les yeux et si le visage est fait? En ces cortèges de grand jour, sous la lumière crue, à la distance où l'on est de la foule, il faut, de nécessité, pour lui faire illusion, quelque chose du théâtre.

Et n'est-ce pas encore d'un art suprême — que ce soit l'invention de Joséphine ou des couturiers qu'elle inspire — d'un art tout approprié justement aux nécessités de telles cérémonies, ce décolletage en carré sur la poitrine, avec la haute collerette de dentelle se dressant aux épaules, encadrant le cou, justifiant aussi bien les manches longues que les courtes, gardé, par l'abattement du collet, contre les exagérations de la fraise gaudronnée des Valois, mais sauvant cette nudité du dos, si peu convenable dans les toilettes de jour, on peut même dire dans toutes les toilettes de grand gala?

On avance; point de chaufferette dans la voiture où, seulement, un tapis de peau d'ours est étendu sous les pieds, et l'Impératrice, comme d'ailleurs toutes les femmes prenant part à la cérémonie, a la gorge largement à l'air.

Le cortège se déroule : autour du carrosse de Leurs Majestés, une cavalcade : aides de camp à la hauteur des chevaux, colonels généraux de la Garde aux portières, écuyers aux roues de derrière, maréchal commandant la Gendarmerie suivant la voiture.

Après, treize berlines à six chevaux, pour les officiers et les dames de l'Empereur, de l'Impératrice, des princes, des princesses, des princes grands-dignitaires; puis les Grenadiers à cheval entremêlés de canonniers et un escadron de Gendarmes d'élite. C'est tout : mais, avec chaque corps de troupes, marchent des musiques qu'on a grossies pour l'occasion de tous les instrumentistes de Paris et de la province restés disponibles après la formidable levée de trois cents musiciens faite par Lesueur pour les orchestres de Notre-Dame. Et l'immense machine serpente à travers les étroites petites rues du vieux Paris et de la Cité, entre la double haie des fantassins contenant à peine la population, grossie des trois quarts par la province, évaluée par les plus modestes à cinq cent mille spectateurs!

A midi moins le quart, on arrive enfin à la tente dressée en face du pont de la Cité, au-devant de l'Archevêché qui, par une longue galerie de bois, décorée de tapisseries, communique au portique couvert dressé devant le portail de Notre-Dame. L'Empereur prend les ornements impériaux et revêt son grand costume, Joséphine se fait attacher le manteau impérial et se coiffe du diadème d'améthystes; puis, à pied, le cortège se met en marche: les huissiers, les hérauts d'armes, les pages, les aides et les maîtres des cérémonies; le Grand maître en son costume de velours violet, clef au côté, bâton en main, le maréchal Sérurier portant le coussin sur lequel on posera tout à l'heure l'anneau de l'Impératrice, le maréchal Moncey portant la corbeille qui recevra le manteau, le maréchal Murat portant, sur un coussin, la couronne. Tous trois sont encadrés par des chambellans et des écuyers. L'Impératrice vient ensuite, ayant, à sa droite, son premier écuyer, à sa gauche, son premier chambellan. Son manteau est soutenu par les cinq princesses belles-sœurs et sœurs de l'Empereur. Elles sont, à leur fantaisie, coiffées en plumes et diamants: leurs robes sont blanches, brodées d'or, à manches longues, avec un long bas de robe en velours de couleur brodé d'or, jouant le manteau : derrière chacune d'elles, portant la queue de ce manteau, marche le premier officier de leur maison. Après, seulement, viennent la Dame d'honneur et la Dame d'atours de l'Impératrice, puis ses six dames du Palais.

Ensuite, c'est le cortège de l'Empereur : d'abord, les maréchaux portant les *Honneurs* de Charlemagne : la couronne, le sceptre et l'épée; puis, ceux portant les *Honneurs* de l'Empereur : l'anneau et le globe; puis l'Empereur, la tête laurée de la couronne d'or, tenant d'une main le sceptre impérial de vermeil, de l'autre, la main de justice au bâton de vermeil orné de perles : les princes grands dignitaires soutiennent son manteau ; le cortège se termine par les vingt-six grands officiers de la Couronne et de l'Empire qui n'ont point de fonction particulière dans la cérémonie et qui marchent par quatre de front.

Comme à l'Empereur par le cardinal de Belloy, l'eau bénite est offerte à Joséphine par le cardinal Cambacérès ; comme l'Empereur, elle s'avance, sous un dais porté par des chanoines, jusqu'au chœur où, comme l'Empereur, elle est encensée ; et tandis que les grands dignitaires et les grands officiers reçoivent les *honneurs* que portait l'Empereur et qu'on les range sur l'autel, la Dame d'honneur et la Dame d'atours s'approchent de l'Impératrice, détachent son manteau, enlèvent la petite couronne et, sur l'autel, on place, après les *honneurs* de l'Empereur, ceux de l'Impératrice : la couronne, le manteau et l'anneau. Et, après que le Pape a imposé à l'Empereur l'onction sacrée, la triple onction, il répète la même cérémonie, avec les mêmes prières, sur la tête et dans la paume des deux mains de Joséphine. Et, la messe commencée, quand, après le Graduel, le Pape bénit les ornements impériaux, il bénit ensemble les manteaux, les anneaux et les couronnes ; et, lorsqu'il a fait à l'Empereur la tradition de ses insignes, c'est avec les mêmes prières qu'il agit pour l'Impératrice : « *Recevez cet anneau qui est le signe de la foi sainte, la preuve de la puissance et de la solidité de votre Empire, par lequel, grâce à sa puissance triomphale, vous vaincrez vos ennemis, vous détruirez les hérésies, vous tiendrez vos sujets dans l'union et vous demeurerez persévéramment attachée à la foi catholique.* » Puis, il fait la tradition du manteau : « *Que le Seigneur vous revête de sa puissance afin que, pendant que vous brillerez extérieurement de la splendeur de ce vêtement, vous brilliez intérieurement par les mérites de vos vertus aux yeux de ce Dieu qui n'ignore rien du passé, à qui rien n'est celé de l'avenir, par lequel règnent les rois et les fondateurs des lois trouvent la justice.* »

L'Empereur monte alors à l'autel sur lequel est posée la couronne impériale, la couronne d'or aux feuilles de laurier, il la place lui-même sur la tête, selon le cérémonial que Charlemagne régla pour son fils, Louis le Débonnaire, lorsqu'il le fit sacrer ; il prend ensuite dans ses mains la couronne de l'Impératrice, s'en décore un instant, puis, redescendant les marches de l'autel, il vient à Joséphine agenouillée et, d'un geste très doux et très noble, avec une sorte de lenteur tendre et sacrée, il lui impose sur la tête cette couronne que les Dames d'honneur et d'atours attachent en une seconde. Et le Pape prononce la grande oraison : « *Que Dieu vous couronne de la couronne de gloire et de justice, qu'il vous arme de force et de courage, afin que, par la vertu de notre bénédiction, avec une foi droite et grâce aux fruits multipliés de vos bonnes œuvres, vous parveniez à la couronne du règne éternel, par la grâce de Celui dont le règne et l'empire s'étendent dans les siècles des siècles.* »

Ce n'est point assez encore : voici que le cortège se remettant en mouvement traverse de nouveau le chœur et va vers le grand trône. Au milieu de la nef, en face de l'autel, en haut d'un escalier droit de vingt-neuf degrés tendu d'un tapis bleu semé d'abeilles, sous une sorte de temple où s'accroche un pavillon de velours rouge, une estrade est dressée. Au centre de cette estrade, un fauteuil épais et large, somptueux et lourd, richement décoré de broderies et de crépines d'or, dont le dos arrondi en forme de couronne antique, porte brodée sur le velours rouge l'N majuscule, entourée des étoiles des seize cohortes de la Légion ; à droite, sur une marche plus basse, un fauteuil plus petit, de même forme, aussi riche de décorations, de broderies et de sculptures. Les cortèges gravissent les degrés roides où le poids de son manteau fait presque chanceler l'Empereur, où, entraînée par le sien, l'Impératrice, un instant s'arrête, incertaine si elle ne va pas rouler en arrière. Napoléon et Joséphine s'assoient et le Pape, qui monte le dernier jusqu'à eux, les bénit : « *Sur ce trône de l'Empire que Dieu vous affermisse et que, dans son royaume éternel, vous fasse régner avec lui, Jésus-Christ, Roi des Rois, Seigneur des Seigneurs qui vit et règne avec Dieu le Père et le Saint-Esprit dans les siècles des siècles.* » Puis, il baise l'Empereur sur la joue et se tournant vers l'assistance, il prononce le *Vivat Imperator in æternum*. Et ce Vivat éclate dans la musique de l'abbé Roze exécutée par les deux chœurs qui s'alternent, se croisent, se répondent, se confondent enfin dans un enthousiasme d'allégresse.

LE SACRE. — L'ARRIVÉE A NOTRE-DAME

Dessin d'Isabey, Percier et Fontaine

(Livre du Sacre. Musée du Louvre)

C'est ensuite le *Te Deum*, puis une série d'oraisons, et la messe continuée : et, à l'évangile, à Joséphine comme à Napoléon, le Grand aumônier présente à baiser le divin livre ; à l'offrande, c'est pour elle que la maréchale Ney porte le cierge où sont incrustées treize pièces d'or, pour elle, que Madame de Luçay porte le pain d'argent.

Elle n'est de rien, sans doute, dans la cérémonie du serment que l'Empereur prête, après la messe dite, aux Constitutions de la République et le chef des hérauts d'armes ne prononce point son nom lorsqu'il proclame « Le sacre et l'intronisation du très glorieux et très auguste empereur Napoléon », mais n'est-ce point assez d'honneurs pour un jour ?

Et, à présent, c'est le retour en traversant tout une autre moitié de Paris : du parvis Notre-Dame, par la rue de la Barillerie, le Pont au Change, la place du Châtelet et la rue Saint-Denis, l'on gagne les boulevards et l'on rentre aux Tuileries par la place de la Concorde. Il est trois heures lorsque l'on quitte Notre-Dame, six heures et demie lorsqu'on arrive aux Tuileries. Il fait nuit. Toutes les fenêtres sont illuminées ; autour des cortèges, les torches se sont allumées et le spectacle est ainsi plus étrange encore et plus grandiose.

L'Empereur jouit pleinement de son triomphe : il veut que, pour dîner en tête à tête avec lui, Joséphine garde la couronne qu'elle porte d'une façon si gracieuse ; il fait ses compliments aux dames du Palais à chacune desquelles il a donné dix mille francs pour sa toilette et quelque vingt mille francs de diamants : car c'est un flot d'or que le Sacre a fait couler sur Paris, et du Trésor impérial, et de toutes les bourses particulières : pour le Trésor, cela fait si bien légende, que Napoléon juge bon de déclarer dans le *Moniteur* que, loin d'avoir coûté cinquante à soixante millions, le Sacre n'en a coûté que trois à la Couronne : à dix, il eût été plus près de compte. Son costume seul et celui de l'Impératrice ont pris 1,123,000 francs 44 centimes ; les dépenses imputées à des crédits spéciaux vont à sept millions et demi, et celles sur le budget ordinaire à plus de trois millions, — sans compter ce qui est au compte de l'État : 1,500,000 francs ; au compte de la Ville : 1,745,646 francs, sans compter le million dépensé pour préparatifs en l'an XII, les 117,000 francs des deux tableaux de David, les 194,436 francs 72 centimes du *Livre du Sacre,* et les 45,000 francs de pension perpétuelle aux parents du Pape, et tous les présents faits au Pape, aux cardinaux, aux monsignors, aux officiers, sans compter le reste !

Et la journée du Sacre, cette inoubliable journée du 11 frimaire, unique en splendeur et en dépense, unique par son objet et par son retentissement, est suivie de toute une série de fêtes de jour et de soir, qu'offrent à l'envi tous les corps de l'État, fêtes où, seulement par les uniformes et les toilettes, Paris gagne des millions, où les chiffres deviennent impossibles à évaluer, car ce n'est plus d'un seul trésor, c'est de toutes les bourses que coule l'argent et, pour en donner idée, c'est assez de l'exemple d'un simple général de brigade qui, venu à Paris pour un mois, y mange trente-trois mille francs, rien qu'à l'indispensable ! Une mansarde se payait quinze francs par jour et un coiffeur prenait soixante francs pour une coiffure de dame.

Ce n'est rien les réjouissances publiques, celles du 12 frimaire, étendues sur la ville entière, de la place de la Concorde à l'Arsenal, avec les spectacles forains, les salles de danse, les mâts de cocagne, les jeux de bague, les chars de musique parcourant les rues, les hérauts d'armes jetant au peuple les médailles du Couronnement, treize mille d'or, soixante quinze mille d'argent, les ballons enlevés de la place de la Concorde, et le colossal feu d'artifice sur le pont de la Concorde. Qu'on passe encore la fête de la Distribution des aigles, remise de deux jours à cause de la fatigue qu'a éprouvée Joséphine, la fête terrible, sous une pluie mêlée de neige qui tombe sans interruption durant trente-six heures, où les spectateurs transis, parapluie en main, finissent par se sauver, où l'armée défile, lamentable à voir, dans le lac de boue qu'est le Champ de Mars, où l'Impératrice elle-même n'y peut tenir, quitte l'estrade, se retire avec la princesse Louis, où tout est gâté des toilettes et des uniformes — bonne aubaine pour les passementiers et les couturières. Qu'on passe les grandes audiences solennelles que l'Empereur donne sur son trône à tous les corps de l'État en grand costume (un habit de sénateur coûte

2,400 francs et c'est presque autant pour les autres); qu'on passe l'ouverture de la séance du Corps législatif, grande occasion pourtant d'habillements somptueux; il n'est à retenir que les fêtes que préside Joséphine, qui lui sont personnellement dédiées, qui ne sont point, comme la fête du Sénat, des fêtes populaires, mais des fêtes mondaines, extérieures si l'on peut dire à la politique et où peut à souhait se déployer le luxe féminin.

C'est d'abord la fête offerte par la Ville de Paris dans la maison municipale, où les salons sont triplés par un immense édifice en charpente dressé dans la cour, par une galerie vitrée en façade, d'où l'on verra le feu d'artifice du pont Napoléon. Six cents dames invitées, tout ce que Paris compte de fonctionnaires, de grands industriels, de savants et d'artistes illustres. A midi, l'on arrive. A une heure et demie, les portes sont fermées et les maîtres d'hôtel annoncent le dîner: dans trois galeries, cinq tables où les dames seules s'assoient d'abord, puis les hommes, puis d'autres hommes: repas colossal. On repasse dans les salons et l'on attend Leurs Majestés. L'Empereur est parti des Tuileries à trois heures, avec le même cortège, les mêmes escortes, les mêmes voitures que le jour du Sacre; il est, de même que Joséphine, en *petit costume*. Pour elle, c'est une des robes que Leroy a composées, manches courtes, chérusque de dentelles, bas de robe en velours de couleur: une des robes à douze mille francs la pièce: la robe en tulle d'argent et satin brodé d'or et d'argent avec le bas de robe en velours lilas brodé en volubilis d'argent, ou la robe de tulle d'argent brodé, avec le bas de robe en velours rose, ou mieux la robe en tulle d'or brodé, avec le bas de robe en velours blanc, brodé en bouquets de violettes, la bordure haute brodée en or, garnie de franges et semée de cent soixante-trois douzaines d'émeraudes, qui, à douze et quinze francs la douzaine augmentent la toilette de 2,160 francs 75 centimes.

Au Pont-Neuf, premier compliment du Corps municipal, le gouverneur à la tête; puis, un second au perron. Tout ici semble pour Joséphine: quand, pour l'un des quatre tableaux des fêtes du Sacre, David esquisse cette arrivée à l'Hôtel de Ville, dans son dessin, c'est elle, qui debout sur le marchepied du carrosse, occupe le centre de la composition et tire à elle tout le regard. Des deux médailles frappées pour cette fête, une lui est consacrée : non par malheur celle, admirable, dont Prudhon a donné le dessin, mais la petite de Brenet, assez médiocre, où l'on voit les têtes conjuguées de l'Empereur et de l'Impératrice : — la première et l'unique *médaille* où elle soit officiellement représentée, car, même point pour ses visites à la Monnaie, même point pour le Sacre, Denon, son ingrat protégé, ne lui a dédié, ne lui dédiera jamais une seule de ses médailles.

Après les discours et les présentations dans la salle du Trône, Joséphine, dans les appartements qu'on lui a préparés, trouve la toilette que lui offre la Ville de Paris, digne pour la perfection du travail d'aller de pair avec l'argenterie de table offerte à l'Empereur : en vermeil, un grand miroir, une grande aiguière avec sa jatte, un pot à l'eau avec sa cuvette, deux girandoles à trois branches, quatre carrés pour pelottes, quatre boîtes à poudre et à mouches, trois pots à pommade, deux gobelets, une jatte ; en or, deux étuis, deux paires de ciseaux, un couteau à poudre, un gratte-langue, puis la garniture des six flacons de cristal ; c'est le chef-d'œuvre de Germain, mais le poids est médiocre : la prisée des matières ne donne à l'inventaire de 1814 que 14,600 francs.

Et encore au Banquet, tous les honneurs sont pour elle, car, seule, elle y siège à la table de l'Empereur, de même que seule, elle est conduite avec lui dans la galerie vitrée pour voir de là le feu d'artifice.

Encore pour elle, la fête donnée à la salle Chantereine par les généraux des Armées de terre et de mer — la fête pour laquelle chaque divisionnaire verse 3,000 francs et chaque brigadier 1,500, où le souper seul, servi par Véry, coûte 60,000 francs ; pour elle, la fête donnée par les maréchaux d'Empire dans la salle de l'Opéra, toute décorée de gaze d'argent et de guirlandes de fleurs, la fête où grâce aux 25,000 francs versés par chacun des dix-huit maréchaux et par Duroc, 475,000 francs sont dépensés en arrangements, en concert et en souper.

La palme pour l'invention revient au Corps législatif, et Fontanes, pour en organiser la fête, a déployé plus d'imagination qu'en un chant entier de la *Délivrance de la Grèce*, plus d'adulation même qu'en un de ses discours.

Ici, et c'est le particulier, Joséphine est seule : c'est à elle seule que la fête paraît dédiée : elle entre, accompagnée d'une députation de huit législateurs, dans la salle des séances, illuminée, parée de trophées d'armes, d'aigles et d'écussons ; elle est saluée par ce chœur de l'*Iphigénie* de Gluck qui est devenu comme l'hymne banal des souveraines :

Que d'attraits! que de majesté!

Elle prend place, en face du président, dans une tribune où l'entourent les princes, les princesses et les grands dignitaires : sur les bas gradins, les membres du Corps législatif en grand costume ; sur les plus élevés, les femmes les plus élégantes et les mieux parées de la Cour et de la Ville. Au centre de l'hémicycle, une statue voilée.

L'Impératrice assise, le président fait donner lecture du procès-verbal de la séance du 3 germinal an XII où l'assemblée a voté l'érection de cette statue ; puis, il invite les deux maréchaux législateurs, Masséna et Murat, à s'en approcher et à lever le voile qui la couvre. Tout le monde est debout ; l'orchestre attaque le *Vivat* de l'abbé Roze ; la statue apparaît.

Elle est nue, selon la tradition antique ; mais le statuaire, Chaudet, a jeté une toge sur l'épaule gauche de l'Empereur qui, couronne en tête, sandales aux pieds, présente de la main droite le rouleau des Lois. La tête, dit-on, est d'une ressemblance frappante : au moins, est-ce là le type désormais officiel du fondateur de la dynastie.

Concours d'éloquence par Vaublanc et Fontanes ; chants guerriers et civils ; enfin, la séance est levée : on passe dans les salons du palais décorés en manière de poèmes pour célébrer la gloire du héros : salle des Grands hommes de l'Antiquité, salon de Mars, salle des Victoires, salon de Flore — ceci pour Joséphine ; — salon décoré de trophées d'instruments de musique ; salon « dans le goût de l'ancienne chevalerie », au papier semé d'abeilles, avec guirlandes de lierre, festons de fleurs, écussons, aigles et armures : là, sur une estrade, sous un dais de soie cramoisi, au devant d'un trône, le couvert de l'Impératrice est dressé ; aux côtés du dais, bannières, aigles, croix de la Légion ; au fond une immense glace. Dans la salle, quatre tables pour les dames présentées. Et après, c'est le salon des Neuf muses, et encore, la salle de Lucrèce toute fleurie d'arbustes rares, toute parfumée de jonquilles et de jasmin.

Joséphine s'assied sur son trône, le bal commence, et alors seulement, arrive Napoléon, qui reste une heure et se retire avec l'Impératrice.

Sans doute, il a trouvé la flatterie trop grosse pour la recevoir en face ; il n'a pas voulu assister à l'inauguration de sa propre statue ; il ne consent même pas, quelques jours plus tard, à recevoir la députation qui veut lui offrir le procès-verbal de la cérémonie. Il veut que tout cela se passe en dehors de lui ; il en laisse tous les agréments à Joséphine : mais, n'est-ce pas comme une emblématique représentation de toute sa vie d'impératrice, ces honneurs qui lui sont décernés en présence de cette haute statue, blanche et muette, qui absorbe en réalité tous les regards et à qui s'adressent toutes les adulations : elle ne reçoit que les hommages qu'il repousse ; elle n'entend les discours que pour les lui reporter, ou mieux, parce qu'on sait qu'il les écoute à la cantonade ; elle n'existe que parce qu'il veut qu'elle soit ; s'il cesse un instant de la soutenir, elle disparaît et on la chercherait en vain ; comme il a suffi d'un mot de sa bouche pour qu'elle reçût les honneurs souverains, il suffit de son silence pour qu'elle en soit privée.

Ainsi, après ce mémorable sacre de Paris, après ces onctions saintes et la couronne mise à son front, voici l'Empereur qui monte à un nouveau trône, il ne veut point faire près de lui une place à Joséphine ; cela suffit ; nul ne s'en étonne, nul n'en fait même la remarque ; pas même elle, peut-être. Ce sera pure courtoisie si on la traite d'Impératrice et Reine, car, de droit, elle n'est point reine d'Italie. Elle n'a point eu de part à l'audience où la Consulte est venue offrir à Napoléon la couronne des rois Lombards ; elle n'a point assisté à la mémorable séance du Sénat où l'Empereur a proclamé son acceptation. Si elle a été du voyage d'Italie, si elle y a mené une suite nombreuse, si, à Milan, elle a reçu une maison d'honneur italienne où figurent les dames les plus titrées du Milanais ; si, pour se rendre aux cérémonies, elle a eu le cortège qui l'accompagne en ces

LE SACRE — L'IMPÉRATRICE EN GRAND COSTUME

Dessin d'Isabey

(Livre du Sacre, Musée du Louvre)

occasions, c'est un page qui y a porté la queue de sa robe, et la seule des sœurs de l'Empereur qui assiste au sacre, Elisa, à présent princesse de Piombino, a marché devant elle, accompagnée, comme elle, par son écuyer et ses chambellans, suivie, comme elle, par sa dame d'honneur et par ses dames. A la porte de l'église, le cardinal archevêque de Milan qui l'a reçue ne lui a pas donné l'eau bénite comme avait fait le cardinal Cambacérès. On l'a conduite sous un dais, mais à une tribune préparée dans le chœur, où elle s'est trouvée confondue avec tout un peuple. Nul insigne sur elle ou près d'elle pour marquer sa royauté, rien, dans sa parure qui y fasse allusion. Et pourtant ce qui est insignes de France, n'est pas insignes d'Italie, ce qui est couleurs de France n'est point couleurs d'Italie. Joséphine assiste simplement au couronnement de Napoléon comme une invitée de distinction, mais sans participer à aucune cérémonie.

Il est vrai qu'elle est de la visite à Saint-Ambroise où l'Empereur va rendre ses actions de grâces au saint protecteur de la ville, mais cette dévotion obligatoire pour Napoléon, n'est-elle point surérogatoire pour Joséphine?

En ordonnant de sacrer sa femme, Napoléon s'est laissé entraîner; par la suite, il a réfléchi, et il n'a voulu regarder le couronnement de Paris que comme un accident sans conséquence : avant, l'Impératrice n'avait point de place désignée dans les cérémonies politiques; après, il n'en sera ni plus ni moins; elle ne figurera plus auprès de l'Empereur dans les solennités publiques où l'on s'attendrait le mieux à la voir paraître. Ainsi, pour se rendre au *Te Deum* du 15 août 1807, elle n'est ni dans la voiture de l'Empereur, ni même dans son cortège; elle part de son côté sous une simple escorte de la Garde; elle est reçue uniquement par les maîtres des cérémonies; elle n'a point les honneurs du dais et elle est assise dans la même tribune que sa belle-mère et ses belles-sœurs.

* * *

C'est donc comme un hasard, comme une surprise, le Sacre, et après le Sacre, c'est fini pour jamais pour Joséphine des grandes solennités nationales, mais du moins, à la Cour, dans ce qu'on peut appeler les cérémonies familiales, baptêmes et mariages, et surtout dans les fêtes : concerts, bals, ballets, représentations théâtrales, cercles, jeux et banquets impériaux, la première place est pour elle et c'est là maintenant qu'il convient de la regarder.

De baptêmes solennels, il n'en est en cette période qu'un seul, celui du deuxième fils d'Hortense et de Louis, le prince Napoléon-Louis. Quantité de fois sans doute Joséphine a été marraine : il est même en usage qu'elle ne le soit qu'avec l'Empereur ; mais les cérémonies s'accomplissent incognito, dans la chapelle du Palais, souvent par procuration, et, n'était la richesse des cadeaux que fait le parrain, les choses n'ont rien qu'on remarque. Mais, ici pour Napoléon, il s'agit de sa propre race, de sa dynastie et le baptême de cet enfant que célèbre le Pape, revêt le caractère d'une affirmation à la fois familiale et dynastique. Justement, peut-être en ce but, Joséphine n'y a point le premier rôle : elle a été avec Napoléon, marraine de Napoléon-Charles, le fils aîné d'Hortense : à présent, la marraine est, avec l'Empereur, Madame Bonaparte, Madame, mère de Sa Majesté l'Empereur. Aussi les honneurs vont-ils à elle, mais Joséphine s'y prête volontiers : le baptême scelle la réconciliation, affirme la grandeur future de ses petits-fils et consolide sa propre fortune. C'est chez elle, dans ses appartements de Saint-Cloud que se passe le premier acte de la cérémonie, et c'est elle qui, dans le salon bleu où est dressé le lit de l'enfant, reçoit Madame et l'Empereur ; elle les précède, ayant son cortège particulier composé de toute sa maison, son escorte de deux officiers supérieurs de la Garde et, dans la grande galerie, transformée en chapelle, si elle a son fauteuil au même rang que le parrain et la marraine, elle n'a point de prie-Dieu. Après la cérémonie, elle reprend son rang, préside avec l'Empereur la table impériale, assiste, près de lui, à la représentation d'*Athalie* et tient le Cercle.

De cette date jusqu'au divorce, plus de baptême solennel. Napoléon et Joséphine promettent bien de nommer quantité d'enfants, mais toujours l'Empereur ajourne la cérémonie, qui n'a lieu, enfin, pour tous les enfants ensemble, filles et garçons, qu'en novembre 1810, à Fontainebleau ; mais, c'est une autre marraine, c'est une autre cour; on supprime pour le prince, troisième fils d'Hortense, tous les honneurs qu'avait reçus son frère : cela est tout simple : l'Empereur va être père.

C'est ainsi, détail qui mérite d'être noté, que toutes les filles des grands de l'Empire, tenues par Marie-Louise le 4 novembre 1810, se nommèrent Joséphine.

Les mariages sont plus fréquents : il en est deux célébrés aux Tuileries avec toutes les pompes officielles, sans parler du mariage d'Eugène célébré à Munich. Point d'autres : car le mariage de Mademoiselle Stéphanie Tascher avec le prince d'Arenberg a lieu chez Hortense, à l'hôtel de la rue Cerutti, et celui de Mademoiselle Antoinette Murat avec le prince de Hohenzollern, chez Caroline, à l'Elysée. Ce ne sont point là des fêtes de cour : ces mariages sont faits en forme privée, bien que, par grâce souveraine, l'Empereur ait, pour un jour, donné de la princesse aux fiancées. Mais ce qui fait doctrine, c'est le mariage de Stéphanie Napoléon, fille adoptive de l'Empereur avec le prince héréditaire de Bade; c'est le mariage de Jérôme Napoléon avec la princesse de Wurtemberg.

On sait par quelle succession d'événements étranges et inattendus, la ci-devant nièce de Joséphine, la fille du comte Claude de Beauharnais et de Mademoiselle de Lezay-Marnesia, abandonnée par son père émigré au couvent de Panthémont, recueillie et emmenée en Périgord, leur patrie, par deux religieuses du couvent, réduite aux aumônes d'une anglaise, amie de sa mère, a été ramenée à Paris, presque de force à la fin de l'an XII, sur l'ordre exprès de l'Empereur indigné que Joséphine laissât sa nièce à la charité. Elle a été placée en pension chez Madame Campan dans les conditions où y étaient quantité d'autres petites parentes ou de jeunes filles auxquelles l'Impératrice portait intérêt : Mesdemoiselles de Bourjolly, Sainte-Catherine, de Castellane, Godt, Ferrari. Rien ne la distinguait et rien ne lui promettait d'autres destinées, lorsque, au début de 1806, l'Empereur, ayant fait épouser à Eugène la princesse de Bavière fiancée au prince de Bade, eut à pourvoir celui-ci, crut utile de le marier à quelqu'un qui lui tînt de près et, n'ayant point de fille nubile dans sa propre famille, se rejeta sur la famille de Joséphine :

il pensa à Stéphanie Tascher; Joséphine fit des objections, proposa Stéphanie de Beauharnais, et ce fut chose faite.

A son retour à Paris, Napoléon fit installer aux Tuileries Stéphanie qu'il avait à peine entrevue jusque-là; et, tout de suite, il prit du goût pour elle: elle l'amusa. Avec ses cheveux d'un blond doré, ses yeux bleus, sa taille mince, son allure de jeune nymphe, ses enfantillages qu'elle exagérait plus qu'elle ne les réprimait, ces façons libres dont une année de pension Campan n'avait pu avoir raison, cette gamine de dix-sept ans lui plut justement parce qu'elle n'avait point de timidité en sa présence, qu'elle le traitait presque familièrement, qu'elle paraissait plus naturelle et semblait moins compliquée. Cela fut fort court au reste: Stéphanie ne fut installée aux Tuileries qu'au début de février; le 17, le traité de mariage fut signé; le 2 mars, arriva le prince de Bade; le 3, l'adoption de Stéphanie fut chose officielle et le 4, l'Empereur en fit part au Sénat par un message. L'Empereur adoptait seul, par un acte politique contraire aux articles 343 et 344 du Code, mais personne ne fit d'objections: Joséphine, bien qu'elle ne parût point, avait tout lieu d'être satisfaite de la dignité conférée à sa nièce et elle se prêta de fort bonne grâce à jouer les mères.

Le 7 avril, à huit heures du soir, tout est disposé dans la Galerie de Diane pour les premières cérémonies: banquettes pour les dames de la Cour, tout au long, avec place, derrière, pour les hommes debout. Au fond, en face de la porte du Salon de l'Empereur, une estrade sous un dais; sur cette estrade, deux fauteuils, avec, au devant, une table couverte d'un riche tapis et portant un encrier; au bas, à droite, fauteuil pour Madame mère et pliants pour les princes; à gauche, fauteuil pour la reine de Naples et pliants pour les princesses et le prince de Bavière. L'Impératrice fait son entrée en cortège: précédée de ses pages, du chambellan de service, des commissaires de Bade, des princes de Bavière et de Bade, de toutes les princesses de la famille, suivie de sa dame d'honneur, de sa dame d'atours et de ses dames de service. Puis c'est le cortège de l'Empereur, Stéphanie marchant immédiatement devant lui.

Après la lecture du contrat, le Secrétaire d'État présente la plume à

LE SACRE

Tableau de Louis David

Musée du Louvre

l'Empereur et à l'Impératrice qui signent assis et sans quitter leurs places ; les fiancés s'approchent et, avant de signer, Stéphanie fait une profonde révérence à Leurs Majestés qui répondent par un signe d'approbation. Puis, c'est le mariage civil célébré par le Prince archi-chancelier de l'Empire, et les fiançailles par le Cardinal légat. Et toujours des révérences à Joséphine.

Et le lendemain, Joséphine encore a tous les honneurs dans ce radieux cortège qui, à huit heures du soir, sort des Grands appartements, et, entre deux haies de grenadiers, salué par la musique qui scande la marche, se déploie par le grand escalier, le grand vestibule, le portique à jour tendu des plus belles tapisseries du Garde-meuble et pénètre dans la chapelle par le perron qui, les dimanches, donne accès au public.

Huissiers à la masse d'argent, hérauts d'armes habillés tout de neuf pour l'occasion, aides et maîtres des cérémonies, officiers du prince de Bade, des princes, des princesses, de l'Impératrice, témoins de Bade, prince de Bavière ; cela n'est rien : voici les princesses et les reines qui semblent vêtues de pierres précieuses : turquoises, diamants, rubis ; voici donnant la main au prince de Bade, l'Impératrice en une robe entièrement brodée de plusieurs ors, couronne en tête, au cou pour un million de perles. Derrière le page qui porte le bas de sa robe, se pressent, avec les Dames d'honneur et d'atours, les vingt-quatre dames du Palais, les vingt dames des princesses. Un éblouissement, cet escadron volant, si jeune, si clair, si brillant, si pailleté de diamants, si vibrant d'or, d'argent, de soie, de velours, si parfumé — car outre les fleurs que, sur leur tête, elles mêlent aux diamants, outre les guirlandes qui parent leurs robes, chacune tient en main un bouquet que le prince de Bade vient de leur faire offrir dans la Salle du Trône.

Et ce qui encore ajoute à l'éclat, donne un caractère particulier, c'est, outre l'illumination du palais entier, de chaque côté du cortège, vingt-quatre pages marchant deux à deux, le flambeau de cire jaune au poing.

Quel metteur en scène de génie a trouvé cette opposition ? Après ces femmes, toutes vêtues de tons frais, clairs, lumineux, voici un groupe d'hommes aux habits de couleurs franches, les officiers des princes et les officiers de l'Empereur, du rouge, du bleu clair, du vert, du bleu foncé que piquent seulement des argents, et, après cet entr'acte, en gamme remontante, les grands officiers de l'Empire, ministres, maréchaux, colonels-généraux, les grands officiers de la Couronne, les princes; enfin l'Empereur en costume espagnol, donnant la main à la fiancée en sa robe de tulle blanc étoilé d'argent, garnie du haut en bas d'épis de diamants et de bouquets de fleurs d'oranger, dont la traîne de gaze d'argent « semble la traîne de Peau d'Ane. »

Et, à la porte de la chapelle, l'eau bénite présentée à l'Impératrice par le cardinal officiant et, pour elle, le trône pareil à celui de l'Empereur, pour elle, les révérences de la mariée comme à l'Empereur ; et, à la sortie, dans l'ordre nouveau du cortège où le prince de Bade donne la main à sa femme, l'Empereur conduit Joséphine.

Aux façades du Palais et dans les jardins, tout brille et resplendit : il y a pour 19,799 francs de lampions et pour 1,614 francs de lanternes et verres de couleur. A neuf heures, on ouvre les fenêtres de la Salle des maréchaux, et Leurs Majestés paraissent au balcon pour voir le feu d'artifice que Ruggieri va tirer à la place de la Concorde — le feu d'artifice de 19,975 francs, dont on ne voit que la fumée, le vent, soufflant du couchant, la rabattant toute sur le palais. On rentre, grand cercle, concert et ballet dans la Salle des maréchaux, souper pour deux cents dames dans la Galerie de Diane, et, après le cercle congédié, « Leurs Majestés reconduisent suivant l'usage les deux époux, avec une suite de quarante personnes désignées par Elles. »

Au mariage de Jérôme, célébré l'année suivante, le 22 août 1807, Joséphine n'agit plus comme mère, mais elle gagne un honneur supplémentaire. Jusqu'ici, la reine de Naples, depuis sa royauté, a eu le fauteuil. Par une décision de ce jour, le fauteuil lui est retiré. « Ce n'est que par tolérance et pour ce voyage seulement qu'on le lui accorde encore, et, à l'avenir, cette princesse sera traitée selon le rang qu'elle doit avoir. » Quant à Madame, on lui laisse le fauteuil, mais sans avouer qu'elle y ait un droit et avec la ferme intention de le lui reprendre : l'Impératrice seule aura désormais cette prérogative.

D'ailleurs, le cérémonial est le même qu'on a suivi pour Stéphanie, sauf que seulement, Jérôme, après avoir salué Leurs Majestés, fait une révérence à Madame pour lui demander son consentement.

Après le mariage, divertissements comme au mariage de Stéphanie, mais avant, *banquet Impérial*.

C'est ici une cérémonie qui se rencontre rarement, bien que, au début de l'Empire, l'on dût croire qu'elle passerait en institution et remplacerait le *grand couvert* des Rois de France. Aux fêtes du Sacre, il y eut deux fois banquet impérial coup sur coup, aux Tuileries et à l'Hôtel de Ville; il y en eut un, en 1807 (celui-ci, qui réunit à peine quelques membres de la famille), et point d'autres, après, que ceux du 3 et du 4 décembre 1809, aux Tuileries et à l'Hôtel de Ville, les plus mémorables peut-être, car on y vit ensemble aux côtés de Napoléon et de Joséphine, les rois de Saxe, de Hollande, de Wesphalie et de Naples, les reines d'Espagne, de Hollande, de Wesphalie et de Naples, sans compter Madame mère et la duchesse de Guastalla.

Donc, en tout, cinq *banquets impériaux*, mais leur fréquence importe peu : c'est là une des institutions caractéristiques du nouveau régime et on y rencontre une part nouvelle, non la moins curieuse, des honneurs spéciaux attribués à l'Impératrice.

Au début, l'Empereur a voulu sans doute imiter moins le *grand couvert* que les banquets inauguraux des Empereurs d'Allemagne; puis, les formes carolingiennes, ou crues telles, s'effacent peu à peu devant l'étiquette bourbonienne, et l'on revient enfin aux règles adoptées par les derniers rois « lorsqu'ils mangeaient en public. » Au premier banquet, l'Empereur s'est fâché parce que Talleyrand, grand chambellan, a substitué dans les invitations le mot *souper* qui est *vieille cour* au mot *dîner* et qu'il a daté selon le calendrier grégorien et non selon le républicain. Au dernier banquet, le Grand maître des cérémonies se fait adresser par un vieil employé de la Ville le détail de la réception du Roi et de la Reine à l'Hôtel de Ville en décembre 1782; il calque ce cérémonial, et s'il le modifie, d'accord avec le Grand chambellan, c'est pour supprimer, au profit des gens de cour, les prérogatives accordées jadis au Prévôt des marchands, au Corps de ville et au Gouverneur de Paris.

Aux banquets de l'an XIII, ne prennent point seulement part les personnages royaux ou princiers, comme il arrive en 1809; les assistants n'ont point uniquement pour régal de voir manger l'Empereur et l'on n'est point invité seulement pour s'asseoir ou défiler à bonne distance de la table des souverains : cette montée de l'étiquette, cette gradation des prétentions, c'est encore, par un petit côté, l'histoire entière de l'Empire.

Pour le banquet du 14 frimaire an XIII (5 décembre 1804), le soir de la Distribution des aigles, la table de l'Empereur est dressée sur une estrade et sous un dais, au milieu de la Galerie de Diane. Cette table est oblongue : l'Empereur, l'Impératrice et le Pape s'y placent sur le côté long, le Pape à gauche de Joséphine, l'Empereur à droite; l'électeur de Ratisbonne est au retour de la table. Le maréchal colonel-général de la Garde, le Grand chambellan et le Grand écuyer se tiennent debout derrière l'Empereur; un peu en avant, à droite, le Grand maréchal et le Premier préfet du Palais; sur le même rang, à gauche, le Grand maître des cérémonies et un maître. Les pages servent. Cette table n'est point seule dans la galerie : à droite et à gauche, quatre autres tables sont disposées : une pour les princes et les princesses; une pour les membres du corps diplomatique, une pour les ministres et les grands officiers de l'Empire, une pour les dames et les officiers de Leurs Majestés, des princes et des princesses. Elles sont servies par la livrée. Personne, durant le banquet, ne défile dans la galerie.

A la fête de l'Hôtel de Ville, même cérémonial, sauf que les invités, qui ont dîné avant l'arrivée de l'Empereur, défilent dans la salle des Fastes. La table impériale y est dressée au milieu, sur une estrade, sous un dais; l'Empereur et l'Impératrice seuls y prennent place; les grands officiers de la Couronne les entourent, les pages servent; dans la même salle, table de quatorze couverts pour les princes et princesses, table de trente-cinq couverts pour les grands officiers de l'Empire; dans deux salles voisines, table de quarante-deux couverts pour les officiers et les dames de la Maison, table de vingt-sept couverts pour les officiers et les dames des Maisons princières.

Dès cette fête, outre le défilé nouveau, l'étiquette s'enrichit d'une suite de paragraphes : Dans l'argenterie que le Corps de ville a offerte à l'Empereur, se trouvent comprises quatre pièces qui sont, si l'on peut dire, représentatives de la souveraineté, car l'usage, de temps immémorial, en est réservé au souverain et emporte un cérémonial spécial : deux nefs et deux cadenas.

La nef est une pièce d'orfèvrerie affectant la forme d'un navire, en représentation, dit-on, des armoiries de la Ville de Paris, et que la Ville est en usage d'offrir à chaque nouveau roi lorsque, après son sacre, il vient dîner à la maison commune. La nef est d'étiquette au moins depuis le temps de Charles V et « l'on y mettait, alors, quand le Roi était à table, son essai, sa cuiller, son couteau et sa fourchette. » Elle contenait en outre les assaisonnements, les épices et ce qu'on nommait les *épreuves*, c'est-à-dire des fragments de corne de licorne ou les langues de serpent avec qui l'on éprouvait les mets de crainte du poison. *L'essai* était une petite coupe fort ornée, servant de même à faire goûter les boissons par un gentilhomme de confiance.

Au XVIe siècle, lorsque *le cadenas* fut entré dans le cérémonial, on utilisa la nef pour y serrer, entre des coussins de senteur, les serviettes dont le souverain devait se servir à table, mais cette nef devenue, surtout à partir de Louis XIV, l'attribut essentiel de la royauté, n'en fut pas moins ornée et pas moins brillante : on a les dessins de celle de Louis XIV modelée par Magnier et exécutée par Jean Gravet, où il entra pour quatre-vingt mille livres d'or sans compter les pierres précieuses, et de celle de Louis XV, composée par Meissonnier, un des chefs-d'œuvre de ce grand artiste.

Lorsque le Roi mangeait à son grand couvert, la nef était placée sur un bout de la table royale ; autrement, elle était posée sur le buffet que l'on nommait la table du *prêt*, où le gentilhomme servant faisait, avec le chef du gobelet, l'*essai* du pain, du sel, des serviettes, de la cuiller, de la fourchette, du couteau et des cure-dents du Roi. « En quelque endroit que la nef fût posée, toutes les personnes qui passaient devant, même les princesses, lui devaient le salut de la même manière qu'on le devait au lit du Roi quand on passait par la chambre de Sa Majesté. »

Quant au *cadenas*, qui n'était point réservé aux personnes royales, mais dont les princes et même les ducs et pairs avaient usurpé la distinction en leur particulier, c'était une sorte de plateau en argent doré ou en or, sur lequel on disposait, après qu'on les avait sortis de la nef, le pain, la fourchette, la cuiller, le couteau, la salière, la poivrière et la boite à épices et le tout était recouvert par la serviette du Roi pliée à gaudrons et petits carreaux.

La nef offerte par la Ville à l'Empereur, modelée et ciselée par Henri Auguste, orfèvre, place du Carrousel, était en vermeil comme tout le service. Elle avait, selon l'usage, la forme d'un vaisseau, supporté par deux figures de fleuves adossées, assises sur un socle soutenu par quatre griffes. Sur ce socle, deux bas-reliefs, l'un représentant le Couronnement, l'autre le préfet et les maires offrant leur présent à l'Empereur : douze figures de relief — les douze municipalités de Paris — étaient debout, séparées par des trophées antiques, autour de la chambre de poupe. Une tête de loup ornait la proue où se dressait la figure de la Victoire, tandis que, sur la poupe, étaient assises la Justice et la Prudence, tenant d'une main le gouvernail, soutenant de l'autre la couronne impériale au-dessus de l'aigle aux ailes éployées.

La nef de l'Impératrice faisait pendant. Aux bas-reliefs, Minerve décernant des encouragements aux artistes et la Bienfaisance apportant des consolations aux malheureux ; à la proue, la figure de la Bienfaisance ; à la poupe, les trois Grâces.

Les cadenas étaient deux plaques, semées d'abeilles ciselées dans des losanges en relief ; au centre, les armoiries impériales ; en bordure, des couronnes, des feuillages et des enseignes antiques : à l'une des extrémités, une boîte à trois compartiments (sel, poivre, épices), ornée de bas-reliefs représentant des Renommées couronnant le chiffre de l'Empereur, ou des Zéphyrs balançant l'Amour sur une guirlande de fleurs. Le couvercle portait dans un cas, la couronne impériale entre deux casques antiques, dans l'autre, la même couronne entre deux touffes de roses.

Pour utiliser ces présents d'une façon qui fût conforme à l'étiquette, mais qui ne retournât point aux formes de l'ancien régime, il fallut introduire dans le cérémonial des articles dont la rédaction fut singulièrement compliquée : il fut statué que les nefs contiendraient seulement les ser-

L'ARRIVÉE DE LEURS MAJESTÉS A L'HOTEL DE VILLE

Dessin de Louis David

Musée du Louvre

viettes ; que, Leurs Majestés mangeant au grand couvert, l'Empereur étant placé à droite et l'Impératrice à gauche, la nef et le cadenas de l'Empereur seraient posés à droite de son couvert, la nef et le cadenas de l'Impératrice, à gauche du sien. A l'arrivée de Leurs Majestés devant la table, le Grand chambellan donnerait à laver à l'Empereur, le Grand écuyer lui offrirait le fauteuil, le Grand maréchal lui présenterait une serviette prise dans la nef. Le Premier préfet du Palais, le Premier écuyer et le Premier chambellan de l'Impératrice rempliraient respectivement près d'elle les mêmes offices.

Au petit couvert dans les Appartements d'honneur, les nefs seraient posées sur les tables de desserte à portée de Leurs Majestés.

Ce fut là ce qui prévalut, même pour les banquets impériaux les plus solennels : la table étant disposée en fer à cheval, les nefs furent placées sur deux tables de desserte aux deux retours. Il en fut ainsi en 1807 et en 1809.

Napoléon, d'ailleurs, après avoir sérieusement hésité quelque temps à rétablir d'une façon courante et habituelle le grand couvert des Rois et à en donner chaque dimanche le spectacle, avait fini par renoncer presque même aux banquets impériaux. Revenant plus tard sur ce sujet, et le discutant sans vouloir avouer que le principal motif qui l'avait déterminé, c'était la contrainte qu'il eût éprouvée, « il est peut-être vrai, disait-il, que les circonstances du temps auraient dû borner cette cérémonie au Prince impérial, et seulement au temps de sa jeunesse, car c'était l'enfant de toute la nation ; il devait donc dès lors appartenir à tous les sentiments, à tous les yeux. »

Dans tout le règne de Napoléon, il ne se trouve qu'un seul grand bal qui ne soit pas exclusivement réservé aux personnes de la Cour et aux personnes présentées, qui ait le caractère des bals officiels qu'on vit sous Louis-Philippe et sous Napoléon III. A partir de 1810, il y a bien d'autres bals, mais l'assistance y est partagée en acteurs qui sont de la Cour et en spectateurs qui sont de la Ville ; les bourgeoises sont conviées à regarder danser les grandes dames ; elles n'entrent ni ne sortent par les mêmes portes ; elles n'ont droit ni aux mêmes salons, ni aux mêmes costumes, ni au même souper, et elles doivent, en petits souliers, la poitrine à l'air, aller, sous la pluie, chercher sur le Carrousel leurs voitures qu'on ne laisse point entrer dans les cours d'une maison impériale. En 1814, les bourgeoises de Paris devaient en montrer leur rancune.

En 1806, sans doute grâce à Joséphine dont le tact et la bonne éducation savaient, à des moments opportuns, arrêter l'excès de zèle des affolés d'étiquette, on n'en était point là ; l'on ne faisait point deux catégories : si la Cour dansait, ce n'était point une faveur de regarder ses ébats ; s'il y avait cercle, concert ou souper, l'étiquette était la même pour tous ; c'étaient seulement les gens de la Cour, ceux de la Ville n'avaient rien à y voir et l'apprenaient par les gazettes ; mais, lorsque ces mêmes gens étaient admis à un bal, on ne prenait point à tâche de les y blesser par des humiliations combinées comme à dessein pour les exaspérer.

Ce bal qui est donné le 20 avril 1806, très peu de jours après le mariage de Stéphanie de Bade, c'est une politesse rendue : l'Empereur rend à la Ville le bal qu'elle lui a offert lors du Couronnement. Le voyage d'Italie et les deux campagnes de l'an XIV ont empêché de le faire plus tôt. La Ville, c'est déjà une foule, deux mille cinq cents personnes, et la disposition des Grands appartements des Tuileries est telle que, pour réserver les salles nécessaires à l'Empereur et à sa suite et éviter des constructions provisoires qui eussent gâté les façades, il faut deux bals pour un, deux bals en tout semblables : l'un dans la Galerie de Diane où l'on accède par l'escalier du Pavillon de Flore, l'autre dans la Salle des Maréchaux, où l'on arrive par le grand vestibule. Les invités de la Galerie de Diane verront d'abord un quadrille exécuté par la princesse Caroline à la tête de trente-deux femmes et autant d'hommes, dont un quart officiers ; ils danseront ensuite des contredanses à volonté et ils souperont après dans les salles du Pavillon de Flore ; les invités de la Salle des Maréchaux verront un quadrille pareil dirigé par la princesse Louis et souperont dans la Salle du Conseil d'État : il leur faudra descendre un escalier, traverser le grand vestibule, monter un autre étage ; mais comment agir différemment, sous peine de livrer les Grands appartements qui, comme on sait, sont alors simples en profondeur. Il faut garder pour la Cour, pour le cortège de l'Empereur, les salons qui précèdent la Salle du Trône et cette salle même : c'est là que les invités de marque se réuniront pour attendre Leurs Majestés, lesquelles pourront ainsi, sans être pressées par la foule, honorer successivement les deux bals de leur présence. Quand elles seront parties pour Saint-Cloud, liberté d'aller d'un bal dans l'autre : « à onze heures et pas avant, les huissiers laisseront toutes les portes libres. »

Pour les deux bals, même tenue : les dames en fourreaux à queue en étoffes de Lyon, celles qui se proposeront de danser seules en robes courtes ; les hommes en habits habillés, ou brodés à Lyon, ou de drap et d'étoffes de printemps non brodées. Dans les deux bals, même composition d'orchestre ; c'est Julien, le mulâtre, le violoniste à la mode, qui en est chargé et il touche pour ses soins et peines 2,862 francs. Il ne joue que des contredanses, car on ne valse pas devant l'Empereur, mais il les joue en maître. Pour chaque française, il fait exécuter six ou huit motifs différents, en variant chaque fois la cadence ; il commence le motif *pianissimo* et continue *crescendo* avec une délicatesse extrême. A chaque fois, un de ses musiciens annonce la figure qu'on va danser. Dès longtemps, Julien est assuré de la protection de Joséphine qui ne veut point d'autre chef d'orchestre à ses petits bals, mais alors on le paye simplement quatre louis (96 francs) et, aux grands jours, dix (240 francs).

Même souper pour les deux bals et l'Empereur traite bien ses invités : on a prévu pour six cents francs de potages et il en est de quatre espèces ; il y a cent grosses pièces à un louis, savoir : seize jambons, seize daubes, seize pâtés, seize longes de veau, neuf biscuits de Savoie, autant de brioches, de babas et de gâteaux de Compiègne ; il y a soixante entrées à douze francs chacune, et ce sont, par douze plats, des chapons au riz, des fricassées de poulet à la gelée, des mayonnaises de poulet, des salmis de perdreaux chauds et froids et des salades de perdreaux ; il y a soixante plats de rôti à douze francs, et ce sont, quinze de chaque sorte, des poulardes, des dindonneaux, des poulets et des campines, qui sont de petites poulardes fines; il y a deux cents entremets à six francs, cent de patisserie variée, et, par vingt-cinq, blanc manger, gelée de citron, gelée d'orange et crèmes.

L'office fournira soixante-douze assiettes de bonbons à cinq francs, autant de compotes à quatre francs, cent assiettes de petits fours à quatre francs, cent d'oranges et cent de poires et de pommes à cinq francs. Il y aura trois mille glaces et pour mille francs d'orangeade, de limonade, d'orgeat et de punch. On compte qu'il se boira mille bouteilles de vin de Beaune à deux francs, cent bouteilles de Bordeaux, autant de Champagne et de vin de dessert et vingt bouteilles de rhum. La dépense du buffet va à 14,688 francs. A vrai dire, dans ce menu, l'on ne trouve rien de recherché, ni poissons, ni entremets chauds, ni ces extrêmes délicatesses qu'on entendait si bien à l'Élysée, au temps de Caroline Murat, mais autre chose est douze cents invités et trois mille : or, compris les gens de la Cour, l'on ne va guère à moins.

Les quadrilles sont des mieux réussis : dans celui que mène la princesse Caroline, danseurs et danseuses, vêtus à l'espagnole, forment des groupes distingués par la couleur des écharpes. Sur les robes blanches, la garniture de satin bleu se porte avec des saphirs et des turquoises, rouge avec des rubis, vert, avec des émeraudes, blanc, avec des diamants. Les hommes, en habit de velours blanc, que traverse l'écharpe assortie à la garniture de robe de leur danseuse, ont en tête une toque de velours ornée de plumes blanches. Au quadrille de la princesse Louis, ce sont des fleurs qui remplacent le satin et les pierres de couleur; toutes les femmes sont coiffées en épis de diamants. Chacun des costumes d'homme, confectionnés par le tailleur Sandoz, revient à 518 francs : gros prix pour les officiers de la Garde désignés de service : peu s'en faut, pourtant, par suite d'un malentendu, qu'on ne leur en retienne le prix sur leur solde : le mémoire qui leur en est présenté et qu'ils remettent à leur chef, Bessières, est renvoyé par Bessières au Grand maréchal, par le Grand maréchal au Grand chambellan, et n'est soldé que le 25 mai 1808, sur un ordre donné directement par l'Empereur.

Pour Leurs Majestés, toute la fête prend exactement soixante minutes. A neuf heures battant, tous les invités sont arrivés, sont ainsi partagés en trois groupes, Salle des maréchaux, Galerie de Diane, Salle du Trône et Grands appartements. L'Empereur, qui, de ses Appartements d'honneur, est venu, avec l'Impératrice, dans les Grands appartements, tient cercle quelques instants et voit les gens de la Cour. A neuf heures et demie, accompagné de l'Impératrice et suivi de tout ce qui s'est réuni pour lui faire cortège, il débouche, de la Salle du Trône et du Grand Cabinet, dans la Galerie de Diane; il en fait le tour, parlant à toutes les femmes, dit-on, et à la plupart des hommes; puis il s'assied sur le trône qui lui a été préparé, l'Impératrice près de lui, la Cour derrière, et la princesse Caroline danse son quadrille. Il repasse ensuite dans les Grands appartements qu'il traverse et, par la Salle des gardes, fait son entrée dans la Salle des maréchaux : il en fait le tour, s'assied, assiste au quadrille de la princesse Louis et, à dix heures et demie, il monte en voiture pour regagner Saint-Cloud.

Ce tour dans le bal, avant que les danses ne soient commencées, c'est le triomphe de Joséphine, à l'Hôtel de Ville, comme aux Tuileries. Sans même parler aux gens qu'elle connaît le mieux, elle sait à chacun adresser un sourire, un signe de tête, simplement un regard, qui conquiert le cœur ; à chaque femme, même inconnue, elle dit le bout de phrase complimenteur qui la touche davantage, qui tombe le plus juste sur sa vanité; elle jette en passant des mots que le ton fait valoir et dont se parent ensuite mari et femme. Douée pour reconnaître les visages féminins de cette prodigieuse mémoire que Napoléon applique à ses soldats, elle met juste le nom qu'il faut sur toute figure qui a une fois passé devant elle ; chaque question qu'elle pose prouve ainsi, non seulement une intention de politesse, mais une réminiscence véritable et prend une apparence d'intérêt qui flatte la vanité et émeut même la sensibilité. Elle sait le nombre d'enfants, leur nom et leur âge au besoin, les mariages, les deuils, les avancements ; elle s'en souvient à temps, au moment qu'il faut, et elle dit cela, non comme une leçon apprise, mais comme une expansion de cœur. Elle possède, au superlatif, cette qualité ou ce défaut des femmes bien élevées qui semblent, dans un salon, porter une affection véritable à ce qui, en réalité, les touche le moins et n'est pour elles qu'une formule de politesse. Mais cette politesse plaît; quoiqu'on en connaisse le vide — comme des acteurs se laissent prendre aux applaudissements qu'ils ont payés.

Elle excelle à ce glissement le long d'une haie de femmes, dans l'immense vide des parquets cirés. Aux révérences jolies et longues qui font, à son passage, comme un scintillement de diamants, un remous chatoyant de satins et de velours, elle répond d'un salut des yeux, du sourire, de la tête, du buste, selon les instants et les personnes, s'arrête un instant, reprend, s'arrête encore, sans embarras, sans fatigue, d'un air toujours intéressé et toujours attentif, sans jamais laisser voir cette lassitude profonde qui devrait lui venir de ses questions, de ses réponses, de tout ce néant indifférent et vulgaire — comme la vie.

Elle n'éprouve, à se mouvoir sur cet immense théâtre et sous ces milliers d'yeux, rien de cet embarras qui, chez Napoléon comme chez la plupart des souverains, se traduit en dandinements; elle n'a, pour parler, rien de cette timidité qui, chez lui, se tourne en brusquerie; la phrase qui vient à ses lèvres est aimable et relevée de la banalité par cette pointe de connaissance mondaine et de personnel souvenir, tandis que lui pose des questions à brûle pourpoint « Comment vous appelez-vous? Que fait votre mari? Combien d'enfants? » ne varie point ses thèmes, ne se rappelle point les visages, n'attend point les réponses, qu'il a parfois du sous-lieutenant dans les propos, parce qu'il croit ainsi être aimable et que son génie ne lui donne pas plus la mesure dans la plaisanterie qu'il ne le rend capable de comprendre ni de juger la plaisanterie même.

C'est pourquoi un bal, si court que soit le temps qu'il y passe, ne peut manquer de lui paraître une insupportable corvée : il en accepte encore le supplice à la Ville, aux très rares jours où il s'y rend — deux fois en cinq ans — parce qu'il croit faire ainsi la conquête de Paris, mais, dans son palais, il s'y soustrait entièrement. La fâcheuse distribution des Tuileries y est sans doute pour quelque chose, mais plus encore l'étiquette, chaque jour renforcée, qui lui fait trouver hors de sa dignité, hors des usages reçus par les rois ses prédécesseurs, de faire traverser ses appartements par des gens qui ne sont point présentés, de rompre pour eux les barrières du cérémonial, et, même lui parti, de tolérer que des bourgeoises passent dans la Salle du Trône.

Logiquement, il a raison : il ne saurait admettre deux disciplines. Dès qu'il a établi que certaines dignités, certaines fonctions, certains grades donnent seuls l'accès dans certaines salles, dès qu'il a formulé cela en privilège et en complément d'honneur, il ne peut, à certains jours, pour plaire aux gens de Paris, ouvrir toutes les portes, supprimer toutes les consignes et tolérer l'invasion de son palais par les marchands de la rue Saint-Denis. Dès qu'on invite la Ville, il faut tout prendre pêle-mêle et, ce qui y est le plus influent peut n'y point être le mieux élevé, le plus distingué de formes et le plus propre à parer un bal. Il a été choqué par des mots, des phrases, des attitudes; il ne consent qu'à grand'peine à ce bal de 1806; il se refusera à tout autre. Au reste, fit-il pas mieux? La bourgeoisie a de telles façons de marquer sa gratitude aux souverains qui, le plus souvent la firent danser, qu'il est préférable d'économiser les violons.

Donc, plus va Napoléon, plus il se tient uniquement dans la société qu'il voit et qu'il laisse voir à l'Impératrice, aux personnes *présentées* et la présentation est une cérémonie qui, chaque jour, prend une plus grande importance. Sans doute, ce n'est point ici comme dans l'ancienne Cour, il n'y peut être question de quartiers, mais on n'est que plus strict pour les grades : pour qu'une dame ait *le droit* d'être présentée il faut que son mari occupe une place dans le service d'honneur de Leurs Majestés, des princes et princesses, qu'il soit ambassadeur ou ministre dans les cours étrangères, général, colonel, président de Collège électoral ou de Collège d'arrondissement, membre de Collège électoral de département, préfet, maire d'une des trente-six Bonnes villes, président ou procureur impérial près les Cours d'appel et de justice criminelle ou président de Consistoire. Les autres Françaises peuvent le demander, mais si elles ne tiennent point à l'ancien régime et ne sont point ci-devant titrées, il est rare qu'on le leur accorde. Quant aux étrangères, ce sont leurs ambassadeurs ou ministres qui répondent d'elles et il s'introduit en usage que celles-là seules qui, dans leur pays, ont été présentées à leur souverain, le peuvent être à l'Impératrice.

Le Grand chambellan prend, sur les présentations demandées, les ordres de l'Empereur et adresse à la dame du Palais qu'il choisit et qui doit assister la nouvelle présentée, une lettre dont la formule est imprimée :

Le Grand Chambellan a l'honneur de prévenir Madame
que Madame
sera présentée à S. M. l'Empereur et Roi
Dimanche prochain après la
messe au Palais.
Le Grand Chambellan prie Madame
d'agréer ses respectueux hommages.

La dame, prévenue, fait ses visites à la Dame d'honneur ou à la dame du Palais, son introductrice, qui a soin de se renseigner des tenants et aboutissants de famille, afin de fournir, au besoin, quelques notes à l'Impératrice.

Au dimanche fixé, après la messe, la dame arrive seule, vêtue, selon l'étiquette, d'une robe de belle étoffe française, lamée, brodée, brochée d'or ou d'argent, sur laquelle est appliqué un bas de robe de velours à dentelle d'or ou d'argent, long de trois aunes. Sur la coiffure qu'on fait à son gré, il faut trois belles longues plumes blanches qui tombent sur le cou et les épaules ; les diamants sont à discrétion.

La dame attend dans le premier salon ; annoncée par un chambellan, elle traverse encore un long salon avant d'arriver à celui où se trouve Sa Majesté. L'Impératrice est debout devant la cheminée, elle est entourée d'un cercle de femmes debout. A la porte d'entrée, première révérence ; quelques pas, seconde révérence ; quelques pas encore, troisième révérence. L'Impératrice fait un léger salut de la tête, approche un peu, dit quelques mots, pose des questions, et, très doucement regagne sa place. Il faut alors se retirer, sans tourner le dos, et en faisant, aux mêmes endroits, les

L'IMPÉRATRICE EN COSTUME DE COUR

Dessin d'Isabey

[illegible]

mêmes révérences : à la première, on tremble ; à la deuxième, on brouille ses jambes dans l'immensité de la traîne, si l'on n'a point attrapé de Despréaux l'art suprême du coup de pied qui remet les étoffes en place ; et, très souvent à la troisième, l'on tomberait si le chambellan n'était preste à vous retenir. C'est pis encore peut-être pour les militaires que leur sabre embarrasse à l'égal d'une traîne et qui préféreraient se trouver sous le feu d'une batterie que dans le rayon de ces beaux yeux, car, si l'Impératrice trouve pour chacun des mots de bonté, les regards et les moqueries des dames du Palais, attentives à la chute, font contraste.

* * *

Être présenté habilite à être reçu à la Cour, mais ne donne nul droit à y venir ; c'est parmi les dames présentées que sont les invitées, mais pour chaque cercle, une liste spéciale est dressée et des billets imprimés sont adressés aux favorisées.

Des Cercles, il en est de deux sortes : ceux de moindre importance se tiennent chez l'Impératrice dans les appartements du rez-de-chaussée et l'étiquette y est moins sévère. Les invitations sont faites par la Dame d'honneur et ne vont pas à cent personnes, dont quarante à quarante-cinq de la Famille ou du service ordinaire et extraordinaire, et cinquante hommes et femmes présentés. Jamais qui que ce soit du corps diplomatique : c'est là une règle dont l'Empereur ne s'est jamais départi. L'assistance est donc presque toujours la même : dignitaires, grands officiers, gens de la Cour, hauts fonctionnaires et généraux. Rien du monde extérieur : nul homme ayant une valeur mondaine, intellectuelle, artistique ou sociale qui n'ait point la consécration d'un uniforme et d'un rang dans la hiérarchie. Ces jours-là, l'Impératrice s'installe à jouer avec quelque dignitaire, les femmes sont assises, les hommes debout. L'Empereur descend, parle aux femmes qu'il connaît toutes et, après un court interrogatoire, va causer avec quelques hommes à son goût — causer, non, poser des questions. — Parfois, après avoir ordonné le cercle, il ne vient pas ou il ne fait que passer dans les salons et remonte travailler.

L'année du Sacre, on danse quelquefois avec l'orchestre de Julien ; les invitations sont alors un peu plus étendues — guère. Il faut se souvenir que ces dignitaires, ces grands officiers de l'Empire, à de rares exceptions près sont très jeunes — de trente à quarante ans — et mariés à des femmes plus jeunes encore, dont les vieilles ont vingt-cinq ans.

Dans l'hiver de 1806, plus souvent on fait de la musique. C'est alors, régulièrement, le mercredi et le samedi. On commence à dix heures : presque pas d'instruments, juste ce qu'il faut pour accompagner le chant. Rigel, qui a été de l'Expédition d'Égypte, touche le clavecin ; Kreutzer, protégé par Bonaparte dès 1797, après l'avoir été par Marie-Antoinette, tient le violon et Dalvimare, ancien garde du corps du Roi, qui, dès avant la Révolution était, pour ses talents, reçu dans le beau monde et y avait connu les Beauharnais, pince de la harpe.

Pour les chanteurs, l'Empereur n'a pas encore recruté sa troupe : il n'a encore qu'une étoile, mais elle est de première grandeur et fait à ce point pâlir les autres artistes engagés ci-devant pour la *musique de la chambre* qu'on les a licenciés. On ne trouve plus, en 1806, ni Madame Strinasacchi, ni Nozari, ni Aliprandi, ni Martinelli, ni Crucciali : l'on a Crescentini et c'est assez. C'est à Vienne, où il l'a entendu, que Napoléon l'a fait engager par Rémusat aux appointements de trente mille francs par année, sans compter des gratifications de six à dix mille francs. Mais aussi, c'est le plus illustre soprano de toute l'Italie, le seul de tous les artistes de cette sorte « dont la voix, en se rapprochant d'une belle voix de femme, ait un timbre doux et agréable. »

Pour faire un programme de concert, même en petit comité, l'on est encore réduit, en 1806, aux musiciens de la Chapelle, lesquels à la vérité ne sont pas à dédaigner, car ce sont les premiers sujets de l'Académie impériale de musique, Lays, Roland, Nourrit, Charles, Albert Bonnet, et, en femmes, Madame Branchu. Martin, le baryton le plus en vogue à l'Opéra-Comique, partage avec Lays la place de premier chanteur et ce sont eux que Napoléon demande de préférence. Mais, lorsqu'un artiste en réputation passe à Paris, il faut qu'on l'entende d'abord aux Tuileries.

Ainsi fait-on pour la Catalani. Après qu'elle a chanté, l'Empereur s'approche :

« Où allez-vous, Madame, lui dit-il ?

— A Londres, Sire,

— Il faut rester à Paris. On vous paiera bien et vos talents seront mieux appréciés. Vous aurez cent mille francs par an et deux mois de congé, C'est entendu, Madame. »

La Catalani ne réplique point, mais quelques jours après, elle part à la muette pour Morlaix où elle s'embarque. Elle n'avait pourtant pas à se plaindre de l'Empereur. Pour deux auditions, 6,000 francs d'argent et une pension viagère de 1,200 francs ; la salle de l'Opéra à sa disposition pour deux concerts où il paye sa loge 3,600 francs et où, les places de balcon étant à 30 francs, et celles d'orchestre et d'amphithéâtre à 18, la recette est de 49,000 francs. En deux mois, la Catalani emporte de Paris 100,000 francs, mais elle eût voulu, de l'Empereur, au lieu d'argent, un bijou à chiffre dont elle eût pu se décorer et elle ne l'obtint point. Elle s'en consola en gagnant à Londres, dans la saison, 240,000 francs.

Encore en 1806, d'autres Italiens, oiseaux de passage, paraissent dans les petits concerts. C'est, en hommes, Tarulli et Barilli ; en femmes, Mesdames Canavassi, Barilli et Ferlendis, mais, si bien qu'on les paye, ce n'est rien près de la Catalani ; 2,400 francs à la Canavassi, 2,200 à la Barilli, 1,400 à la Ferlendis, et pour les petites, comme une demoiselle Salucci, on descend à un cachet de cent francs.

A Vienne, l'Empereur a conquis Crescentini. De Pologne après Iéna, il ramène un premier ténor, Brizzi, un compositeur, Paër, et une prima donna : Madame Paër. Paër était à ce moment maître de chapelle du roi de Saxe ; sa femme, Françoise Riccardi, était première cantatrice et Brizzi premier ténor. Napoléon les a entendus dans l'*Achille* de Paër et il a pris, du talent de tous trois, une idée si avantageuse qu'il a ordonné au Grand chambellan de les engager à tout prix. Paër, nommé compositeur de la Chambre, aura *à vie* 28,000 francs de traitement annuel, 12,000 francs de gratification assurée par contrat, voiture et appartement ; à chaque œuvre nouvelle qu'il donnera aux Tuileries, il recevra une boîte avec chiffre en diamants contenant quelque

10,000 francs de billets. Certaines années, ses gratifications supplémentaires ont monté à 50,000 francs.

Madame Paër a 30,000 francs par an et Brizzi 28,000.

En 1807 enfin, la *Musique de la Chambre* est définitivement constituée par l'engagement, aux appointements annuels de 36,000 francs, de Joséphine Grassini, la cantatrice que Napoléon a entendue à Milan en 1797, qu'il y a revue en 1800, qu'il a alors attirée à Paris, mais qu'il n'a pu y retenir. La Grassini reçoit, en dehors de son traitement, des gratifications allant certaines années à 22,000 francs : elle a un congé de quatre mois et, chaque hiver, la salle de l'Opéra pour un concert ou une représentation à son bénéfice.

Avec de tels éléments, l'on peut bien affirmer que les concerts donnés par l'Impératrice, de 1807 à 1809, ont dépassé comme attrait artistique tout ce que, en n'importe quelle cour, on a pu imaginer jusque-là. Jamais souverain n'a dépensé autant d'argent que Napoléon pour sa musique particulière; jamais conquérant n'a, pour son plaisir intime, groupé de tels chanteurs et il a fallu en effet, à l'impresario qu'il était, quelques voyages et certaines batailles pour mettre sa troupe au point. D'ailleurs, il n'est point exigeant : le concert ne dure jamais plus d'une heure et il est presque uniquement vocal.

Aussitôt après le concert, on soupe dans la grande salle à manger du rez-de-chaussée : les tables sont dressées selon le nombre des dames invitées; à la table de l'Impératrice, fauteuil pour elle, fauteuil pour l'Empereur qui ne s'y assied jamais, chaises pour les dames désignées. L'Impératrice est servie par deux pages; les dames par les maîtres d'hôtel et par les valets de chambre d'appartement. L'Empereur, s'il se trouve là, va de l'une à l'autre et dit à beaucoup des mots piquants, pour paraître à l'aise. Les hommes restent debout, comme toujours, et un buffet est dressé pour eux. Après souper, l'on rentre dans les salons; l'Impératrice passe encore quelque temps à causer et ne se retire que vers une heure du matin.

Aux Cercles dans les Grands appartements, l'étiquette est toute entière développée et parfois même, ne la trouvant pas assez sévère, Napoléon relève et prévient les omissions par un ordre spécial. Les Grands cercles sont assez

MADAME GRASSINI, PREMIÈRE CANTATRICE DE LA CHAMBRE
DE S. M. L'EMPEREUR ET ROI
Tableau de Madame Vigée-Lebrun
(Musée de Rouen.)

fréquents : dans l'hiver de 1806, chaque lundi; plus tard un peu moins souvent, mais le cérémonial reste le même.

Un chambellan est chargé du service des invitations; il tient à jour une liste de toutes les personnes qui peuvent être admises aux fêtes de la Cour, c'est-à-dire des personnes *présentées*. Cette liste, contrôlée et approuvée par l'Empereur lui-même, est partagée de façon que tous ceux qui y sont inscrits soient invités successivement. Il n'y a d'invitées pour toute la saison, à tous les cercles, que les princesses, les dames de l'Impératrice et des princesses et certaines femmes de grands officiers de la Couronne. Toutes les autres reçoivent un billet pour un jour marqué. Si l'Empereur prend son costume — s'entend le petit costume du Sacre — les invitations en font mention; les hommes arrivent alors dans le grand costume de leur charge et les femmes en grand habit avec traîne. A défaut, les hommes sont souvent, dès 1806, en habit à la française, de soie ou de velours, de couleurs claires, de broderies vives, avec au côté l'épée de cour; mais quel que soit leur costume, ils portent sur l'habit la décoration du grade qu'ils occupent dans la Légion — et cette décoration doit être du modèle règlementaire, la croix ne peut être plus petite qu'à l'ordonnance et le ruban ne peut être passé seul à la boutonnière.

Les femmes, si elles n'ont pas le bas de robe qui n'est requis qu'aux grands jours, ont au moins la chérusque. Selon l'étiquette, leur robe ne doit avoir ni broderie ni frange ou n'en avoir qu'au bas seulement, et la broderie, dont d'ailleurs, le dessin est libre, ne peut excéder un décimètre de hauteur; mais, en réalité, pourvu que l'on suive la forme adoptée, toutes les broderies sont permises et toutes les couleurs — sauf le noir. L'on ne paraît en deuil devant Leurs Majestés qu'avec une autorisation expresse. Par contre, s'il y a deuil de cour, chacun est tenu d'obéir aux instructions du Grand maître : pour une reine, même douairière, c'est quinze jours de soie noire, et huit jours de petit deuil ou de blanc; point de pierres de couleur alors, mais les diamants.

Le chambellan, après avoir pris les ordres de l'Empereur sur le nombre des personnes qui doivent être averties — *invitées* est proscrit du Cérémonial

— fait imprimer des lettres selon une formule arrêtée et où ne varient que l'objet et le lieu de la réunion :

M.

Le Grand-Chambellan, d'après les ordres de S. M. l'Empereur, a l'honneur de vous prévenir qu'il y aura cercle à la Cour, au palais de

le à

Papier et impression vulgaires, rien d'élégant là, ni d'agréable. Aux princes et princesses, on n'envoie point de billet imprimé, mais une lettre écrite à la main et qui est portée par un valet de chambre de l'Empereur. Les autres billets sont jetés à la poste.

Le soir de la fête, à sept heures et demie précises, les chambellans de service et deux dames du Palais sont rendus dans le Grand appartement pour vérifier si tout est dans l'ordre, recevoir les arrivants et leur faire les honneurs. A huit heures battant, voici les princes et les princesses, les grands officiers et les officiers et dames des Maisons de Leurs Majestés. Les princes, les princesses avec leur dame d'honneur et leur dame de service, pénètrent, ainsi que les grands officiers et leurs femmes, dans la Salle du trône. Le reste se réunit dans les salons.

A huit heures et demie, ce sont les ministres, qui, avec leurs femmes, ont droit à la Salle du trône, et les personnes des maisons des princes et princesses et « autres composant la Cour » qui n'ont droit qu'aux salons.

A neuf heures — ces heures sont d'obligation et sont marquées sur les billets — les *avertis* arrivent. Il y a six à sept cents personnes réunies dans la première et la seconde antichambre des Grands appartements. Les femmes ont le droit de s'asseoir, elles ont même celui de causer entre elles. Les tables de jeu sont dressées, portant les sixains de cartes et les jetons d'argent à l'effigie de l'Empereur — ce ne sera qu'en 1812 que Denon fera frapper, à l'usage exclusif des résidences, les jetons spéciaux à l'exergue *Heur et Malheur* — mais on ne joue point.

Vers neuf heures, l'Impératrice accompagnée de sa dame d'honneur et de ses dames de service, entre dans la Salle du Trône, où, par respect, il n'y a point de tables de jeu. Elle fait le tour du cercle, reçoit les hommages, distribue des mots aimables; puis, les chambellans viennent prendre ses ordres et introduisent, pour la saluer, les personnes qui se trouvent dans les premiers salons.

Au bout d'un temps assez court, l'Impératrice passe avec les princesses dans le salon de l'Empereur, qui fait suite à la Salle du Trône et précède la Galerie de Diane. Des tables de jeu y sont dressées pour elle, pour les princesses, pour la Dame d'honneur. Le chambellan de jour a prévenu les personnes « auxquelles l'Impératrice fait l'honneur de jouer avec elles; » il a de même averti celles qui doivent s'asseoir aux autres tables. Tous les *avertis* peuvent circuler librement, même dans ce salon, mais on ne présente plus.

Dans la première et la seconde antichambre, les chambellans et les dames du Palais forment des parties : on tient les cartes par contenance et sans porter au jeu nul intérêt; on ne joue point d'argent. Le jeu dure une demi-heure à peine.

Un peu avant dix heures, l'Empereur sort de ses appartements et parcourt les salons. Les joueurs ne se lèvent pas et n'interrompent point leur partie, à moins que l'Empereur ne s'approche : en ce cas, on pose les cartes et l'on reste debout tant que l'Empereur vous parle. Les hommes qui ne jouent pas, étant debout toute la soirée, n'ont pas cet embarras.

A dix heures, les chambellans commencent à faire passer en ordre les *avertis* dans la salle de concert qui est la Salle des maréchaux. Il vident successivement les salons, la première, la seconde antichambre, la Salle du Trône, le Salon de l'Empereur. Ils placent les femmes sur les deux côtés d'un quadrilatère oblong dont le troisième sera occupé par l'Empereur et sa cour et le quatrième par l'orchestre. Les femmes sont assises sur deux rangs de tabourets, les premiers du premier rang réservés aux dames de l'Impératrice et des princesses qui ont le pas sur toutes les autres dames; puis, les places selon le rang des maris. Derrière les tabourets, les hommes sont debout.

Entre dix heures et quart et dix heures et demie, lorsque tout le monde est passé et casé, l'Empereur entre, suivi de l'Impératrice, des princes et princesses, des princes étrangers et des grands dignitaires. Il s'assied sur son fauteuil disposé, au fond de la salle, sur une estrade richement décorée. Le fauteuil de l'Impératrice est à gauche, et ensuite des chaises pour les princesses selon leur rang de famille; le fauteuil de Madame mère (si elle est présente) est à droite avec les chaises des princes. Les beaux-frères de l'Empereur ont le pas sur les grands dignitaires, mais pour éviter les contestations de rang que pourraient élever les princes étrangers, ceux-ci sont assis à la gauche, après les princesses sœurs de Sa Majesté, lesquelles ne viennent qu'après les belles-sœurs.

Derrière l'Empereur, les grands officiers et les officiers de service debout.

L'orchestre prélude. Voici, au hasard, le programme d'un des concerts de 1806 :

Ouverture des *Deux Jumeaux*, de Guillelmi.
Air de *Roméo et Juliette*, de Zingarelli,
par Madame Duret.
Air des *Horaces* de Cimarosa,
par M. Crescentini.
Air détaché de Crescentini,
par Madame Barilli.
Duo de *Cléopâtre* de Nasolini,
par Madame Barilli et M. Crescentini.
Air détaché avec chœurs de Jadin,
par M. Lays.
Duo *delle Cantatrice villane*, de Fioravanti,
par Madame et M. Barilli.
Grand final du *Roi Théodore à Venise*, de Paisiello.

Le concert fini, dans le grand carré resté vide, s'avancent les danseurs et les danseuses les plus réputés de l'Opéra. L'Empereur a son corps de ballet qu'il paye à l'année; Gardel en est le maître à 6,000 francs; Despréaux, comme maître à danser et compositeur des divertissement, reçoit 3,000 francs; puis viennent, comme danseurs, Vestris, Duport et Saint-Amand, comme danseuses, madame Gardel, Bigottini et Louise Courtois. Cela n'empêche point qu'on requière au besoin d'autres sujets, mais ceux-là sont à appointements fixes.

La première fois qu'on a fait appel à leurs talents, ç'a été le 14 frimaire an XIII, le soir de la Distribution des aigles, où, après le concert, le Pape reconduit par l'Empereur jusqu'à la Galerie de Diane, il y a eu, en présence des cardinaux fort amusés, un divertissement où madame Gardel, Vestris et Duport se sont distingués de telle sorte que l'Empereur a envoyé à chacun une gratification de 3,000 francs. La chose ayant plu, il fut donné, dans l'hiver et le printemps de 1806, cinq ballets dont les frais montèrent à 15,234 francs — sans parler des petits divertissements à l'occasion.

Malgré que l'on ait dit « que cette partie des fêtes amusait tout le monde et même l'Empereur, » les délicats trouvaient « que ces ballets vus de si près, faisaient perdre l'illusion que l'on éprouve en les voyant sur le théâtre » avec le prestige de l'éloignement et de l'éclairage. Il y avait désillusion en bien des cas, et, de plus, le terrain mal préparé se prêtait moins aux danses qu'aux chutes, interdisait les effets de force qu'affectionnaient Gardel et Vestris et ne permettait guère que les attitudes et les ensemble. Néanmoins, cela était neuf et cela plut assez lorsque les divertissements eurent été expressément réglés pour ce théâtre.

Durant le concert, l'Impératrice a composé sa table de souper et elle a envoyé son chambellan prévenir les personnes qu'elle a désignées. Les princesses ont fait de même.

Après le ballet qui ne dure pas plus d'une demi-heure, l'Empereur et l'Impératrice, suivis des princes et princesses, des dames du Palais, puis de toutes les autres personnes, repassent par la longue enfilade des salons jusqu'à la Galerie de Diane. Là, des tables rondes sont dressées, étincelantes d'argenterie et de cristaux : une, celle de l'Impératrice, un peu plus grande, de dix ou douze couverts; puis, de huit à dix couverts, table de chacune des princesses, table de la Dame d'honneur, de la Dame d'atours, douze à quinze autres tables présidées par autant de dames du Palais. Les femmes seules s'asseyent; les hommes vont à un buffet dressé à l'extrémité de la galerie et font le cercle autour de l'Empereur qui se promène en disant un mot aux uns et aux autres. Parfois il va parler à quelque dame, mais cela est rare et l'on en jase.

Le souper est servi en ambigu : deux pages se tiennent derrière le fauteuil de l'Impératrice; deux derrière le fauteuil vide de l'Empereur. Le maître d'hôtel de l'Impératrice découpe à sa table et fait offrir par les pages; aux autres tables, le service est fait par les maîtres d'hôtel, les valets de chambre d'appartement, les coureurs et, s'il y a trop de monde, par la livrée. Au bout d'un quart d'heure, l'Impératrice se lève, repasse avec l'Empereur dans la Salle du Trône; les *avertis* suivent, nul ne peut se retirer que l'Empereur n'ait congédié le cercle : il est alors minuit et demi ou une heure du matin.

Tel est l'aspect des grandes fêtes, des fêtes complètes, celles où il y a à la fois jeu, concert, ballet et souper, mais, le plus souvent, on n'a point tous ces plaisirs ensemble et le jeu avec cercle est ce qu'on voit le plus ordinairement.

* * *

Ce ne fut qu'en 1808 qu'il y eut aux Tuileries une salle de spectacle où l'on put, selon les temps, donner l'opéra italien, buffa et seria, l'opéra-comique, la tragédie et la comédie. Joséphine en jouit donc à peine durant deux hivers et combien écourtés! Néanmoins, le théâtre des Tuileries, à partir de cette date, devient le principal des plaisirs qu'on y trouve, la base même des réjouissances qu'on y donne et c'est Joséphine qui a présidé à son inauguration et à ses premières gloires.

Dès le début de 1806, l'Empereur, revenant de sa campagne d'Allemagne et ne voulant point rester au-dessous de ces petits princes qui chacun lui ont donné l'opéra dans le théâtre de leur palais — à Carlsruhe, comme à Stuttgard et à Munich — a décidé de faire construire un théâtre aux Tuileries. Cela est sans doute le motif principal; il en est d'autres : d'abord il trouve quelque peu indigne de sa gloire les divertissements qu'il offre à sa cour; le spectacle lui semble d'étiquette et s'il peut, à Malmaison et à Saint-Cloud, le joindre au cercle, il ne le peut faire à Paris. Pour lui-même,

ESCALIER DU CONSEIL D'ÉTAT

Esquisse pour le *Journal des Monuments de Paris,* adressé à l'Empereur Alexandre Ier
par Percier et Fontaine

(Appartenant à Madame Meunier)

il aime le théâtre, surtout lyrique, mais il aime aussi le tragique. Or, pour en avoir l'agrément, il faut qu'il affronte chaque fois le public payant, l'usage étant établi que, à l'entrée du souverain dans sa loge, on applaudisse et qu'il salue. Napoléon n'aime point se mettre en cette représentation, jauger sa popularité à la fréquence des battements de main : il trouve cette farce, surtout répétée diverses fois la semaine, indigne de son rang, dangereuse pour son prestige, susceptible de graves inconvénients au dedans et au dehors : cela doit être réservé pour de grandes occasions, faire un événement dans la vie de Paris. Puisqu'il aime la tragédie et qu'il ne peut l'avoir où on la donne, il la prendra chez lui. Pour toutes ces raisons et d'autres, il décide qu'une salle de spectacle remplacera dans l'aile droite du palais des Tuileries, l'ancienne salle de la Convention, établie elle-même sur l'emplacement de cette Salle des machines où Louis XIV a dansé ses ballets. Il ouvre à cet effet un premier crédit de 250,000 francs; mais les travaux sont plus importants et plus longs qu'on ne pense. Fontaine rêve de disposer le mécanisme de façon à pouvoir monter sur la scène, comme au Grand opéra de Versailles, une décoration répétant celle de la salle, afin de permettre ainsi, dans toute l'étendue, des bals et des fêtes que la mauvaise disposition des lieux a empêché jusqu'ici de combiner dans le palais. Cela allonge encore le labeur : il faut, en 1807, un nouveau crédit de 150,000 francs : en juillet de cette année, pour le retour de Tilsitt, rien n'est encore achevé et ce n'est qu'en novembre qu'on est prêt.

Joséphine a vu ces retards sans grande peine; peut-être les eût-elle suggérés, car le spectacle au dehors était une de ses seules distractions et son véritable amusement. Sous le Consulat, avant le traité de Lunéville, elle y allait presque tous les soirs; au début de l'Empire, très fréquemment encore. Il est vrai que ce n'était qu'une grande loge, avec cortège et piquet autour de sa voiture, uniquement dans les théâtres impériaux; que, si l'Empereur l'accompagnait, comme il voulait être rentré à dix heures, elle n'entendait jamais la fin des pièces, mais elle n'en prenait pas moins un peu d'air du dehors, apercevait d'autres gens que les personnes présentées, recevait la distraction des toilettes, des visages nouveaux, se mêlait, de si haut que ce fût, à la foule. Sans doute, elle eût préféré des spectacles plus gais et moins pompeux que ceux qu'elle était condamnée à voir. Si elle se plaisait à *son* théâtre, « le Théâtre de l'Impératrice », où Picard la faisait rire, elle se fût amusée encore davantage au Vaudeville et au théâtre Montansier; elle eût volontiers fréquenté à la Porte-Saint-Martin, à l'Ambigu, à la Gaîté, aux Jeunes Artistes, aux Jeunes Élèves, à la Cité et n'eût point même méprisé le Théâtre sans prétention et les Jeunes Comédiens. Cela l'eût sortie des pompes un peu lourdes sous lesquelles, à des jours, elle succombait. A défaut de telles fêtes, de telles escapades, dont on ne trouverait peut-être qu'un ou deux exemples, n'ayant point le spectacle, elle se contentait du théâtre. Par un goût qu'ont bien des grandes dames, qui n'est guère explicable chez elles et qui l'est mieux chez Joséphine par la vie qu'elle mène, elle était fort au courant du tripot dramatique et se mêlait même, de plus près qu'il n'eût convenu, aux rivalités des princesses de la Comédie-française. Mademoiselle Raucourt était, durant le Consulat, sur le pied de lui écrire, et comme elle était fort connaisseuse en fleurs rares, cela fit un nouveau lien qu'elle forma avec l'Impératrice qui, en 1809, lui offrit les ouvrages de Redouté, qui, plus tard, la reçut à Navarre, lui fit les honneurs de ses serres, et la retint à déjeuner. A Mademoiselle Georges, elle donne ses premiers costumes de tragédie; elle a assez de goût pour Mademoiselle Contat pour l'inviter à Malmaison, et c'est le tact de l'actrice qui sauve seul l'Impératrice de la position embarrassante où elle s'est placée. Elle accorde des audiences à Mademoiselle Duchesnois, à Mademoiselle Volnais, à Mademoiselle Bourgoin, promet à l'une un congé, à l'autre une part entière, se défend mal contre des familiarités qu'on exagère, se rend la fable de la Comédie, l'espoir des factieuses, la terreur de l'administration et se fait rappeler à l'ordre par M. de Rémusat.

Cela la distrait au moins et l'amuse. C'est le seul moyen qui lui reste de s'encanailler et de voir des irrégulières dont elle compte que le jargon l'amusera, car on est toujours disposé à attendre des actrices tout l'esprit que leur prêtent les auteurs.

Fini ou presque, ce dernier divertissement, finie bien plus, la joie de sortir et de se montrer dans les théâtres, à partir du moment où la salle des Tuileries sera achevée. L'on va retomber de plus en plus dans l'officiel, dans l'étiquette, dans les cortèges, et plus même une petite porte par où s'en évader à des soirs !

Certes, elle est belle cette salle qui va être achevée à la fin de novembre 1807. Très longue par rapport à sa largeur, elle est, dans tout son pourtour, garnie de colonnes ioniques en brèche violette, dont les fûts et les chapiteaux sont rehaussés d'or. Au fond, elle se termine par une partie circulaire où se trouve la loge diplomatique, flanquée des loges des princes et des princesses et reliée à l'amphithéâtre où prendront place les plus qualifiés de la Cour. Sur l'avant-scène, dans deux avant-corps formés par quatre colonnes dont l'entablement supporte la retombée du cintre du proscénium, sont, en face l'une de l'autre, la loge de l'Empereur et la loge de l'Impératrice : sur le devant, grand fauteuil doré, galonné à la Bourgogne, au mur, une grande glace drapée de soie cramoisie où la salle se reflète à volonté. C'est pour les jours ordinaires ; en grand gala, l'Empereur occupe la loge diplomatique. Des deux côtés longs du parallélogramme, règne une sorte de balcon où les spectateurs se détachent sur une très haute tenture vert d'eau semée d'abeilles d'or ; au-dessus de cette tenture, presque à la hauteur de la colonnade, s'ouvre un rang de loges, presque inaperçues ; d'autres, grillées, sont ménagées au rez-de-chaussée, des deux côtés du parterre ; d'autres, au-dessus de la loge diplomatique, tout en haut, dans l'arc doubleau supportant la coupole ; mais rien de cela n'est visible : l'œil n'est frappé que par le parterre, l'amphithéâtre, les deux balcons, les avant-scènes : c'est là uniquement que se tiendront les gens de la Cour.

Point trop d'or, point d'écrasantes sculptures ; partout un ton de brèche violette avec quelques rehauts d'or, et des accotoirs de soie cramoisie. La coupole, en forme de calotte sphérique régulière, décorée, sur un fond vert d'eau, d'aigles, de figures et d'arabesques dorés en relief, repose sur quatre arcs doubleaux, très épais, d'une ornementation semblable, et, aux angles, sont placés les bustes de Corneille, de Racine, de Molière et de Voltaire. Du centre de la coupole, pend un lustre de cinquante lumières, bronze doré et cristaux taillés. Veut-on transformer la salle de théâtre en salle de bal? On monte sur la scène un décor répétant exactement les dispositions de l'amphithéâtre: un escalier fait communiquer l'amphithéâtre et le parterre; un autre le parterre et la scène: l'on a ainsi une salle de trente-cinq mètres de long sur quinze mètres de large, qui, par les différences de niveau, se prête singulièrement aux pompes des cortèges, des banquets et des bals impériaux.

Précédant la salle, à la hauteur des loges princières, s'étend dans toute la profondeur du palais, un foyer de forme oblongue, enrichi de portiques, éclairé par trois lustres et décoré de grandes glaces; les tentures y sont bleues, à galons et franges d'or, le plafond bleu lapis avec figures dorées en relief; une sorte de portique, aux colonnes de stuc blanc veiné, fait l'ouverture sur la salle.

Pour arriver à ce foyer, en venant des Grands appartements ou simplement de la Salle des maréchaux, il faut descendre le Grand escalier, traverser la Salle des gardes, remonter l'escalier du Conseil d'État, passer la première antichambre, la salle même du Conseil, qui est encore séparée du foyer par la seconde antichambre servant de salle de commissions: c'est un long trajet dans des pièces peu chauffées, avec des changements de température qui ont leurs dangers, mais on n'a point l'air de s'en occuper.

De fait, Fontaine a montré une ingéniosité singulière, car, dans cette aile du Palais, se trouve déjà la Chapelle qu'il a construite en 1804 et qui occupe, au rez-de-chaussée et au premier étage, toute la longueur de la Salle du Conseil d'État et de ses annexes : il s'est agi de ne point mêler le profane au sacré; il a fallu, au rez-de-chaussée, ménager des accès et des vestibules pour les gens de la Ville, procurer des dégagements qui empêchent la fusion ou même le contact des deux mondes différents : le monde officiel qui viendra par le foyer, et le monde non présenté qui, du Carrousel, gagnera ses loges par d'autres couloirs, par d'autres escaliers et sans entrer en contact avec la Cour.

A son retour d'Italie, le 1er janvier 1808, l'Empereur s'empresse de visiter la nouvelle salle; il la trouve trop grande, craint que les spectateurs

LE THÉATRE DE LA COUR

Aquarelle de Percier et Fontaine

(Appartenant à S. M. l'Empereur de Russie)

LE THÉÂTRE DE LA COUR

Aquarelle de Percier et Fontaine

(Appartenant à S. M. l'Empereur de Russie)

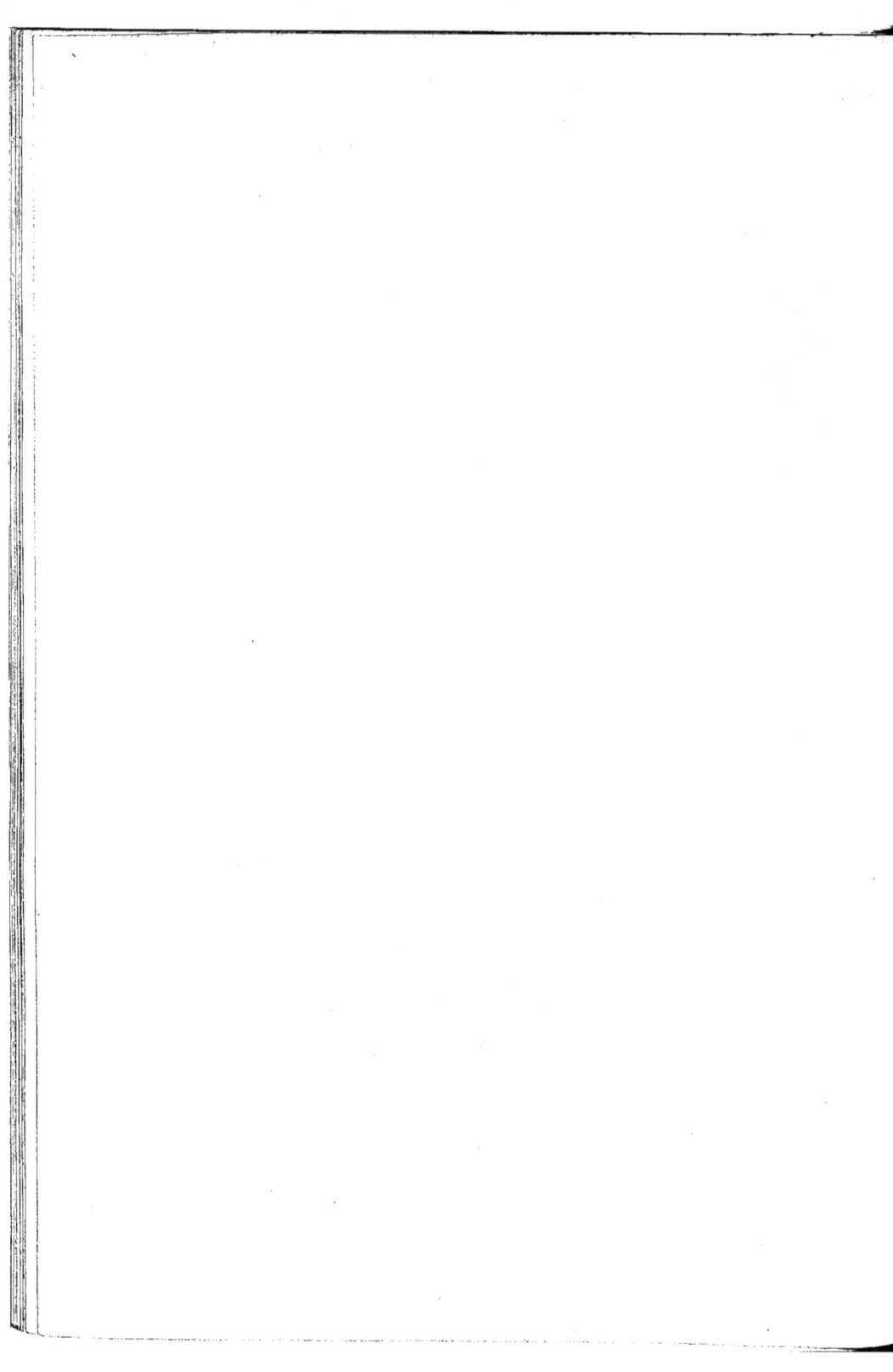

ne voient mal et n'entendent pas ; toutefois, c'est un triomphe à la première représentation, le samedi 9 janvier. On joue la *Griselda* de Paër et tout paraît à souhait, chanteurs, costumes, décors, le livret spécialement imprimé chez Fain, « imprimeur des théâtres de la Cour » avec le texte français en regard de l'italien, surtout la salle. On ne revient pas de l'effet que produisent dans ce cadre les toilettes et les diamants ; on trouve un agrément particulier à la majesté des dispositions, à leur ampleur, à leur étendue, surtout à la sobriété des décorations qui n'écrasent point les ajustements des femmes. Habitué qu'on est, dans les salles de spectacle, à ces loges superposées, pressées les unes contre les autres, pour ménager au public payant un plus grand nombre de places, on se plaît à ce plan neuf et ingénieux, vraiment approprié à un théâtre de Cour, cette salle aux grands espaces vides, aux hardies colonnades, où l'on ne présente le spectacle qu'à quelques privilégiés, où l'on méprise le public, où, par l'architecture, est annoncée la rareté du plaisir qu'on va prendre.

L'Empereur est si satisfait qu'il charge le Grand maréchal de complimenter l'architecte ; mais, huit jours après, il faut déchanter. Soit que les mesures aient été mal prises, soit que, au dehors, le froid soit devenu très vif, il fait dans la salle une température cruelle. On joue *Cinna*, ce qui ne réchauffe point l'atmosphère. Les dames se plaignent si haut et les toux deviennent si alarmantes que l'Empereur quitte la salle sans attendre la petite pièce : une comédie d'Etienne : *Brueys et Palaprat*. Grands reproches. Fontaine s'ingénie, place sept poêles nouveaux sous le théâtre au risque du feu, lambrisse la toiture, calfate les ouvertures, rehausse dans les loges le gradin pour les sièges du second rang et, le 23, on joue *Brutus* et la pièce d'Etienne dans une salle où il fait trop chaud, mais où, par souvenir de l'autre aventure, toutes les dames sont couvertes de fourrures.

Désormais, durant les séjours de l'Empereur à Paris, les spectacles prennent un cours habituel ; le samedi en 1808, le mardi en 1809, régulièrement, l'on donne soit tragédie et petite comédie, soit un acte d'opéra seria ou buffa, suivi d'airs italiens et parfois d'une entrée de ballet.

Quoique théâtres impériaux, l'Opéra-Comique et le théâtre de l'Impératrice, ne sont jamais pour ainsi dire, admis alors à paraître aux Tuileries. Aussi, malgré la beauté de la salle et la perfection du jeu des acteurs, on s'amuse peu et tout est froid : on n'applaudit point en présence de Sa Majesté.

Comme on se rend directement à la salle de théâtre, le cérémonial se trouve allégé ; il n'est plus question des entrées dans la Salle du Trône. Au retour, l'Empereur et l'Impératrice tiennent cercle quelques instants, puis saluent et se retirent. Il devient singulièrement rare que l'on soupe après le spectacle. Durant les entractes, les valets de pied passent des rafraîchissements et l'on compte qu'il y en a plus qu'il ne faut avec deux cent cinquante glaces moulées, un bol de punch et vingt carafes de sirops variés.

* * *

Ce sont là les plaisirs : l'on peut croire que Joséphine en eût préféré de plus gais, de plus conformes à son genre d'esprit et à l'éducation qu'elle avait prise au temps du Directoire, mais, quoiqu'elle en dit, elle se prêtait assez volontiers à cet ennui que lui imposait son métier d'Impératrice et s'y plaisait même. Elle se plaignait de l'étiquette et l'aimait, elle y trouvait comme l'affirmation de sa fortune, la preuve matérielle de son élévation. A l'occasion, elle y eût ajouté des détails, quitte, en des circonstances, à en supprimer le principal. Comme à beaucoup de choses, elle n'y portait pas de suite, et il en résultait des inconvénients, mais, sur le moment, tout était sauvé par le spectacle qu'elle donnait.

Elle portait dans les cérémonies un air qu'on a d'autant mieux remarqué et d'autant plus loué, qu'elle ne l'avait point reçu d'éducation, et qu'on ne pouvait penser qu'elle l'eût de naissance. Jamais pourtant souveraine ne fit mieux en France que cette petite créole ; jamais aucune ne montra tant de dignité, d'à-propos et d'aisance. Jamais, comme elle, aucune ne sut marcher, tenir sa place dans les cortèges, avancer sous les regards, de façon à déployer ses toilettes et ses costumes sans que rien en dérangeât l'harmonie. Elle avait, de naissance, cette grâce qui ne s'acquiert point, mais, amoureuse de son corps, elle en avait perfectionné les attitudes et les

JOSÉPHINE ET NAPOLÉON
Dessin par Percier et Fontaine

avait mises au point par cette constante étude que les femmes vraiment femmes consacrent à la joliesse de leurs mouvements. Elle n'y avait point accentué le laisser-aller et la nonchalance qu'on attend des femmes de son pays ; loin de là — elle y avait introduit, par l'attention et l'observation, une dignité des gestes et de l'allure qui n'avait rien de roide et d'empesé et qui était si bien apprise qu'elle en était devenue naturelle, une façon d'être qui était si bien celle que devait prendre la souveraine et qui en même temps lui était à ce point personnelle, que c'était tout le Régime nouveau qu'elle incarnait : tant il importe à une femme d'être agréable à voir et plaisante à regarder, de savoir s'habiller, marcher et sourire, de parer son visage et son corps, de promener sur les êtres qui l'avoisinent la banalité de sa grâce, d'avoir de la mémoire, de l'à-propos et du tact. N'est-ce pas en effet tout ce qu'on lui demande et tout ce qu'on peut au mieux espérer d'elle ?

VISITE AU HARAS

Dessin de Carle Vernet, gravé par Duplessis-Bertaux et P. Choffard

(En-Tête pour les Lettres du Service du Grand Écuyer)

IV

LES PETITS ET LES GRANDS VOYAGES

Dans la vie nomade que mène l'Empereur, peut être à l'imitation des rois ses prédécesseurs, et que Joséphine est entraînée à suivre, l'on ne saurait compter pour voyages les séjours à Saint-Cloud. C'est deux lieues pourtant et, quoique presque en ligne droite des Tuileries, la route est peu agréable, singulièrement déserte à partir du Point-du-Jour et même médiocrement sûre; mais deux lieues ne comptent point ; on les avale grand train et, pour qui allait à Versailles dix ans auparavant, c'est moins que moitié route. Saint-Cloud en est regardé comme résidence parisienne au même titre que les Tuileries. Que l'Empereur ou l'Impératrice reviennent à Saint-Cloud après un voyage, l'on tire le canon à Paris comme s'ils rentraient dans leur Bonne ville. A Saint-Cloud, l'on observe la même étiquette, l'on tient les mêmes cercles, l'on donne les mêmes spectacles qu'aux Tuileries, les appartements sont distribués de façon analogue et la vie s'écoule toute pareille, avec en plus la facilité des promenades et l'agrément des jardins.

C'est là l'avantage essentiel de Saint-Cloud. Ces jardins remis en état en l'an XI, moyennant une dépense de 388,401 francs 97 centimes et qui, année moyenne, coûtent aux environs de 37,000 francs, ont une étendue de six cents hectares pour le grand et le petit parc. Peu à peu, l'Empereur a racheté les maisons dont le terrain avait été concédé jadis à des courtisans ou qui avaient été vendues à la Révolution comme biens nationaux, l'ancien pavillon de Breteuil appelé maintenant pavillon d'Italie, vers la porte Montretout, l'ancienne laiterie de la Reine, puis des petites maisons de 1,200 à 28,000 francs. A présent, les eaux jouent dans les cascades et les parterres, le grand jet s'élève de nouveau à quatre-vingts pieds, les Goulottes ont retrouvé leurs cascatelles frissonnantes ; partout les statues ont été replacées sur leurs piédestaux revêtus à présent de marbre blanc, et la Lanterne de Diogène, exécutée en terre cuite par les célèbres poêliers Trabucchi frères, achetée en l'an X par Joséphine à l'exposition du Louvre, se dresse solidement consolidée par les plombiers sur une sorte de haute tour qui n'a guère coûté moins de 25,000 francs. Des animaux rares ont leurs enclos dans le petit parc et, dans le grand, on nourrit assez de menu gibier pour que, à l'occasion, l'Empereur puisse chasser.

L'agrément tout particulier pour Joséphine c'est que, sans presque sortir de chez elle, elle est à Malmaison, — moins d'une lieue et cette lieue sur des terres qui lui appartiennent, — or, Malmaison, c'est sa chose, son bien propre, la maison où elle se plaît, où elle accumule ses raretés, où elle enfouit ses objets d'art en attendant qu'elle puisse en étaler les splendeurs dans la grande galerie qu'elle projette toujours de construire. Malmaison, c'est le lieu de son choix, le château envié par elle depuis les temps de 1793 où, proscrite et désargentée, elle était réfugiée dans une petite maison de Croissy, enfin acquise le 21 avril 1799, durant que Bonaparte était en Égypte et sans qu'elle sût comment elle en paierait le premier sol. Malmaison, ce devrait s'appeler la Folie-Joséphine, car de toutes les *Folies*, c'est ici la plus folle, une folie d'Impératrice. Là, elle a ses fleurs rares qui lui viennent de toutes les contrées du monde, et qui ont libre passage même à travers les flottes anglaises; là, ses serres immenses, plus belles que celles du Museum, où chaque victoire de l'Empereur fait fleurir les espèces rares qu'on cultivait à Vienne, à Stuttgard ou à Berlin; là, ses animaux favoris, toute une ménagerie d'oiseaux jolis à voir, de bêtes étranges, de férocités apprivoisées; là, ses troupeaux de mérinos que gardent en costumes d'opéra-comique des vachers suisses; et puis, la joie sans égale de remuer la terre, de changer les arbres de place, de creuser des rivières, de bâtir des temples, d'ériger des colonnes, d'inventer des fabriques, la joie plus grande de s'arrondir, d'acheter elle-même lopin à lopin, de s'étendre, de faire, défaire et refaire ses murs, d'acquérir des pièces de terre comme l'Empereur acquiert des royaumes, de passer peu à peu des cent trente hectares du début aux cinq cent trente-huit hectares qui sont à la fin le fonds de la propriété, sans parler des immenses fermes s'en allant presque jusqu'à Versailles, la ferme du trou d'Enfer et celle de la Garenne, sans parler de la terre de Buzenval, des terres de la vallée du Bois des Hubies, de la maison Julien, douze cents hectares, peut-être plus, car on s'y perd.

Malmaison, ce gouffre où, par année, Joséphine jette plus d'un demi-million, qui seul, si l'on parvenait à en écrire l'histoire sincère et complète, donnerait de la femme qu'elle fut, une idée intégrale et juste, ce n'est plus, à partir de l'an XI, la résidence officielle du Consul, ce n'est jamais la résidence officielle de l'Empereur. Napoléon y vient sans doute, mais incognito pour ainsi dire, avec le moins possible de cour, pour une journée ou deux, une semaine au plus. La maison est trop petite, trop incommode, trop mal préparée pour la représentation, nullement disposée pour l'étiquette. Malgré les annexes, malgré les châteaux achetés alentour, elle est restée bourgeoise, habitable seulement pour un homme ayant de l'aisance et une société restreinte. On n'a pu en faire ce qu'elle n'était pas, le chef-lieu d'une grande terre, moins encore la demeure d'un souverain. C'est une tête infime à un corps démesuré.

Mais pour Joséphine, il n'importe, et les désagréments qu'y éprouvent les gens de sa cour, et les difficultés que cause l'éloignement des cuisines et des offices, et l'obligation où sont les hommes de sa suite de regagner, la soirée finie, leur logis de Bois-Préau, et l'encombrement des valets dans les locaux trop étroits, et les chambres carrelées des dames du Palais, et l'ignoble petit escalier qu'il faut gravir, rien de cela ne compte. Elle est chez elle; elle est la dame de château et, bien plus qu'aux Tuileries, qu'à Saint-Cloud, qu'en tous les palais, elle se plaît. C'est un cadre à sa mesure où elle évolue à son aise, où elle retrouve ses habitudes, où elle satisfait ses goûts, où elle se reconnaît elle-même. Là, chaque année, elle se rend à la Saint-Joseph, pour sa fête, et c'est, dans la salle de spectacle, l'occasion d'une de ces pièces à couplets où les acteurs et les actrices de sa famille et de sa société, débitent plus ou moins finement la prose d'à-propos de Deschamps et chantent sur des airs connus les vertus et la grâce de la maîtresse du lieu. Là, dès que l'Empereur, en train de guerroyer, d'inspecter les côtes ou de parcourir ses royaumes, permet à Joséphine de déposer les grandeurs officielles, elle accourt, s'installe, heureuse comme une enfant, si âpres que paraissent aux autres les premiers jours de printemps, de voir enfin la floraison de ses tulipes. Et là, elle se porte bien; là, elle se promène à son gré; là, elle accueille non point en souveraine, mais en maîtresse de maison, les personnes qui lui font visite; là, elle dîne avec ses dames, avec ses officiers; elle s'amuse aux plaisanteries qu'on invente; elle se plaît aux petits concerts qu'on improvise; elle rit aux comédies qu'on imagine et qu'on représente; là, elle est elle même.

***

Aller à Malmaison, n'est point un voyage : c'est une disparition dans un incognito relatif; Malmaison est une résidence de demi-caractère; non point demeure impériale, mais demeure privée; non point propriété de l'Empereur, mais propriété de l'Impératrice. Malgré soi presque, on y revient au Consulat.

MALMAISON. — VUE DU CHATEAU
Aquarelle de Garneray

En comparaison, Malmaison est un paradis pour les invités près de Rambouillet; mais l'Empereur tient à Rambouillet; cela lui paraît *Vieille-France* et ce château où est mort François Ier, ce bourg dont l'histoire est aussi vieille que la monarchie, ces forêts pleines encore des abois des meutes royales, c'est pour flatter son imagination si nourrie de prestiges. Sans doute, dans le château qu'a construit le comte de Toulouse et que le duc de Penthièvre a vendu à Louis XVI, plus un meuble, plus un objet d'art; la terre morcelée, les bois saccagés; du château même, qui contenait au premier étage « cinquante-quatre appartements de maîtres tous commodes et bien meublés », de ces communs où la principale écurie pouvait, elle seule, recevoir deux cents chevaux, que reste-t-il lorsque, dans sa tournée d'inspection des résidences ci-devant royales, il y arrive le 14 mars 1805 (23 ventôse an XIII) sous prétexte d'un déplacement de chasse. Comme personnel, un concierge à six cents livres. On a, en grande hâte, envoyé quelques meubles pour le rendez-vous de chasse, on n'a point eu le temps pour le château. L'Empereur campe; mais il se plaît, et, comme présent de bienvenue, il donne 8,000 francs à l'hospice. D'ailleurs, cette partie de campagne lui coûte cher. Outre le château de Saint-Léger dont il ordonne que l'on commence à racheter des parties, ce sont deux maisons à Rambouillet: en tout 80,000 francs; au château même, 280,000 francs de travaux, plus des babioles, mobilier et autres, complétant les quatre cent mille.

Napoléon a été à ce point séduit par le pays, le site, par le repos qu'il y compte trouver et l'isolement qu'il s'y ménage, que ces dépenses réalisées ne sont rien près de celles qu'il projette; pour le mobilier seul, elles passeraient cinq cent mille francs. Mais il part; c'est la campagne de l'an XIV. Son esprit est à ce point fixé sur Rambouillet que, du champ de bataille, il pense à consacrer le château à l'éducation des fils des généraux, officiers et soldats tués à Austerlitz. Réflexion faite, le projet est irréalisable: il y renonce, garde Rambouillet qu'il meublera des meubles achetés pour loger Madame au Grand Trianon; mais c'est trop peu compter: il faut rajouter deux cent mille francs; deux cent mille francs aussi pour les bâtiments, trente-deux mille francs pour les jardins et l'on pourra aller passer deux jours à Rambouillet. L'Empereur y vient en effet pour quarante-huit heures le 2 mai 1806, et la suite est nombreuse et imposante : il y a les deux Murat, le prince et la princesse de Bade, le maréchal Moncey, douze grands officiers et officiers des divers services et, pour le service de la chasse à tir, douze pages avec le porte-arquebuse. Il y revient le 9 mai avec une suite encore augmentée de la princesse Louis, du prince Borghèse et de dames de l'Impératrice. Enfin, au mois d'août, du 16 au 25, il s'y installe : cette fois, toute la Cour : le prince Borghèse, le prince de Hohenzollern, le duc d'Arenberg, le colonel général de service, deux grands officiers, onze officiers de la Maison, cinq dames, dix pages, quatre-vingt dix employés des écuries, cent trente chevaux de selle, cent trente-cinq chevaux d'attelage. On s'en va courre les loups jusqu'à Dourdan et c'est occasion pour l'Empereur de visiter l'hospice et l'église de Saint-Germain et de laisser 3,000 francs ici et là. On a d'ailleurs des plaisirs simples : pour faire danser Mesdames de la Rochefoucauld, de Mortemart, de Perrone et Mademoiselle d'Arberg, l'Impératrice fait venir des ménétriers, et cela fait un bal champêtre.

C'est fini pour 1806 et l'on a autre chose à voir : mais quel cortège l'Empereur mène avec lui, du 7 au 17 septembre 1807 : quatorze grands officiers et officiers de la Maison, neuf pages, trois dames de l'Impératrice, le prince et la princesse Jérôme, le duc et la duchesse de Berg, le Prince primat, le prince et la princesse de Bade, sept officiers ou dames de leurs maisons, la maréchale Bessières et Madame Duroc ; quarante-quatre grands personnages à loger, et il en vient encore d'autres qui ne restent pas tout le voyage, comme le grand duc de Wurtzbourg et le prince régnant de Dessau. Aussi, les plus hauts en dignité et les plus favorisés ont-ils chacun une toute petite chambre où à peine si l'on peut remuer. Il fait un temps pluvieux et froid et tout le monde attrape des rhumes ou des fluxions. « Mais il ne faudrait point le dire à l'Empereur qui trouve ce séjour charmant, tandis que l'Impératrice le déteste » ; il y a de quoi. Après le déjeuner de onze heures que les princes et les princesses prennent seuls avec l'Impératrice, tapisserie avec les princesses et les dames. A deux heures seulement, on part en chasse et en voilà jusqu'à huit ou neuf heures du soir. On rentre, on a fait dix, douze, quinze lieues, on est transi. L'Empereur tire sa montre. « Je vous laisse dix minutes, Mesdames, pour faire votre toilette : ceux qui ne seront pas prêts mangeront avec les chats. » Cela lui est simple à lui, car, à Rambouillet et dans ses voyages de chasse, à moins d'ordre contraire, tous les hommes portent l'habit de chasse. Et après ce beau dîner qui dure à peine un quart d'heure, whist ou reversis qui prend une heure ou deux ; puis, chant et piano par Paër, que Napoléon vient de recruter en Allemagne pour sa musique ; c'est là le bon moment pour quelques-uns. La musique finie, l'Empereur se retire et on reste avec l'Impératrice à « faire la belle conversation », tous les hommes debout, comme de juste. L'Impératrice, même à Rambouillet, ne change point ses heures et ne congédie son monde qu'entre une heure et demie et deux heures. On est mort et quand on ressuscite le lendemain, c'est pour recommencer la fête.

En 1808, un passage à peine : c'est le 29 octobre ; Napoléon vient d'Erfurt, il va en Espagne. Joséphine l'accompagne jusque-là ; mais en 1809, le 10 mars, il prétend s'installer, malgré le froid très vif et la mauvaise saison. Il emmène avec lui Hortense et Pauline, quatorze grands officiers et officiers de la Maison, dix dames du Palais ou femmes d'aides de camp ; il invite, en même temps que le prince et la princesse de Neufchatel, le prince Borghèse et le prince Aldobrandini, le prince Kourakin, le prince et la princesse Wolkonsky, car on est dans toute la ferveur de l'alliance russe. Sort-on en calèche, Kourakin est dans la voiture de Leurs Majestés ; chasse-t-on à tir, Wolkonsky a la place près de l'Empereur. Pour les soirées, on est loin des ménétriers de jadis ; on a Crescentini et la Grassini, et Napoléon en est à ce point satisfait qu'il accorde à chacun d'eux une gratification de dix mille francs. On dit que le jeu plaît aux Russes : l'Empereur joue donc, ce qui est commun ; mais il intéresse la partie, ce qui est singulièrement rare, et il perd 1,540 francs — Petit jeu !

Le 14, au moment où l'on va se mettre en chasse, arrive tout droit, de Pétersbourg, qu'il a quitté le 1er, le colonel Gorgoly, aide de camp d'Alexandre. Napoléon le prend au débotté, le mène avec lui, le fait dîner à sa table, et, sur ses dépêches, dès le lendemain, mettant fin au voyage à la grande joie de Joséphine, il rentre à Paris.

Ainsi, pour le 19, jour de sa fête, Joséphine sera à Malmaison pour y voir représenter *la Gageure imprévue* par la troupe des Français et, aprés le feu d'artifice en son honneur, donner bal dans sa nouvelle galerie.

* * *

A Rambouillet donc pas tout à fait un mois en sept voyages ! A Fontainebleau, au contraire, des séjours prolongés, des voyages pareils à ceux des rois bourbons, où toute la Cour accompagne l'Empereur, où les ministres le suivent, où les bureaux même se transportent après lui, où la capitale politique est comme changée de lieu. Alors, ce ne sont plus des ménétriers ou quelque chanteur qui viennent distraire les soirées, ce sont les troupes entières des théâtres impériaux et, il y a sur la route de Fontainebleau, plus d'animation que dans les rues les plus fréquentées de Paris.

Bien plus encore que Rambouillet, Fontainebleau l'a séduit : « Voilà, a-t-il dit, la vraie demeure des rois, la maison des siècles ». Dès qu'il en a eu fait la reconnaissance aux premiers jours de l'Empire, en messidor an XII (27 juin 1804), il a décidé, contre l'avis des architectes « unanimes à déclarer qu'il en coûterait plus pour réparer le château que pour le démolir, » que tout serait remis en état d'habitation. A vrai dire, à ce premier voyage, il a fallu camper ; on a apporté des meubles de Paris, on en a loué ; ç'a été comme en campagne, mais l'Empereur est parti très satisfait, déterminé à la dépense nécessaire. A preuve, tout de suite, il a nommé le personnel intérieur et ordonné les travaux. Les choses étaient à peine en train lorsqu'il se décida à aller au-devant du Pape à Fontainebleau. Moyennant 160,000 francs, l'on parvint à mettre le bâtiment en état décent, mais l'on n'avait que dix-neuf jours devant soi pour tout meubler. Par un prodige d'activité, l'on y arriva : ce furent des chariots d'artillerie qui portèrent les meubles ramassés aux Tuileries, à Saint-Cloud, chez les fabricants, dans l'hôtel ci-devant de Moreau, dans le château de Grosbois ; il y eut partout des glaces ; il y eut des tableaux qu'on porta du Louvre, et l'on soigna les sujets de sainteté pour l'appartement du Pape ; on acheta tout le linge, la porcelaine, la verrerie, la batterie de cuisine ; tout fut prêt et même l'obélisque de la croix de Saint-Herem reçut un bel aigle en fer blanc de 165 francs 15 centimes.

Il est vrai que, si les appartements des Souverains faisaient bel effet, les personnes de la suite étaient logées assez mal et certaines ne le furent point du tout, mais, malgré le froid et les incommodités, ce premier voyage de quatre jours dut laisser de bons souvenirs à Joséphine, car c'est là qu'elle enleva, grâce au Pape, ce mariage religieux si longtemps et vainement désiré.

L'Empereur a pris goût à Fontainebleau : dans l'année, il y jette 1,500,000 francs pour les bâtiments, un million pour le mobilier. Il y aura 800,000 francs pour les bâtiments et 700,000 francs de meubles en 1806 : durant l'Empire on y dépensera en bâtiments (et le chiffre est ici très réduit) 6,242,000 francs, on aura de mobilier au prix d'inventaire pour 3,392,000 francs. Et c'est sans compter les dépenses des jardins, les acquisitions d'immeubles, les dépenses imputées sur le produit des forêts, et le reste.

Dès 1807, tout est en ordre et presque en état, et l'Empereur peut ordonner, le 21 septembre, un de ces voyages, où douze à quinze cents personnes — les plus hautes en dignité de l'État — sont invitées, logées, meublées et où trois mille, non des moindres, trouvent à dîner. C'est l'Empereur lui-même qui donne ces chiffres qui, à priori, semblent surprenants : *la liste du voyage* est loin en effet d'être si ample, bien qu'elle soit déjà longue : de personnages princiers, il y a la reine de Hollande, les Jérome, les Murat, Stéphanie et son mari, Borghèse, le Prince primat et le grand duc de Wurtzbourg, puis Talleyrand et Berthier : et après, en tout, trente-cinq officiers, dames du Palais et invités. Mais chacune des princesses a sa maison, chacune tient sa cour et reçoit alternativement. Rien que pour les étrangers, il y a cinq maisons à table ouverte : chez les deux secrétaires d'État de France et d'Italie, chez les deux ministres des Relations extérieures et chez le ministre de l'Intérieur de France. Il y a table presque ouverte pour les Français chez Berthier, chez Duroc, chez les grands officiers et chez les maréchaux qui sont du voyage. Au total, cinquante-deux tables fournies par les cuisines de l'Empereur, onze cents lits établis dans l'enceinte du château et quatre mille fournis par la Cour aux personnes logées au dehors. C'est un Allemand, de la suite du grand duc de Bade, fort précis et bien informé à l'ordinaire qui fait ce compte. Or, ces lits, pour les plus petits seigneurs, imagine-t-on ce qu'ils coûtent ? Voici des musiciens logés dans une auberge à raison de 45 francs : ils sont à la vérité plusieurs ensemble ; mais le Badois paye une misérable chambre 18 francs par nuit et, quant à la mangeaille, si l'on est point de la Cour, on est rançonné comme en Calabre : celui-ci a payé six francs une tasse de thé et quelques raisins, celui-là — c'est le cardinal Caprara — six cents francs pour un bouillon qu'il a pris et un mauvais dîner qu'il a fait servir à ses gens. Il passe en vérité tout un monde, et un monde qui ne recule point à payer ; chacun des membres du corps diplomatique a pris une maison. Comme il serait à Paris, constamment à travers la petite ville, circulent des cortèges d'ambassadeurs venant présenter leurs lettres de créance ou de recréance, et les voitures de gala défilent sous grande escorte laissant voir d'étonnants costumes : le duc de Frias qui arrive d'Espagne ; l'ambassadeur de la Sublime porte qui présente ses nouvelles lettres, le général comte de Tolstoï avec sa suite, et c'est, après, le prince de Nassau-Weilbourg, et c'est le prince de Waldeck, ce sont les princes de Mecklembourg.

Voici la vie : sauf les jours de chasse, marqués et désignés d'avance, Joséphine mène, la matinée et l'après-midi, la même existence que partout ailleurs. Toilette, marchands venus de Paris, déjeuner avec sa fille et ses dames, puis visites des personnes qui habitent le château et quelque ouvrage en main pour avoir l'air de s'occuper. A quatre heures, nouvelle toilette et de cinq à six, avec l'Empereur qui, pour la première fois sort de ses appartements où il travaille sans arrêt depuis sept heures du matin, promenade en calèche. On va loin parfois, l'Empereur s'arrête, interroge quelqu'un, des journaliers, un vieux prêtre, quelque vieux soldat, sur qui tombe ensuite la manne dorée. A six heures, toutes les tables sont en activité: on dîne, mal chez Champagny, très bien chez Madame de la Rochefoucauld et chez le Grand maréchal: mais il faut être prié: si l'on n'a point d'invitation, on se réfugie à une dernière table qui est pour le commun. L'Empereur dîne seul avec Joséphine: il invite parfois les princes et les rois, mais personne n'est admis à sa table de droit et pour le temps du Voyage.

Après dîner, on attend l'heure de se présenter chez le grand personnage désigné pour tenir la Cour: car il y a un règlement pour cela comme pour le reste: un soir chez l'Empereur; un autre chez l'Impératrice, un autre chez la princesse Caroline, un autre chez la reine Hortense, et les soirées de spectacle, cela fait la semaine: point d'imprévu.

Si c'est chez les princesses, l'on monte vers huit heures; l'on se place en cercle et l'on attend; l'Impératrice entre, parcourt le salon, puis prend sa place et attend comme les autres: plus ou moins tard, l'Empereur arrive, s'assied près de Joséphine; on danse des contre-danses, il regarde, fait un tour, dit des mots, disparaît et chacun s'en va.

Quand c'est l'Empereur lui-même qui reçoit dans les Grands appartements, c'est pire. On entre dans l'antichambre: un chambellan annonce; au bout d'un temps plus ou moins long, on est reçu : quelquefois ceux-là seulement qui ont les entrées, ou tout le monde. On fait cercle, puis il y a musique : la Grassini, Crescentini, Paër, Brizzi; et, après, les femmes s'asseyent par contenance à des tables de jeu jusqu'au moment où l'Empereur disparaît. Chez l'Impératrice, les mêmes divertissements, sauf la musique : l'Empereur se promenant de long en large, les femmes assises en silence les unes à côté des autres, les hommes debout collés contre la muraille.

Une fois il y a grand bal annoncé chez l'Empereur, et à ce bal, la princesse Caroline et la princesse Stéphanie doivent mener un quadrille; mais, le soir venu, l'Empereur se trouve enrhumé, ne vient pas ; il désire pourtant voir le quadrille; partie des danseuses sont reparties à Paris, d'autres sont malades. Néanmoins, l'on se retrouve, l'on répète, l'on danse, l'on s'ennuie tout autant. Mais l'Empereur trouve la chose de son goût et la juge de bon style.

Les soirs de spectacle sont plus attendus; ce sont les lundi, mercredi et vendredi « comme autrefois »; la Comédie-Française doit alterner avec l'Opéra-Comique, le Théâtre de l'Impératrice et les chanteurs italiens, mais la troupe de Feydeau, malgré la rentrée d'Elleviou, n'a point de succès près de l'Empereur; moins encore la troupe de Picard qui vient jouer *la Manie de briller* et *les Ricochets*; ce sont les Français qui ont tout l'avantage. Spectacle plutôt sévère : sur dix-huit représentations, douze tragédies *Horace, Iphigénie en Aulide*, *Rhadamiste et Zénobie, Œdipe, Le Cid*, *Les Vénitiens*, *Mithridate*, *La mort de Pompée*, *Iphigénie en Tauride*, *Manlius*, *Rodogune*, *Nicomède;* on s'y endort quelque peu, les jeunes femmes d'abord et l'Empereur même. Les comédies sont aussi du genre sérieux : c'est *Tartufe*, *le Philinte de Molière*, *le Joueur, les Châteaux en Espagne*, *l'Optimiste, les Précepteurs*; et c'est son goût, cela et la musique italienne, et l'on en trouve une preuve singulière dans les gratifications qu'il distribue aux acteurs; lui-même leur répartit une somme totale de 111,750 francs : là-dessus, 9,000 francs pour les trois acteurs de Feydeau, 78,500 francs presque uniquement à la troupe tragique, un trait de sa plume sur Desprez, Lacave, Dugazon et Madame Thénard — des comiques — et, à leur place, 6,000 francs à la Grassini, autant à Paër, autant à Crescentini, 3,000 francs à Madame Paër et autant à Mademoiselle Delihu.

Il est à ce moment dans une telle passion de musique que souvent, après le spectacle, il fait revenir ses chanteurs dans le salon de l'Impératrice et les écoute jusqu'à une heure du matin.

Parfois, mais pour d'autres, il y a des divertissements d'un genre moins sérieux : le vieux Despréaux, le mari de la Guimard, donne des représentations à lui seul, où ses doigts, habillés de diverses couleurs, dansent sur une table, au son d'un violon, simulant tous les pas, toutes les attitudes, toutes les minauderies de ces danseuses qu'il connait si bien, mais cela égaie quelque après dîner chez les princesses ou chez Madame de la Rochefoucauld, y alterne avec les jolies danses italiennes que met à la mode la charmante Madame Gazzani, l'Impératrice n'en voit rien.

A ces agréments de vie, trois fois la semaine, il faut joindre la chasse que la température fort basse rend singulièrement pénible. Même, malgré la volonté de l'Empereur, faut-il, à cause du mauvais temps, retarder d'un jour la Saint-Hubert dont la célébration doit être accomplie selon les anciens rites, à commencer par la gratification de 3,000 francs que Napoléon offre à l'équipage.

D'extérieur, rien de plus beau que ces chasses à courre : depuis le Consulat à vie, M. d'Hanneucourt, capitaine des chasses, s'est appliqué à recruter une meute qui, sinon par le nombre, au moins par le bel état et la bonne race des chiens, eût pu rivaliser avec les meutes royales. Tous les hommes de vénerie viennent des Maisons du roi et des princes ; les lieutenants des chasses et le porte-arquebuse sortent de ces anciennes familles qui, depuis Charles IX pour le moins, servent le Roi en ses plaisirs. A la tenue des hommes et des chevaux, rien à reprendre ; c'est le grand style et la bonne façon ; et de même est-il des hommes et des dames qui suivent la chasse : ceux-ci avec l'habit vert galonné en galons de vénerie, faisant sur la poitrine une sorte de plastron d'or et d'argent, celles-là bien plus étonnantes et formant un escadron volant à qui les admirations ne manquent point : d'abord, pour celles qui suivent à cheval, il y a eu l'amazone aux couleurs de l'équipage, mais cela a paru sombre, et l'on s'est arrêté alors à l'amazone de casimir chamois avec parements et collet verts brodés en argent : sur la tête un chapeau de velours noir à grandes plumes blanches. Celles qui suivent en voiture, et ce sont presque toutes, ont trouvé mieux encore. En ce temps, Leroy triomphe dans ce qu'il appelle les habits de chasse : une redingote de velours courte qu'on porte sur une robe de satin blanc. L'Empereur ayant désiré que les dames de la Cour reçussent un costume et l'Impératrice y ayant accédé comme de juste, Leroy est naturellement appelé au conseil, propose et fait adopter son habit de chasse et il ne s'agit plus que d'en déterminer la couleur. On imagine qu'il sera plus brillant que chaque maison princière ait la sienne : l'Impératrice accepte le velours amarante brodé d'or, la reine de Hollande prend le bleu et argent ; à la grande duchesse de Berg revient le rose et argent ; et la princesse Pauline veut le lilas et argent ; cela en velours, traversé d'une écharpe de satin blanc et porté sur une robe aussi de satin blanc, brodée en or ou argent ; les bottines pareilles à la redingote, la toque de même couleur, brodée et couronnée de plumes blanches. N'est-ce pas en vérité joli à voir, ce cortège passant dans les avenues de Fontainebleau, et les calèches menées à la d'Aumont, et les calèches menées à l'Espagnole, et les piqueurs en livrée de chasse, et toute la vénerie, et les pages, et les amazones, et l'immense suite, et les mamelucks porte-arquebuses, et dans les abois, les fanfares éclatant, et *la Bonaparte* sonnant pour *la Royale !*

Ce qui manque le plus c'est le gibier. Malgré les efforts faits, depuis 1805, pour repeupler en fauves la forêt, on n'est arrivé qu'à des résultats singulièrement médiocres. On n'a pu songer à rétablir les anciennes capitaineries et, pour appliquer sérieusement les règlements édictés pour la protection des *plaisirs de l'Empereur*, il ne suffirait point des arrêtés pris par le Préfet de police, il faudrait, dans la législation, des changements qui paraîtraient singulièrement tyraniques. On se contente donc de poursuivre une quarantaine de mauvais cerfs qui ont été apportés du Hanovre et du reste de l'Allemagne et qui, dans une forêt de vingt lieues de tour, sur laquelle le braconnage prélève une forte dîme, ont encore des velléités de retour et des envies de déplacement. L'Empereur qui aime surtout en la chasse l'exercice violent qu'elle procure, qui, en tous cas, n'a ni principes, ni éducation de veneur, court ventre à terre, à droite et à gauche, sans suivre régulièrement. Les officiers de vénerie font de leur mieux, mais, devant les résultats, les étrangers, tels que Metternich, sourient.

Telles sont les splendeurs de ce premier séjour à Fontainebleau qui marque dans l'histoire de l'Empire comme l'époque du plus grand luxe,

L'EMPEREUR REVENANT DE SAINT-CLOUD AUX TUILERIES

Dessin d'Opitz

(Bibliothèque Nationale. Cabinet des Estampes. Collection Hennin)

de la plus forte dépense, qui constitue la plus vive et la plus sérieuse tentative qu'ait faite Napoléon vers le rétablissement intégral des divertissements de l'ancienne Cour. Qu'y manqua-t-il pour qu'on s'y plût ? « C'est singulier, disait-il, j'ai rassemblé à Fontainebleau beaucoup de monde, j'ai voulu qu'on s'amusât, j'ai réglé tous les plaisirs, et les visages sont allongés, et chacun a l'air triste et bien fatigué. — C'est, lui répondait Talleyrand, que le plaisir ne se mène point au tambour et qu'ici comme à l'armée, vous avez toujours l'air de dire : allons, Messieurs et Mesdames, en avant marche ! »

Joséphine, du moins, pour se distraire un peu durant ce voyage, avait pu concevoir l'illusion qu'elle avait inspiré un dernier amour — celui que toute femme envie et qui lui semble aussi doux et cher qu'à l'automne, en un beau jour, les derniers rayons du soleil couchant. Il se trouvait là un jeune prince de jolie figure et d'aimable prestance, amoureux un peu, faut-il l'avouer, des femmes dont surtout l'on avait parlé. C'était ce prince de Mecklembourg Schwerin qui afficha si haut sa passion pour Madame Récamier : en ce moment, il était tout à l'Impératrice : croyait-il que les troupes françaises en quitteraient plus vite ses États ? Elle, en riait et s'en amusait doucement : Napoléon commença aussi par en rire ; mais, soit que ces mines persévérantes l'agaçassent, soit plutôt qu'il lui fût revenu que ce jeune prince s'était fait la coqueluche du faubourg Saint-Germain pour avoir dit un jour, en entrant dans un salon : « Point de diamants, point de cachemires, bonne compagnie ! » il le lui fit payer — et cela coûtait cher d'avoir chez soi de l'armée française. Le prince de Schwerin n'en garda point rancune à Joséphine ; après le divorce, il lui proposa tout net d'épouser.

On n'en était pas loin, de ce divorce, lorsque de Schœnbrünn, l'Empereur décida que la fin de l'automne de 1809 se passerait à Fontainebleau. Il y eut une belle liste de voyage, plus de soixante-dix personnes, tous les ministres, les présidents des sections du Conseil d'État, les femmes des grands officiers et des principaux officiers, sans parler de la Cour entière, et de Madame, et de Julie, et d'Hortense, et de Pauline : mais, comme on sait, malgré la belle liste, personne ne se trouva présent lorsque, le 26 octobre, à dix heures du matin, l'Empereur arriva, et quand, dans la journée, Joséphine accourut en grande hâte de Saint-Cloud, elle vit bouchées et murées les portes qui faisaient communiquer son appartement avec celui de Napoléon. Ce fut, en apparence, durant ces vingt jours, du 26 octobre au 14 novembre, la même vie qu'on avait menée en 1807 : point de tragédies pourtant sur le théâtre ; c'est au palais qu'on la donne. Il ne se joue que deux comédies : le *Secret du Ménage* et la *Revanche ;* puis des quantités d'opéras italiens ; un acte de celui-ci, un acte d'un autre. Dans la semaine, cela occupe trois soirées : les autres, il y a réunions chez les princesses, cercle chez l'Empereur, parfois grand bal. Lorsqu'on n'est de rien d'officiel, l'on s'amuse à des petits jeux chez Madame de la Rochefoucauld.

Pour les dîners, l'Empereur lâche un peu de l'étiquette : il ne dîne plus seul avec l'Impératrice ; il n'admet point uniquement des princes ou des princesses à sa table ; chaque jour il y veut du monde, des ministres, même les sénateurs qui sont du voyage, même Fontanes, même les sénateurs députés du royaume d'Italie.

Presque chaque jour, longuement, éperdument, il chasse : des chasses qui durent cinq à six heures d'horloge, où il éreinte ses chevaux, fait vingt lieues à pleine course. Les jours où l'on ne chasse pas à courre, on chasse à tir ; pour la première fois on chasse aux toiles ; on rabat quatre-vingts sangliers dans une sorte de cirque au milieu duquel est un grand échafaudage pour les chasseurs, et les dames regardent la tuerie d'une tribune qui a huit mètres de côté.

Il faut à l'Empereur de la gaîté, il lui faut du mouvement, il lui faut des distractions violentes et fortes : il a pris son parti, est décidé au divorce, le marque par mille endroits : au spectacle, ce n'est plus lui qui, durant l'entracte, quitte, comme il faisait d'habitude, sa place à droite de la scène, qui vient à l'Impératrice pour bavarder ; c'est elle qui, deux fois en une seule soirée, vient près de lui « et avec bien moins d'assurance que de coutume ». Toute la Cour note les préférences données aux Bonaparte, le délaissement où se trouve Joséphine. A quoi bon la ménager à présent, à quoi bon devant celle qui va cesser d'être la souveraine, garder les formes et l'attitude que l'on doit seulement à celle-ci ; « et durant que Joséphine fait le tour du cercle pour adresser à chaque personne, selon son habitude, une parole obligeante, les dames du Palais s'asseyent, rient, causent tout haut avec les officiers. » La pauvre femme, quel calvaire elle gravit, en sa grande parure, des fleurs au corsage, le diadème de diamants en tête, un sourire de danseuse sur ses lèvres contractées, forçant sa voix à se faire aimable et douce, son cerveau à se souvenir de ces inutilités mondaines qui flattent les gens ! Sitôt qu'elle rencontre seul un grand officier qu'elle peut prendre à part, un ministre, un grand dignitaire, un homme quelconque, si petit personnage soit-il, qui lui paraisse dans le secret, elle se précipite : « qu'a-t-il dit ? que fera-t-il ? pourquoi la porte condamnée ? pourquoi cette froideur affectée ? qu'est-ce qu'elle va devenir ? » Et rien, pas de réponse, des paroles vagues, des airs gênés. Et il entre quelqu'un, et il lui faut étouffer ses larmes, assurer sa voix, reprendre son sourire, et s'habiller, et paraître. Sans doute, ce Fontainebleau qui vit des drames plus sanglants, n'en vit point d'aussi poignants, où l'humanité fut plus déchirée, où un cœur saigna davantage.

***

Jusqu'ici, en ces petits voyages, Joséphine n'est qu'à l'état de satellite de l'astre dont vient toute lumière ; l'éclaire-t-il, elle brille d'un éclat incomparable ; la prive-t-il de ses rayons, sa gloire s'éteint et elle retombe au néant. Ne faut-il point la regarder à présent seule, marchant d'elle-même et faisant à elle seule son rôle d'Impératrice ? Sans doute elle ne sera jamais qu'un reflet ; les honneurs qu'on lui rendra ne s'adresseront à elle que par raccroc ; le train qu'elle mènera ne sera qu'un train de circonstance, et les paroles qu'elle prononcera lui auront d'avance été dictées ; néanmoins, cela a sa curiosité et il le faut voir.

Ce n'est point une médiocre affaire qu'un voyage aux eaux de Sa

Majesté l'Impératrice, surtout en l'an XII (1804), tout au début, lorsque l'Empereur est tout neuf en la dignité impériale, qu'il prétend la maintenir entière et ne laisser faire à sa femme que ce qui convient à une grande souveraine. Avant même qu'on se mette en route, les frais courent grand train. Il a fallu acheter des chevaux et des voitures, quarante-sept chevaux qui coûtent 67,214 francs et huit voitures : quatre berlines, deux cabriolets, une chaise à ressort et une calèche pour 26,772 francs. Une dizaine de mille francs encore de harnais et de réparations. Puis, l'Empereur ne pouvant souffrir que, à Aix-la-Chapelle, ville impériale, son épouse descende à l'auberge, a fait acheter, tout meublé, l'hôtel de M. Jacobi, conseiller de préfecture. « C'est, dit-on dans les journaux, un des plus beaux bâtiments qui décorent la ville. » Aussi, est-ce peu le payer que 144,000 francs. De plus, il a fallu se précautionner de présents à donner, tels que colliers, boucles d'oreilles, bagues, épingles et boîtes, et Marguerite en a fourni pour 36,000 francs, tandis que Commun fournissait pour 2,880 francs de schalls destinés au même usage.

La partie de la Maison d'honneur désignée d'abord pour accompagner l'Impératrice est nombreuse ; mais beaucoup trouvent des prétextes et, à la veille du départ, il reste seulement le premier écuyer, M. d'Harville, un écuyer cavalcadour, M. de Fouler, deux chambellans, MM. de Beaumont et d'Aubusson, la Dame d'honneur et trois dames du Palais : Mesdames de Luçay, Auguste Colbert et de Vaudey, il est vrai que Mademoiselle Lucie de Luçay accompagne sa mère et remplace agréablement Madame de Rémusat. Il y a, de plus, le secrétaire des commandements et pour le matériel, un maître d'hôtel contrôleur, un maître d'hôtel ordinaire, deux huissiers, dix valets de pied, toute la chambre et un détachement d'importance des cuisines et de l'office. L'écurie, comme de juste, précède avec les équipages aux ordres de Guérin père. C'est cinquante personnes pour le moins.

Pour voiturer tout ce monde (sauf les gens des écuries qui ont pris les devants et dont le voyage coûte, avec la nourriture des chevaux, 8,900 francs), il faut, à chaque poste, soixante dix-sept chevaux, menés par vingt-quatre postillons. L'Impératrice et ses officiers d'honneur partent directement de Saint-Cloud; les gens sont conduits à Saint-Denis par les voitures de la Maison : c'est une économie de quatre postes et demie, dont la ci-devant royale qui compte double. A deux francs par cheval, à trois francs par postillon, cela monte : en voici pour 12,216 francs.

On marche, gendarmerie aux portières et des sous-officiers courant avec les piqueurs au-devant des voitures; à chaque ville où il y a garnison, un fort détachement de cavalerie vient au-devant de l'Impératrice; vingt-cinq coups de canon à l'entrée, autant à la sortie, et toute la troupe en haie. C'est ainsi à Soissons où l'on arrive à trois heures et demie; on ne s'est arrêté jusque-là qu'un quart d'heure pour déjeuner et, à Soissons, on ne passe que le temps des discours à la porte de la ville; on traverse au pas, crainte d'accident. Très tard, on arrive à Reims où tout est illuminé, mais où rien n'est préparé pour le coucher. A grand'peine, l'on trouve des gîtes, mais ce qui fait oublier tout le tracas, c'est la brillante garde d'honneur que le sénateur général Valence est venu commander en personne, c'est l'accueil chaleureux de la population, et l'enthousiasme que témoigne l'armée. En gratifications, M. d'Harville s'allège de 3,100 francs, et Reims laisserait un fort bon souvenir sans un accident survenu au général Valence, son cheval, effrayé des tambours et des trompettes, s'étant renversé sur lui. On vient coucher à Sedan : fort joli discours du sous-préfet, M. Philippoteaux, et du maire, M. Poupart de Neuflize, qui reçoit tout de suite 3,600 francs pour ses pauvres : Il présente la veuve d'un officier mort à l'armée : 600 francs. La journée du lendemain est singulièrement dure. Jusqu'à Rethel, « la grand'route est épouvantable », mais c'est bien pis encore quand on l'a quittée. Des chemins où il semble que nulle voiture n'a jamais passé. A la nuit tombante on arrive à une montagne près de Feulen qu'on ne gravit qu'à grand'peine. On soutient les voitures avec des cordes; l'Impératrice, qui a si grand peur, pousse des cris, veut à toute force descendre. C'est l'Empereur lui-même qui a marqué l'itinéraire : il a pris pour une route construite, un chemin qui est à faire : et, malgré les avertissements des gens du pays, l'on n'a point osé se détourner. Force est, la nuit tout à fait tombée et les chevaux fourbus, de s'arrêter à un petit village appelé Marche où toute la suite s'entasse dans une mauvaise maison, les favorisées sur des matelas, les autres dans des auges. Au petit jour, on repart, laissant 1,420 francs pour ce gîte infâme. Dix lieues encore de ce supplice, de ces constantes inquiétudes, de cette terrible fatigue. Enfin, à deux lieues de Liège, on arrive au bac pour traverser la Meuse et, dès lors, un site divin, une réception à miracle; on traverse le fleuve dans une jolie barque ornée d'orangers et de feuillages; les troupes sont sous les armes, tout est illuminé et l'on a apprêté un beau feu d'artifice. On couche à Liège, à la préfecture et, après avoir laissé 1,500 francs de gratification, le lendemain matin, on repart pour Aix-la-Chapelle où l'on arrive enfin à cinq heures et demie du soir. Comme de juste, à l'extrême frontière du département de la Roër, les généraux commandants, un escadron du 23e chasseurs et la gendarmerie nationale; à la montagne qui domine la ville, les autorités civiles ; à la barrière, arcs de triomphe, salves d'artillerie, l'infanterie (19e et 30e de ligne) formant la haie et, à la maison — au Palais de Sa Majesté — garde d'honneur à pied et à cheval. Il en coûtera cher pour ces honneurs : on donnera 508 francs 62 centimes au détachement de gendarmerie, 9,818 francs aux détachements du 19e de ligne et du 23e Chasseurs, 250 francs à la musique, 3,465 francs aux sous-officiers attachés à la suite de l'Impératrice, 2,600 francs aux officiers de la garde d'honneur et on achètera encore des bottes, que l'on paiera 180 francs, pour les sous-officiers d'escorte, et l'on fournira de bonnets à poil pour 2,375 francs les grenadiers du 19e de ligne.

Voici l'Impératrice en son palais : c'est une masure, petite et triste, où il est impossible qu'on se loge. On est, de plus, fort inquiet d'une des voitures de suite dont on n'a point de nouvelles depuis vingt-quatre heures et qui n'arrive qu'à trois heures du matin après des aventures sans nombre. Une des femmes de l'Impératrice, Madame Saint-Hilaire, est assez blessée et se plaint à grands cris qu'on n'ait point envoyé l'armée au-devant d'elle. Un valet de pied a un bras démis. Tout cela fait du noir : ces dames trouvent la ville affreuse; on est sous la pluie depuis Paris et cela n'embellit point les rues. Enfin, le soleil reparaissant, l'Impératrice déménage de son vilain palais pour aller occuper la préfecture qu'a cédée avec empressement la belle Madame Méchin, la victime de Viterbe, et où Madame Gay, la femme du receveur général, a fait porter ses plus jolis meubles. Pauvre Madame Sophie Gay! Elle compte que, du coup, elle va s'introduire à la Cour, qu'on lui passera son divorce avec Liottier, ses incartades au temps du Directoire, sa lettre sur Madame de Staël et ses romans et que, en l'Impératrice, elle va retrouver la vicomtesse; mais elle compte sans l'Empereur et elle en sera pour son voyage.

L'Impératrice, d'ailleurs, ne voit guère comme société, en dehors de ses dames et de Madame Méchin, que deux ou trois Allemandes, femmes de généraux, Madame de Sémonville, femme de l'Ambassadeur à La Haye, venue pour soigner sa fille, Madame Macdonald presque mourante, puis Madame Franceschi, Madame de Léry, la fille de Kellermann, et quelquefois des dames comme Madame de Coigny et Madame de Durfort qui ont trouvé ce prétexte des eaux pour venir solliciter : on sait celles-ci, elles ont, en leur nièce et cousine, Madame de Luçay, la meilleure des introductrices et si elles n'obtiennent point les radiations qu'elles désirent, qui donc y parviendra ?

Les bains sont la grande affaire, car Joséphine n'en espère rien moins que l'affermissement de la dynastie et Corvisart lui-même en est venu surveiller l'effet; mais cela n'empêche point les promenades : on est d'autant plus empressé d'en faire qu'Aix est horrible et que la population est des plus vilaines. On va à la Borsette, on visite les ruines des abbayes et des châteaux carolingiens, on déjeune sur l'herbe, on chasse au renard et au lièvre, l'on inspecte les manufactures de drap et d'aiguilles, l'on descend dans des mines de charbon; puis, il y a le religieux : les visites au trésor, la vénération des reliques de Charlemagne, dont l'Impératrice emporte quelque fragment; il y a la fête de Charlemagne, avec la Cour, les autorités, la troupe en grande tenue, et des messes, et des discours, et des trônes, et toutes les splendeurs officielles : Lucie de Luçay quête, mais presque pour rien. Le soir, pour divertissement, on a d'abord l'opéra allemand, mais ce sont les plus détestables acteurs et l'on se force pour rester jusqu'au bout. Joséphine préfère voir la petite naine Nanette Stocker, haute de dix-huit pouces, qu'elle comble de jolis présents, ou faire découper par le *silhouetteur* Bronch, des portraits d'elle et de sa cour. Le silhouetteur n'y perd point, car on lui paye chaque silhouette neuf napoléons, mais c'est si amusant de voir ainsi courir les ciseaux sur le papier noir. Cela n'est guère impérial, mais, pour illustrer le séjour, voici venir, de Paris, Picard aîné avec une bonne partie de la troupe du Théâtre de l'Impératrice. Mauvaise spéculation : après avoir ri d'abord aux pièces bourgeoises, les dames, et l'Impératrice même, trouvent Picard mauvais ton ; on ne sort pas de la Diligence et de la rue Saint-Denis. Cela n'empêche point le public de s'y porter et les domestiques de la maison d'en faire leurs délices, mais, avec la salle comble, c'est à peine si l'on a 1,200 francs de recettes et les 16,000 francs de gratification que reçoit Picard ne payent point son voyage.

Peu à peu, le soir, Joséphine se restreint à son trictrac, au whist, aux petits jeux, durant que ses dames s'occupent au loto, et c'est ainsi sauf lorsque l'Impératrice donne bal et que la ville lui rend sa politesse : alors, de son trône, Joséphine, sans rire, voit danser, sur le dos des braves Allemandes, les robes de réforme qu'elle a données à ses femmes de chambre et dont celles-ci font commerce.

On s'est fait une vie assez douce remplie par les bains, les promenades, les parties de campagne, les excursions, pas mal de musique et de la conversation ; l'étiquette s'est relâchée au point que l'Impératrice s'en va déjeuner sur l'herbe, qu'on s'assied en sa présence et que même un général, ne trouvant point de meilleur siège, s'installe commodément, près d'elle, sur le divan où elle est assise ; n'étaient les gratifications énormes aux ouvriers des manufactures (3,600 francs), aux assistants de l'évêque (1,200 francs), aux montreurs de reliques (600 francs), au directeur et aux chanteurs du théâtre (2,640 francs); n'étaient les aumônes si largement répandues qu'elles passent 33,000 francs ; n'était la dépense

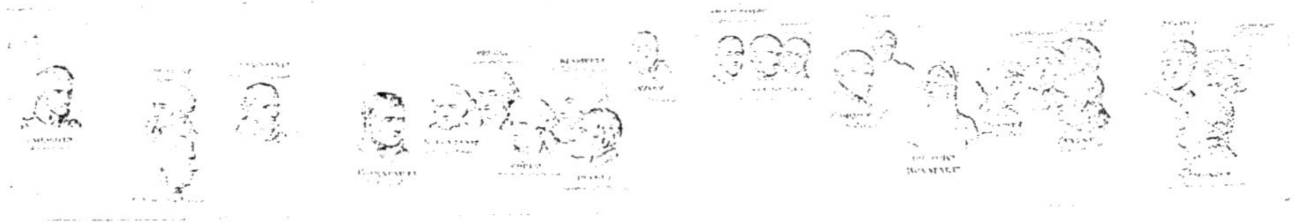

UN VOYAGE AU TEMPS DU CONSULAT. LE PREMIER CONSUL VISITANT LA MANUFACTURE DES FRÈRES SEVÈNE, A ROUEN

Dessin d'Isabey

Musée de Versailles

[illegible] pour divertissement : on a d'abord [illegible] qui sont les plus détestables acteurs et l'on se [illegible] lesquels pour Joséphine [illegible] voir la petite naine [illegible] qu'elle comble de jolis [illegible] des portraits d'elle [illegible]. Le [illegible] car on lui paye chaque [illegible] de voir ainsi courir les [illegible] sur le papier noir. Cela [illegible] mais, pour illustrer [illegible] séjour, voici venir, de Paris, Picard [illegible] bonne partie de la [illegible] de l'Impératrice [illegible] après avoir [illegible] aux petites bourgeoises [illegible] même, trouvent [illegible] de la rue Saint-[illegible]. Cela n'empêche point le [illegible] d'y porter et les domestiques de la maison de faire leurs délices, mais avec la salle comble, c'est à [illegible] si l'on a [illegible] francs de recettes et les 10,000 francs de gratification que reçoit Picard ne payent point son voyage.

[illegible] à peu, le soir, Joséphine se restreint à son trictrac, au whist, [illegible] petits jeux, tandis que ses dames s'occupent au loto, et c'est ainsi que lorsque l'Impératrice donne bal et que la ville lui rend sa politesse [illegible] son trône Joséphine [illegible], ont dansé sur le dos [illegible] Allemandes, les [illegible] données à ses [illegible] et dont [illegible].

[illegible] par les bains, les [illegible], les parties de camp[illegible] de musique [illegible] de la conversation : l'étiquette [illegible] point que l'Impératrice s'en va déjeuner sur l'herbe [illegible] présence et que [illegible] un général ne trouvant pas [illegible] s'installe commodément près d'elle, sur le [illegible] et les gratifications [illegible] aux ouvriers des [illegible] aux assistants de [illegible] (1,500 francs), aux [illegible] (150 francs), au directeur et aux chanteurs du [illegible] étaient les aumônes si [illegible] qu'elles [illegible] francs : c'était la dépense

qui, pour l'office, la cuisine, la cave, le logement des gens, atteint 154,823 francs 78 centimes, peu de chose distinguerait l'Impératrice d'une baigneuse de grande qualité, une de ces Russes qui, alors, ne venaient aux eaux qu'avec maison complète et train de reines. Il y faut de l'argent certes, car ce voyage d'un mois coûte à la Maison 523,921 francs, mais qu'est-cela?

Au moment où chacun se réjouit de retourner à Paris, où le contrôleur, qui est le grand maître du voyage, est déjà parti, voici qu'on apprend que l'Empereur arrive de Boulogne; voici qu'on expédie de Paris, en toute hâte, les grandes livrées des valets de pied, des cochers et de tous les gens de l'écurie; voici que l'Impératrice appelle chacune de ses dames pour les prévenir en particulier qu'elle accompagne l'Empereur à Mayence, que, durant son séjour, elle recevra des électeurs, d'autres personnes et particulièrement le prince de Bade et sa famille, et que ses dames ne peuvent se dispenser de faire venir chacune une ou deux robes parées, même brillantes, et leurs diamants. Désolation générale, cris et larmes, désespoir de Madame de la Rochefoucauld, « à cette tuile qui tombe sur sa caisse et l'enfonce. » Il faut se garder de la plaindre : du coup, elle emporte, de la caisse mieux garnie de M. d'Harville, cent louis pour ses toilettes et elle trouvera moyen de faire des économies.

Désormais, l'Empereur arrivé, silence dans les rangs : l'Empereur parle seul; étiquette sévère, l'Empereur l'ordonne; exactitude rigoureuse, l'Empereur n'attend pas : il faut, tout le jour, être en parade, l'on se couche quand il lui convient, c'est-à-dire vers une heure du matin, et l'on part quand il lui plaît, vers les sept heures. Comme entrée de jeu, dès l'annonce qu'il vient, les dames du Palais ont dû sortir de la préfecture et s'installer à l'auberge, et lorsqu'elles rentrent là, éreintées des parties continuelles, impossible de fermer l'œil, car les punaises ne respectent rien. L'Empereur reste dix jours et, chaque jour, cérémonies en grand costume, tantôt pour la remise des nouvelles lettres des ambassadeurs, tantôt pour des Te Deum, tantôt pour des fêtes de la ville : puis, visite en détail de toutes les manufactures, courses dans tous les environs;

le soir, dîner, spectacle, jeu, salon. Le 25 fructidor (12 septembre), l'Impératrice part pour Cologne où l'on est assez bien logé; mais c'est la même vie et Joséphine qui, depuis quinze jours, est tourmentée par la migraine, n'en doit pas moins suivre et faire bonne mine au duc de Bavière. C'est à cinq heures du matin que l'Empereur a fixé le départ de Cologne le 29 (16 septembre); Joséphine parvient à le faire retarder jusqu'à midi : aussi n'arrive-t-on que dans la soirée à Bonn et les dames sont logées dans une maison inhabitée. De là, à Coblentz, où l'on est distribué par billets de logement au petit bonheur. Le lendemain, on monte sur le yacht du prince de Nassau, tout à fait joli comme installation, mais, avec vent debout, roulis et tangage, à peine fait-on quatorze lieues; l'on vient coucher à Bingen à neuf heures et demie, et, à sept heures du matin, en route pour Mayence. Là, pour l'Empereur, le logis est bon, c'est l'Hôtel teutonnique avec ses quatre-vingt-seize croisées de façade; mais ce château n'est point meublé; tout ce qu'on peut faire, c'est de loger au plus près les officiers et les dames du Palais : et pour celles-ci, voici la vie : d'abord, toilette pour le déjeuner qui commence à onze heures : on reste au palais sans bouger jusqu'à deux heures ; puis, toilette pour la réception des princesses et des princes étrangers, ce qui mène jusqu'à cinq heures; ensuite, toilette pour le dîner fixé à six heures : un jour on dîne chez Madame de la Rochefoucauld, un autre chez l'Empereur : à ces dîners-là, les princes sont invités : puis salon, sans bouger ni parler jusqu'à neuf heures; ensuite, spectacle, car l'Empereur a fait venir ses comédiens à Mayence et, pour s'égayer, l'on a la tragédie. Vers une heure du matin, l'on rentre mort de fatigue et qu'est-ce des hommes qui sont debout des quatre heures de suite! Certes, il y a parfois l'insigne honneur de faire le whist de l'Empereur, il y a une fois la petite partie à l'île Saint-Pierre et l'on assite à un épisode que recueillera l'histoire : les cinquante napoléons étalés devant la pauvre femme qui a fait un vœu, comme il arrive dans les contes de fées. Il y a encore les princes, tous les princes des bords du Rhin à voir et à regarder, mais ne se blase-t-on point sur ce plaisir? Aussi, lorsque le départ est décidé, qu'on en sait l'itinéraire, que les couchées sont préparées à Spire, Saverne, Nancy, Châlons, qu'il n'y a plus à craindre que l'Empereur change d'idée, c'est une joie à ne pas croire.

En toute cette seconde partie du voyage, Joséphine est au second plan : son chevalier d'honneur inscrit bien encore quelques libéralités qu'elle fait aux pauvres de chaque ville où l'on passe : 1,500 francs à Cologne, 259 francs à Bonn, 3,300 francs à Coblentz, 600 francs à Bingen, 2,300 francs à Mayence, 700 francs à Spire, mais qu'est cela près de l'Empereur qui donne par dix ou quinze mille francs, qui, à chaque évêque, octroie 6,000 francs pour sa cathédrale, et qui ne visite point une église sans y laisser vingt-cinq louis : c'est le taux auquel, en France, Joséphine fixe ses bienfaits aux pauvres des villes où elle couche.

Ce voyage de 1804, ainsi divisé en deux parties, l'une où l'Impératrice est seule, l'autre où elle suit l'Empereur, fournit d'une façon presque complète la formule, le cérémonial et l'aspect des voyages qu'accomplira Joséphine durant tout le règne. Elle viendra un mois à Plombières, en 1805, (14 thermidor au 12 fructidor an XIII — 2 au 28 août) pour se reposer de l'épouvantable fatigue du voyage d'Italie qu'elle a fait avec l'Empereur; elle y reviendra deux mois en 1809 (11 juin—20 août), et ce sera chaque fois le même train et une pareille dépense. Mais, à chaque fois, il y aura une atténuation dans le cérémonial, un relâchement dans l'étiquette; l'Empereur mettra une sourdine de plus aux honneurs rendus, et la Maison qui accompagnera l'Impératrice sera de moins en moins nombreuse. En 1805, cette diminution de rang ne semble point faite à dessein; c'est uniquement pour se reposer, prendre les eaux, que Joséphine se rend à Plombières et l'ombre de Charlemagne ne couvrant point la petite ville des Vosges, n'exige point un déplacement des pompes impériales; pourtant, l'on envoie de Nancy à Plombières, une compagnie du 4e de ligne pour être employée à la garde de Sa Majesté; aux limites du département et de l'arrondissement, il y a réception par les autorités civiles et militaires, discours et saluts; à l'entrée des villes, des arcs de triomphe ; à Plombières, des portiques de feuillage, des illuminations et un feu d'artifice, mais, cela fait, Joséphine est assez tranquille et peut se remémorer ces temps si lointains déjà de ses premiers séjours au même lieu : elle vint là après le départ de Bonaparte pour l'Égypte et manqua y périr : elle y revint deux fois durant le Consulat et, pour peu qu'elle pense, le site, les arbres, les êtres, les demeures, tout ce qui n'a point changé autour d'elle, doit lui rendre plus présent, plus vif, plus étonnant, le changement qui s'est fait dans sa fortune : Madame de la Rochefoucauld l'accompagne et est sa dame d'honneur. N'est-ce point ici qu'elle a trouvé la *chère cousine ?* L'étrange vie ! Quand, en 1798, après sa chute, ce balcon cédant sous son poids, elle s'est trouvée là comme abandonnée, qu'elle a, en toute hâte, appelé Hortense pour la soigner, qu'était-elle ? Et à présent un écuyer d'honneur pour la soutenir lorsqu'elle fait un pas, un préfet du Palais pour veiller à ses besoins, deux dames du Palais, cinq femmes de chambre, un contrôleur, et combien de laquais, de cuisiniers, d'officiers, de hâte-rôts, de cochers et de gens d'écurie ! En frais de poste, aller, retour et courses aux environs, 37,483 francs 50 centimes et le total des frais qu'entraîne, rien que pour la Maison de l'Empereur, cette saison d'eaux toute simple, sans aucun divertissement d'exception, sans théâtre, sans chanteurs ni cantatrices, sans grandes excursions, sans gratifications d'exception, sans achats d'objets et sans fantaisies, s'élève à 134,482 francs 97 centimes.

Pour se divertir, Joséphine se fait peindre. Elle a rencontré, à Plombières, ce Laurent dont elle a plusieurs tableaux en sa galerie et qui réside à Épinal : c'est un peintre fort à la mode près des amateurs de l'espèce de Madame Campan, il excelle aux sujets troubadours qu'il exécute en petites dimensions, genre Miéris, comme dit l'institutrice. Ce portrait, en pied, de 18 pouces sur 15, que l'Impératrice paye 6,000 francs, ne pourrait manquer, justement par ses défauts, d'être un document des plus intéressants, aussi curieux que le portrait, peint plus tard par le même artiste, de Jérôme avec Catherine.

Hormis quelques excursions, c'est là l'occupation de la journée. Pour le soir, il ne se rencontre que deux fêtes qu'on sache, et est-il bien sûr que l'Empereur les eût approuvées? Il y a, à Plombières, des baigneuses que l'Impératrice aperçoit sans doute, mais qu'elle ne devrait point voir : entre autres Madame Hainguerlot, Mademoiselle Beauvais, l'une des femmes, à coup sûr, les plus spirituelles de Paris, faisant de jolis vers, écrivant comme un ange, mais compromise, moins par elle-même que par son mari. Cet Hainguerlot, qui, en l'an IX, est le contribuable le plus imposé de la République, qui paye 53,000 francs de contributions foncières, a eu maille à partir, dès l'an VI, avec Lebrun, rapporteur dans cette fameuse affaire de la Compagnie J.-B. Dijon et Cie où il était le principal intéressé. Lebrun, troisième Consul, a tout de suite signalé le ménage, d'autant plus dangereux que la femme était plus intelligente et plus agréable, l'homme plus fin, plus élégant et plus recherché. Ils ont été mis à l'index à perpétuité, au moins chez l'Empereur. Mais Madame Hainguerlot n'en a pas pris son parti ; elle est venue à Plombières, et elle profite de la rencontre pour composer un vaudeville « rempli d'esprit et de sensibilité » qui a pour sujet un trait de bienfaisance de Sa Majesté à l'un de ses précédents voyages. Elle recrute une troupe où elle enrôle la belle Madame Davillier, fait venir la famille qui a reçu le bienfait, organise une fête, y fait prier l'Impératrice par toutes les dames qui prennent les eaux, et cela est charmant. L'Impératrice rend, quelques jours après, un concert, un bal et un souper, mais cela n'avance point les affaires de ces dames : les eaux ne tirant point à conséquence.

Au retour, Joséphine rentre dans sa dignité : lorsque, le 30 août (12 fructidor), elle arrive à Bondy, elle y trouve, pour la complimenter, le préfet et toutes les autorités qui l'attendent de pied ferme ; elle essuie les discours et, sous l'escorte de la gendarmerie, continue sa route sur Malmaison, sans traverser Paris.

Au dernier séjour de Joséphine à Plombières, son astre s'obscurcit, le dénouement approche, l'inévitable séparation contre laquelle elle lutte depuis dix ans va enfin s'accomplir. L'extérieur est encore imposant; il y a encore, pour accompagner l'Impératrice, le chevalier d'honneur, le général Ordener, un chambellan, M. de Beaumont, et un écuyer M. de Monaco. Il y a deux dames du Palais, avec la dame d'honneur, le secrétaire des commandements et deux pages. La livrée, l'écurie, la dépense sont pareilles; pareils sont les présents et de la même somptuosité : aux pages que lui adresse l'Empereur pour lui annoncer ses progrès, M. de Beaumont le fils, le jeune Lariboisière, le jeune Oudinot, ce sont des diamants de 1,200, de 1,400, de 3,500, de 4,000 francs. S'arrête-t-elle dans une maison à Épinal et fait-elle à Madame Doublat dont le mari est receveur général, l'honneur de coucher chez elle? elle lui offre à elle-même une parure en or émaillé et perles de 1,400 francs, à la fille aînée une chaîne de col en maillons à perles fines et perles d'émail de 550 francs, aux deux autres enfants des montres de 200 et de 170 francs. Au sous-préfet, au directeur de la poste, au capitaine des cuirassiers chargé de l'escorte, tabatières, les mêmes générosités aux soldats de garde auxquels chaque semaine l'Impératrice paye le spectacle. Sur les pauvres qu'elle rencontre, les prisonniers qui passent, les soldats blessés, retirés, estropiés, les musiciens nomades, les gens qui font voir quelque curiosité, la même pluie d'argent entremêlée d'or : cela tombe tous les jours, plus ou moins fort : une femme dont elle fait rebatir la maison, une vieille américaine qui s'est recommandée du passé, une femme dont la propriété a été endommagée; on la suit ainsi en ses promenades où, telle qu'une bonne fée, malgré son escorte de cuirassiers et de gendarmes, elle s'arrête aux passants, entre dans une ferme pour boire du lait, demande son chemin, s'intéresse à des paysans qui célèbrent la cinquantaine de leur mariage, donne au mari une tabatière d'or ciselé de 550 francs, à la femme une montre en or de 377 francs ; elle a retenu, de ses précédents séjours, le nom des gens et le met sur leur visage; elle a même, et cela fait un étrange effet en ses mains, une provision de chapelets qu'elle distribue à des vieilles gens; mais, à regarder sa vie, à voir les gens qu'elle fréquente, on s'étonne. Son existence bien plus resserrée, bien plus attristée, s'écoule étroitement entre sa fille, ses petits fils, sa nièce Stéphanie et ses femmes de chambre; plus de bals, plus de réceptions, plus de théâtre; un abonnement au Salon de bains fait tout le divertissement de sa suite; point même d'excursions à distance; et cette vie s'écoule dans l'étrange cadre qu'elle promène avec elle, au milieu de ces meubles d'or et de vermeil qui ne la quittent point, à portée de ces parures dont on paierait la rançon d'un roi — trente-cinq parures complètes de diamants, de perles et de pierres de couleur — au milieu de cette folle garde-robe dont, à Plombières, d'un coup, elle donne trente-sept robes aux femmes de chambre.

Elle fait la mère grand et jamais son petit-fils, tenu d'assez près par Hortense, ne s'est vu à telle fête : voici qu'il reçoit sa première montre, une montre savonnette à perles, et deux bagues d'émeraude, mais qu'est cela près des joujoux qu'on fait venir de chez Mussel, à Strasbourg? Les beaux jouets, et comme c'est plaisir de les donner, comme c'est bien mieux là ce qui convient que les jouets de Paris et comme c'est clair et gai, ces voitures à quatre chevaux, ces berlines-coupés, ces voitures de roulier, ce grand vaisseau de guerre à roulette, en bois peint et vernis, et les innombrables boîtes de soldats de carton fin peints, montés sur bois, ou sur ciseaux; comme cela est d'un ton vif trouvé à souhait pour amuser l'œil d'un enfant!

Les grands déballages des caisses de joujoux, le remuage des parures, l'inspection des robes, les promenades de santé avec Hortense et Stéphanie, c'est presque tout. Il y a bien, à Plombières, quelques personnes qui fréquentent chez l'Impératrice : M. de Boufflers d'abord, le vieux M. de Boufflers qui, sans doute, est à Plombières moins pour son estomac que pour son beau-fils, Elzéar de Sabran, dont il prétend abréger l'exil. Il vient, de sa voix chevrotante, avec ses façons d'abbé vénérable, avec la couronne de longs cheveux blancs qui pare sa tête chenue, lire, en intonations de drôlerie, des petits contes graveleux, si lointains, si démodés, si hors de place en la bouche édentée d'un vieillard, qui portent jusque-là l'écho des temps abolis et qui détonnent comme une obscénité sur une tombe. Puis c'est M. Molé, en passe, dès lors, d'arriver à tout, car il plaît à tous : aux femmes qui le prisent fort, à l'Empereur qui, sur son nom et son unique livre, l'a en gré et, en trois ans, l'a fait conseiller d'État, à l'Impératrice qui voudrait qu'il fût gouverneur de ses petits-fils, et à la reine Hortense qui peut-être a pour lui un sentiment plus vif.

A ces deux noms se réduit presque la société des eaux. Rien d'extérieur, rien qui soit inscrit dans les journaux devenus muets par ordre : à peine si l'on trouve la mention de l'arrivée, du départ, du retour à Malmaison. Point de réception alors aux barrières de Paris, ni discours, ni canon; cette note toute unie aux faits divers, le 17 août : « S. M. l'Impératrice est attendue ce soir à Malmaison. »

***

C'est là, si l'on peut dire, la philosophie de ces trois voyages aux eaux; ils marquent les étapes et, comme l'ascension, annoncent la chute. Ils montrent assez bien Joséphine en son intimité de vie, en son désœuvrement d'existence, loin de l'Empereur. Mais encore, pour répéter l'expérience et la confirmer, faut-il voir ces longs séjours qu'elle fait, durant les guerres, aux extrémités de l'Empire. Là, elle est davantage en représentation et elle conserve plus sa dignité d'Impératrice, mais, en ce nouvel aspect, n'est-il point d'autres indices intéressants à prendre d'elle ?

Pourquoi en 1805, en 1806, en 1809, quitte-t-elle Paris pour aller s'établir à Strasbourg ou à Mayence? L'Empereur désire-t-il que, en son absence à lui, elle ne réside point dans la capitale ? Prétend-elle se soustraire à des obligations de représentation qui lui déplaisent? Craint-elle de se laisser aller à des démarches qui la compromettent? Bien plutôt, n'est-ce point l'idée arrêtée de ne point quitter l'Empereur, de ne point se laisser séparer de lui, de maintenir par une présence effective l'habitude de la vie commune? Sans doute cela, et cela uniquement. Car, chez Napoléon, nul désir qu'elle l'accompagne ainsi jusqu'à cette première étape; malgré les instances qu'elle lui adresse, il ne l'appelle près de lui, ni à Berlin en 1806, ni à Varsovie en 1807, ni à Schœnbrünn en 1809. Il lui répète au contraire qu'elle doit aller tenir la Cour à Paris, qu'elle doit y faire gagner les commerçants, donner des bals, se montrer dans les théâtres; qu'il y a utilité, nécessité à ce que

L'EMPEREUR NAPOLÉON DÉCORANT OBERKAMPF A LA MANUFACTURE DE JOUY-EN-JOSAS

20 Juin 1806.

1. *Robert Kendry*, chimiste écossais.
2. *J.-B. Marolle*, doyen des ouvriers.
3. *Bertrand*, général de brigade, aide de camp.
4. *Ponte de Lombriasco*, chambellan de l'Empereur.
5. *Durosnel*, général de brigade, écuyer de l'Empereur.
6. *De Rousset*, préfet du Palais.
7. *Law de Lauriston*, page.
8. *Clément de Taintignies*, page.
9. [illegible]
10. *Le maréchal Bessières*, colonel général de service.
11. *Chr. Ph. Oberkampf.*
12. *Samuel Widmer.*
13. *Emile Oberkampf fils.*
14. *Madame Oberkampf et ses deux filles, Emilie et Louise.*
15. *James Pelineau.*
16. *Gottlieb Widmer.*
17. [illegible]
18. *Fouler de Relingue*, colonel de cuirassiers, écuyer cavalcadour de l'Impératrice.
19. *Madame Devaux*, dame du Palais.
20. *De Saint Simon Courtomer*, chambellan de l'Impératrice.
21. *De Bongars*, lieutenant de vénerie.
22. *Madame d'Arberg*, dame du Palais.
23. *Madame de Montmorency Matignon*, dame du palais.
24. [illegible] de l'Empereur.

voulu[illegible] qu'il fût [illegible] et à la reine Hortense qui p[illegible]

[illegible] société des eaux. Bien d'exté[illegible] devenus muets par ordre [illegible] à [illegible] du départ, du retour à Mal[illegible] de Paris, ni discours, ni [illegible] le 17 août [illegible] S. M. l'Empe[illegible]

[illegible] C'est là, si l'on peut dire, le [illegible] voyages aux eaux: [illegible] marquent les étapes et, comme [illegible] la chute. Ils mon[trent] assez bien Joséphine en son [illegible] de vie, en son désœuvrement [illegible] loin de l'Empereur. Mais encore, pour répéter l'expérience et la [con]firmer, faut-il voir ces longs séjours qu'elle fait, durant les guerres, aux [ex]trémités de l'Empire. Là, elle est davantage en représentation et elle [illegible] plus sa dignité d'impératrice, mais, en ce nouvel aspect, n'est-il [illegible] d'autres indices intéressants à prendre d'elle?

[P]ourquoi en 1805, en 1806, en 1809, quitte-t-elle Paris pour aller s'établir à [Stra]sbourg ou à Mayence? L'Empereur désire-t-il [illegible] en son absence à [laq]uelle ne réside point dans la capitale? [illegible] se soustraire à des [o]bligations de représentation qui [illegible] se laisser aller à des démarches qui la compromettraient [illegible] ce point l'idée arrêtée de ne point quitter l'Empereur [illegible] laisser séparer de lui, de maintenir par une présence effective [illegible] de la vie commune? Sans doute cela, et cela uniquement. Car [illegible] désir qu'elle l'accom[pagne] ainsi jusqu'à cette première [illegible] les instances qu'elle lui [illegible] il ne l'appelle près de lui, ni [illegible] en 1806, ni à Varsovie en 1807, [ni] à Schœnbrunn en 1809. Il lui répète [illegible] qu'elle doit aller tenir [s]a Cour à Paris, qu'elle doit y faire [illegible] les commerçants, donner des [illegible] se montrer dans les théâtres, qu'il y a [illegible] nécessité à ce que

Paris souffre le moins possible de la guerre. Elle ne part pas, elle allonge la courroie, elle invente des prétextes, elle se cramponne aux lieux où elle est, elle espère toujours que l'Empereur l'appellera, elle s'imagine qu'ayant fait la moitié ou le quart de la route, elle se trouve plus à portée et que, comme il est arrivé déjà, l'Empereur ne peut manquer de la faire venir à quelque moment. Et elle vit dans cette inquiétude, dans ce perpétuel qui-vive, jusqu'au jour où, sur un ordre formel et positif, elle est bien obligée de rentrer à Paris.

A part, il faut mettre la première campagne, celle de 1805. Là, elle est au pinacle, ses inquiétudes, pour le moment, sont assoupies : en accompagnant l'Empereur jusqu'à Strasbourg, en y établissant ensuite sa résidence, elle cherche « à échapper aux discours parisiens qui l'effrayent, à la surveillance de ses beaux-frères, à l'ennui du palais de Saint-Cloud. Elle s'amuse d'une représentation nouvelle, » elle se sent si bien assurée de la victoire qu'elle envisage dès à présent comme certaines les conséquences de cette victoire, le mariage qu'elle procurera à son fils, le triomphal voyage qu'elle entreprendra dans des pays nouveaux.

Ce premier voyage à Strasbourg, où elle arrive après cinquante-huit heures de route sans un arrêt, est très semblable au séjour à Aix-la-Chapelle, plus luxueux, plus mouvementé encore. D'abord, c'est un vrai palais qu'elle habite : l'ancien palais épiscopal, au bas de la cathédrale, qu'a reconstruit sur les plans de l'architecte Massol, le premier évêque de la maison de Rohan, Armand-Gaston, cardinal et grand aumônier. L'édifice a été terminé en 1741; il est tout à la moderne en ses aménagements intérieurs, et c'est d'une belle et riche ordonnance, entre les deux pavillons en façade sur la place, si gracieux avec leur unique étage et leur fronton cintré, ce portail à colonnes et à balustres que décorent des groupes et des vases; puis, au fond, le palais, dont le rez-de-chaussée sur la cour forme le premier étage de l'autre façade sur l'Ill. De ce côté-là le monument, avec ses trois étages, ses dix-sept croisées en façade, l'avant-corps sortant supporté par quatre hautes colonnes et surmonté d'un toit en coupole, les deux pavillons dont les toits saillants s'unissent au bâtiment central par une riche balustrade ornée de vases, est vraiment digne de ces souverains qu'étaient les Rohan, si raffinés en leurs goûts, si magnifiques en leur représentation, si justement désireux de mettre leurs demeures de pair avec la grandeur de leur vie. Ce palais qu'a étrenné presque Louis XV en 1744, qu'a habité Marie-Antoinette dauphine, a été vendu comme bien national en 1791, racheté 129,000 livres par la ville qui y a établi le siège de l'administration municipale. Lorsque le sénatus consulte de floréal an XII a déterminé que « des palais impériaux seront établis aux quatre points principaux de l'Empire », Strasbourg a offert son palais : sans accepter formellement et décréter encore l'érection en résidence impériale, l'Empereur a virtuellement accepté : tout de suite, de Boulogne, il a donné ordre au Grand maréchal d'expédier Fontaine à Strasbourg pour mettre la maison en état de le recevoir. En moins de quinze jours, Fontaine a fait déménager les bureaux, les archives, même les prisonniers qui se trouvaient encore dans les bâtiments; arrêtant le nettoyage extérieur, de crainte des mauvaises odeurs de peinture, car il sait que, pour l'Empereur, « c'est la pire des choses, » il est parvenu à restaurer et à meubler les appartements : pour ces travaux auxquels Napoléon a affecté un crédit de 60,000 francs, Fontaine n'a dépensé que la moitié; mais, pour l'ameublement tiré de Strasbourg, de Nancy, de Lunéville et des châteaux des environs, il a fallu 178,145 francs 60 centimes; encore n'est-ce que du provisoire et quantité de choses manquent que Duroc enverra, comme une batterie de cuisine de 15,000 francs, et on transportera, de Paris, le linge, la verrerie, l'argenterie nécessaires.

Le 1er vendémiaire an XIV (23 septembre), tout est prêt, même les écuries de Baden et les écuries du Haras disposées pour recevoir les chevaux et tout le service.

L'Empereur a son appartement sur la cour; entrée par le pérystile de gauche, sortie par le pérystyle de droite : salon de service, cabinet de travail, chambre à coucher, cabinet de toilette et de bains : derrière, sur la terrasse de l'Ill, les grands appartements, sept magnifiques salons, faisant là premier étage. Au premier étage sur la cour, au second sur l'Ill, quatorze chambres à la disposition de l'Impératrice, mais assez incommodes d'approche, le palais n'ayant été bâti que pour un seul maître et le reste étant divisé à l'infini, pour la suite, en chambres séparées. M. Rémusat qui voudrait que Joséphine revînt à Paris en fera des embarras, mais l'Impératrice s'en contentera.

Les quatre premiers jours, l'Empereur présent, réceptions, audiences, compliments, honneurs de tous genres qui ne s'adressent guère à l'Impératrice, mais l'Empereur parti le 9 vendémiaire (1er octobre) et Joséphine restée seule, sa vie s'installe. Bausset qui est chargé du matériel, s'acquitte à merveille de ses fonctions : en deux mois, du 1er octobre au 29 novembre, il paye pour la cuisine 122,666 francs 73 centimes, pour l'office 49,027 francs, pour la cave 41,998 francs : mais aussi les représentations, les dîners, les bals, les concerts se succèdent sans interruption. D'abord les autorités du département et quatre-vingts demoiselles des premières familles de Strasbourg, puis le maréchal Kellermann et son état-major, puis la grande députation du Tribunat qui doit aller chercher l'Empereur à l'armée, mais reçoit ordre de rester à Strasbourg et y fait un fonds de société, puis vingt-deux dames qui sont ce qu'il y a de mieux dans la ville, puis les maires de Paris qui se rendent près de l'Empereur; puis, à proportion que croissent les succès, l'afflux des princes allemands: le prince électoral de Bavière, les princes de Bade, les princes de Hohenlohe, le prince héréditaire de Hesse-Darmstadt. Tout ce qui va de France à l'armée passe par Strasbourg et présente ses hommages; tout ce qui, en Allemagne, se trouve à portée, s'efforce à présent d'obtenir la bienveillance de l'Impératrice. Joséphine se plaît fort à recevoir ces respects; elle ne manque aucune cérémonie; elle demeure jusqu'à la fin aux bals qu'elle donne, elle a des politesses pour chacun, et, que la fête soit donnée pour célébrer la prise d'Ulm ou la présence des princes allemands, c'est une grâce pareille et un sourire à la jeunesse dansante qui lui gagne tous les cœurs. Jamais Strasbourg n'a vu bals si éclatants, orchestres si nombreux : il en coûte à l'Impératrice 1,014 francs et c'est plus que la ville entière ne dépense en dix ans. Et ce ne sont point là des bals restreints à la Cour, la société de la ville, les dames et les demoiselles présentées, dont le nombre grossit chaque jour, les officiers, les membres du Tribunat, les jeunes gens de la garde d'honneur reçoivent quelqu'une des cinq cent cinquante invitations qu'on imprime exprès chez Eck. Les jeunes gens de la garde ont même mieux qu'un bal; ayant offert à Sa Majesté un modèle en argent de la cathédrale, du coup, en voici quelques-uns invités à dîner!

Ce qui plaît mieux encore, ce sont les concerts : qu'on pense! en la ville la plus folle de musique qui soit en France, l'Impératrice ne s'est point contentée d'appeler pour la divertir des cantatrices comme Mademoiselle Gervasio et Mademoiselle Delihu, à chacune desquelles elle donne cent louis de gratification; elle fait venir Spontini pour exécuter devant elle des morceaux de sa composition. Avec Spontini, elle donne à ses invités la primeur de *la Vestale;* elle fait exécuter dans sa chapelle un *ô Salutaris* qu'il a composé exprès et elle en est si satisfaite qu'elle lui commande un *Domine salvum*. Elle lui accorde, pour son voyage, une gratification de 1,800 francs, mais elle fit bien mieux, puisque ce fut elle, malgré l'Empereur en quelque sorte, qui obtint à l'Opéra un tour de faveur pour la représentation de *la Vestale*. Et dès lors, on peut dire que Spontini fut immortel.

Pour posséder de tels artistes, l'Impératrice ne dédaigne point les théâtres, théâtre français et théâtre allemand. Au théâtre français où elle occupe la loge du préfet, décorée pour elle, elle se plait assez pour envoyer 1,200 francs de gratification au directeur de la troupe, et 300 francs à l'orchestre, et bien qu'elle n'entende certes point la langue, elle fait la même grâce à Vogel, le directeur du théâtre allemand et, à chaque représentation où elle assiste, on note soigneusement que, comme aux bals, elle reste jusqu'à la fin.

Elle ne se contente point de s'associer ainsi aux plaisirs de la ville, d'associer la ville même à ses amusements, elle se mêle à la société, s'unit à elle par un lien d'étrange fraternité : il existe, à l'*Orient de Strasbourg*, une loge des francs chevaliers qui, à l'occasion du séjour de l'Impératrice, tient une loge d'adoption sous la direction de Madame de Dietrich, grande maîtresse titulaire; Joséphine préside. Est-elle donc initiée? Qui ne l'est en son temps? Trois princesses: la duchesse de Bourbon, la duchesse de Chartres et la princesse de Lamballe n'ont-elles pas, en 1777, été les premières adoptées par la loge de la *Candeur* et n'ont-elles pas entraîné après elles toutes les dames de la Cour et de la Ville? En tout cas, Joséphine s'associe aux travaux en habituée; c'est elle-même qui désigne, parmi ses dames du Palais, Madame de Canisy, comme néophyte et qui la fait recevoir. La ville entière prend part à la solennité; il en résulte, parmi les frères du monde entier, une singulière popularité pour l'Impératrice, dont deux loges, l'une O.·. de Paris et l'autre O.·. de Milan, prennent le nom et réclament la protection.

Quiconque vend quelque chose, quiconque fabrique quelque chose, s'applaudit du passage de Joséphine: elle achète les dessins de Zix, les tableaux en découpures de Vallet, ancien comédien, les ouvrages de tour du sieur Holtzapffel, les grandes figures en porcelaine du sieur Lanfrey, lesquelles, à son goût, l'emportent certes sur les vases que la Reine de Prusse a fait décorer de vues de Malmaison, à la manufacture de Berlin et qu'elle envoie par le conseiller Rosenstiel. Elle achète des bonbons, des graines, des plantes, des animaux vivants, des joujoux, et de ses mains coule incessamment un ruisseau d'argent sur qui l'approche: le matériel seul du voyage — la tenue de maison — jette plus de cinq cent mille francs dans Strasbourg et, avec ce que l'Impératrice dépense et fait dépenser, on atteint bien vite le million. Aussi, voudrait-on grandement la conserver tout l'hiver, aussi, aspire-t-on à ce qu'elle se plaise à Strasbourg; et quand elle reçoit, de l'Empereur, l'autorisation de s'avancer en Allemagne, c'est une désolation; mais, pour elle, n'est-ce pas une vraie joie. Ce voyage triomphal de Carlsruhe à Stuttgard et à Munich, ce voyage où, comme dit l'Empereur, « elle sera honnête, mais recevra tous les hommages, car on lui doit tout et elle ne doit rien que par honnêteté », n'est-ce point pour combler d'orgueil la moins vaniteuse femme? Quoi! non pas égalée seulement, mais supérieure — et de combien! —

aux margraves et aux électrices, et ce sont princesses d'Angleterre, d'Autriche, de Hesse, de Nassau, de Saxe, de Bade. « L'électrice de Wurtemberg est fille du Roi d'Angleterre, écrit l'Empereur; c'est une bonne femme, tu dois la bien traiter, mais cependant sans affectation. »

Et n'est-ce rien pour « la petite créole » comme disait Napoléon, de parcourir ainsi toute l'Allemagne en un cortège qu'eût envié toute reine : chevalier d'honneur, dame d'honneur, quatre dames du Palais, quatre chambellans, deux écuyers, tout un monde de serviteurs, et de s'en aller ainsi au-devant de ce vainqueur en qui elle sait encore, sinon un amant passionné tel qu'aux jours d'Italie, au moins un compagnon très tendre, fort désireux de la retrouver « dès que ses affaires le lui permettront ». Si jamais correspondance de mari à femme, a été intime et fréquente, si jamais continuité et permanence de tendresse a été marquée, c'est bien dans ces lettres écrites, chaque jour presque, par Napoléon à sa femme, durant la Campagne de l'an XIV. Encore, ne les a-t-on point toutes et s'est-on assuré que beaucoup n'ont point été publiées : « Ma Joséphine, ma bonne Joséphine... je t'aime, je t'embrasse... Je désire bien te voir... Il faut être gaie, t'amuser, espérer qu'avant la fin du mois nous nous verrons... Du moment que cela sera possible je te ferai venir... Je suis bien désireux de t'embrasser... Je désire bien te revoir... » Et, de chaque couchée, de chaque bivouac, de chaque champ de bataille, c'est une lettre pareille, non point brûlante et délirante comme huit années auparavant, mais telle qu'on sent vraiment un désir de la retrouver, un besoin de l'avoir près de lui, une joie de la revoir, la compagne, l'indissoluble amie, l'indispensable confidente. Bien sûr, il ne va pas lui conter ce qui est de ses affaires de politique et de guerre, mais il lui dit tout ce qui est de ses misères de santé, des fatigues souffertes, des joies attendues : tout ce qui est de son domaine à elle, tout ce qui rentre dans ses attributions de tendresse et de dorloterie. N'y a-t-il pas, en vérité, de quoi triompher de ces lettres et n'est-ce pas tout simple que Joséphine, lorsqu'elle les montre, lorsqu'elle les envoie à sa fille, veuille qu'on les lui rende pour les garder comme le plus cher trésor ?

Mais n'est-il pas tout juste aussi qu'elle se plaise à les faire lire, à montrer aux gens comme elle est aimée !

La voici donc partie pour ce nouveau voyage : c'est le 7 frimaire (28 novembre) à la première heure : huit sous-officiers courront au-devant des voitures ; la garde d'honneur à cheval fera l'escorte ; la garde d'honneur à pied formera la haie au pont de Kehl avec les compagnies d'élite de la garde nationale. Au départ, canon, sur toute la route, vivats : à l'extrême frontière, à l'entrée de Kehl, les autorités de Strasbourg et, attendant son arrivée, les chevaux de carrosse, que l'électeur a envoyés et un fort détachement de hussards badois : mais les gardes d'honneur strasbourgeois, enthousiasmés des bontés que l'Impératrice leur a marquées durant son séjour, dont encore elle vient de donner des preuves à un de leurs camarades blessé, ne veulent quitter l'escorte qu'à Bischoffsheim, à trois lieues de Kehl.

Ce n'est point assez des deux écuyers et des deux cents hussards de l'électeur de Bade ; à Rastadt, c'est le prince électoral, à Mühlbourg, c'est le margrave Louis qui la salue et se mêle à son cortège : et ce cortège passe sous des arcs triomphaux ; il rencontre, presque à chaque pas, des temples où, au fronton, s'inscrit un *Salve*, où, au dedans, s'érige, sur un piédestal entouré de verdure, le buste du dieu vivant. Sur une colonne haute de cent pieds, elle lit : *Josephinæ, Galliarum Augustæ* et, quand, à six heures du soir, elle entre à Carlsruhe, au son des cloches, au milieu des salves d'artillerie, elle trouve, dans la cour du château tout illuminé, à la grande porte, l'électeur, les margraves et toute leur cour. Le soir même, cercle et gala ; le lendemain, après les promenades dans la ville et aux environs, et la visite obligatoire à la Faisanderie, grand concert où presque toutes les dames sont vêtues dans le goût français, puis cercle.

Le 9 (30 novembre), départ pour Stuttgard : encore le canon, encore les cloches, l'escorte badoise, les huit chevaux pour le carrosse de l'Impératrice, et cinquante-quatre autres chevaux de relai pour les neuf voitures. A la frontière de Wurtemberg, le grand maréchal de la Cour et le grand écuyer; plus loin, le prince électoral et le prince Paul. La nuit tombe : des flambeaux s'allument, on marche entre des feux de bois léger qui brûlent de chaque côté de la route. A la porte de Stuttgard, où l'on est à sept heures, le magistrat attend; canon, cloches, haie de soldats raides de froid et de discipline; dans la grande rue, des autels égyptiens illuminés; à la porte du palais, la famille électorale qui l'accompagne à ses appartements où, à la fin, elle soupe seule. Le lendemain dimanche, messe dans les appartements, visites, présentations, puis un grand dîner dans la Salle blanche : Joséphine, sur une estrade, sous un dais, avec la famille électorale, plus bas, deux tables de cent couverts, en face, un orchestre; après dîner, opéra : l'*Achille*, de Paër et un feu d'artifice. Le lendemain, visite de Louisbourg et de Monrepos, et le soir, *Roméo et Juliette*, de Zingarelli. Le 3 décembre (12 frimaire), c'est le départ à sept heures du matin, et les mêmes cérémonies, et l'électrice ornée de tous ses diamants avec qui elle couche sans doute, et tous les princes en grand uniforme, le canon, et les troupes, et le déjeuner au château de Greppingen, et, jusqu'à la frontière de Bavière, les mêmes arcs de triomphe, saluts et discours. Là, en Bavière, on est presque en France : la première couchée, c'est Ulm, et Augereau y commande. L'escorte française ne se compose plus seulement des huit sous-officiers qui courent au-devant des voitures, mais il y a cavalerie française, en même temps que wurtembergeoise et ulmienne. Augereau a préparé une grande parade et, pour le soir, une fête splendide, mais Joséphine, excédée par la migraine, profite de ce qu'elle est en France et demande son lit. Le lendemain, il faut partir pour Augsbourg, où l'on aura la réception de l'évêque. Puis, d'Augsbourg à Munich, une route d'arcs de triomphe, des orchestres si rapprochés que leurs sons se confondent, un cortège grossi à chaque village de nouvelles gardes d'honneur; pour escorte, la cavalerie de la Garde royale d'Italie, et aux portes de Munich, les célèbres voitures de gala de la Cour, ces voitures qui passent justement pour des chefs-d'œuvre de sculpture et de peinture. Mais Joséphine n'y monte point, elle reste

UNE CHASSE A FONTAINEBLEAU

Tableau de Carle Vernet. *Ancienne Galerie de Malmaison*

(Appartenant à S. A. S. le Duc de Leuchtemberg)

dans sa voiture de voyage, « et son entrée n'en est pas moins brillante ».

Du (14 frimaire) au 31 décembre (10 nivôse), elle attend Napoléon à Munich où ce sont des fêtes pareilles à celles déjà vues, des présentations, des cercles, des promenades, des opéras. Quelle lassitude, et comme à la fin on s'ennuie à être tant amusée ! Elle n'a plus un instant qui lui appartienne, plus une minute pour écrire même à l'Empereur qui, gentiment, se plaint une première fois « que les belles fêtes de Bade, de Stuttgard et de Munich fassent oublier les pauvres soldats qui vivent couverts de boue, de pluie et de sang », qui, neuf jours plus tard, d'un mode ironique qui lui est assez peu ordinaire, rappelle sa femme aux réalités : « Grande Impératrice, daignez, du haut de vos grandeurs, vous occuper un peu de vos esclaves. »

Mais en vérité, où aurait-elle pris le temps matériel d'écrire ? N'a-t-il pas fallu, à chaque station, entrer en connaissance avec les familles princières, recevoir et rendre les visites, s'intéresser à chacun, se laisser présenter le peuple de la Cour, s'habiller et se rhabiller, varier ses toilettes et ses costumes selon les heures et les occasions, se promener, dîner, souper, voir l'opéra, tout le temps en grand gala et sans un instant de solitude ; n'a-t-il pas fallu qu'elle réglât elle-même les présents, non seulement aux gentilshommes et aux dames qui sont désignés pour son service, mais aux princes et aux princesses. En robes, en modes, en schalls, en affiquets de toute sorte, elle traîne un magasin : la corbeille destinée à la princesse de Saxe Hildburghausen qui vient d'épouser le second fils de l'électeur de Wurtemberg, 43,500 francs de chiffons fournis par Leroy, dont on ne laisse guère que moitié à Stuttgard, le reste devant servir à faire des présents aux filles de l'électeur de Bavière. La réserve est-elle épuisée, c'est sa propre garde-robe qui est mise à contribution et elle passe aux épaules de l'électrice de Bavière le premier cachemire que celle-ci ait possédé.

De diamants et de bijoux, elle a emporté pour 80,160 francs et tout est si bien employé que, à l'arrivée de l'Empereur à Munich, c'est lui qui doit fournir aux cadeaux. De ses mains à elle, des mains de son premier écuyer, des mains de sa dame d'honneur, coule incessamment sur la route qu'elle suit un ruisseau d'or, où éclatent, par instants, les perles, les diamants et les pierres de couleur : c'est 57,460 francs par d'Harville, c'est 12,000 francs par Madame de la Rochefoucauld, c'est 9,600 francs par l'Impératrice elle-même. Sa bourse vide, elle prend cent louis dans celle de Ballouhey, elle prend ce qu'ont en leurs poches les écuyers, les chambellans, les huissiers, les femmes de chambre : quatre-vingt mille francs encore. Et n'est-ce point la meilleure façon de s'établir en son rang impérial, de laisser de son voyage une longue renommée, de se placer hors de comparaison avec qui que ce puisse être, dans le passé et dans l'avenir ?

Ce n'est point assez de l'or et des bijoux, c'est l'exquise élégance qu'elle porte partout avec elle, c'est le sourire qui ne quitte point ses lèvres, même aux heures les plus fâcheuses de migraine ; c'est le salut gracieux à qui l'acclame ; c'est l'aumône de son regard jointe au présent de ses mains. Si long en sera le souvenir, que cent ans après son passage, les paysans de Souabe en ont, de leurs pères, reçu la tradition et en savent les circonstances, et que Joséphine leur apparaît telle qu'une reine des fées, la fée des perles et des diamants, en manteau couleur d'aurore, en robe couleur de soleil.

Par elle et avec elle, mieux peut-être que l'Empereur par les canons et les batailles, Paris conquiert l'Allemagne. Certes, elle ne pense point qu'elle fasse œuvre de politique lorsqu'elle se pare à miracle pour les fêtes des électeurs. Et pourtant, dès la première étape, pour lui plaire et se mettre à l'unisson, « les dames s'habillent au goût français » : à Stuttgard, les conversions sont plus difficiles : l'électeur veille à sa bourse ; il ne trouve les femmes à sa fantaisie qu'en grand habit dès le matin ; peu lui importe qu'à sa cour les modes retardent d'un ou deux siècles, cela en est meilleur genre et plus Vieille-cour, et ce ne sont point les regards d'envie que l'électrice coule sur les toilettes de Leroy qui détermineront l'augmentation de son budget : pourtant, la corbeille laissée à la princesse Paul jette une semence qui poussera quelque jour et l'on en verra les fruits. Quant à Munich, c'est, du premier jour, une victoire entière où l'on ne saurait se méprendre, car l'électrice, pleine de coquetterie, charmante de visage, n'a pas encore trente ans et ses belles-filles sont les beautés « les plus réputées des cercles ». Aussi bien, n'est-ce point là un médiocre avantage que prend Joséphine dans la négociation bien plus difficile qu'on n'imagine où elle va se trouver mêlée à l'occasion du mariage d'Eugène.

A la Cour de Bavière, durant le mois presque entier que Joséphine y passe, espérant l'Empereur, du 14 frimaire (5 décembre) au 10 nivôse (31 décembre), ce mariage fournit l'intérêt particulier; il fait le nœud de ce drame qui se joue dans le décor des banquets, des représentations d'opéra, des promenades, des excursions, au son des timbales et des trompettes saluant l'Impératrice; sans paraître et sans avoir l'air de rien, elle parvient à se mettre au courant et devine ce qu'elle ne sait pas. Elle prolonge donc fort utilement son séjour. D'ailleurs, la saison est trop rigoureuse pour qu'elle pousse jusqu'à Schœnbrünn, et puis elle est souffrante, même assez sérieusement, des fatigues éprouvées.

L'Empereur arrivé, elle rentre en quelque sorte dans la suite, mais n'est-ce point le moment où sa fortune est le plus haut portée, celui où son fils, adopté par l'Empereur, marié par lui à la princesse de Bavière, échange le nom de Beauharnais pour celui de France, et reçoit la promesse du royaume d'Italie. Jamais elle ne dut se sentir en une telle assurance de l'avenir, en une telle certitude d'avoir enfin conjuré le mauvais sort.

L'année suivante, lorsque, dans la nuit du 24 au 25 septembre 1806, elle part avec l'Empereur, lorsque, après avoir traversé la France sans arrêt, sauf quelques heures à Metz, elle se trouve établie à Mayence dans le Palais teutonique, c'est déjà une moindre conviction du succès final, une moindre allégresse de victoire, une inquiétude de cette guerre qui recommence toujours, dont nulle bataille n'aura raison.

Et ce sentiment est partagé par l'Empereur. Il ne peut s'arracher des bras de sa femme, il pleure, il redoute l'avenir; il y a en son physique comme une révolution à quitter ceux qu'il aime.

Et l'Empereur parti, les dames du Palais arrivées : Madame de la Rochefoucauld, Mesdames d'Arberg, de Turenne et de Montmorency, combien plus vives encore les impressions, à entendre constamment prôner l'armée prussienne et contester les succès des Français. Ce ne sont ni M. de Rémusat, ni M. de Béarn, ni M. Dumanoir, ni même cet excellent Ordener qui peuvent la remonter et lui donner du cœur. Talleyrand s'y essaye bien un peu : et l'on pourrait penser que la venue de Stéphanie, celle surtout d'Hortense et de ses deux fils, changeront ses idées : mais non : elle passe son temps à pleurer. « Je ne comprends pas pourquoi tu pleures » lui écrit l'Empereur le 5 octobre, et un mois après, le 1er novembre, ce sanglot dure encore : « Talleyrand arrive, écrit Napoléon, et me dit que tu ne fais que pleurer. Que veux-tu donc? Tu as ta fille, tes petits enfants, et de bonnes nouvelles, voilà bien des moyens d'être contente et heureuse. » Rien n'y fait et c'est, durant les trois mois que dure le voyage, un effroi qu'elle ne peut vaincre, une tristesse qu'elle ne saurait expliquer, une préoccupation que rien encore ne motive et qui relève de ces pressentiments étranges et vagues qui, au sommet où Joséphine est parvenue, font craindre, deviner et entrevoir la chute? Qu'a-t-elle lu dans les cartes avec qui elle est familière et qui lui ont annoncé déjà bien des secrets? Tous les soirs, après sa partie de whist, tandis qu'on danse et qu'on joue des charades dans le salon voisin, elle tire les cartes. Un soir qu'elle fait cela à son ordinaire, elle s'écrie : « Grande nouvelle! Victoire incroyable! » Elle reprend son jeu, recommence : « Encore une victoire, c'est si beau qu'il faut s'en tenir là. » Et, dans le bruit que fait la jeunesse continuant ses danses, un huissier ouvre les deux battants de la porte, et jette l'annonce d'un page de l'Empereur : c'est Armand de Lespinay, premier page, qui, crotté jusqu'à l'échine, entre, place sur son chapeau un billet sans enveloppe et, genou plié, le présente à l'Impératrice : c'est écrit d'Iéna : « Ma chère

Joséphine, nous avons joint l'armée prussienne, elle n'existe plus. Je me porte bien et te presse sur mon cœur. » Et Joséphine s'adressant à qui lui a coupé le jeu : « Eh bien ! à présent aurez vous foi dans mes cartes ? »

Mais, ensuite, dans ces cartes, n'a-t-elle rien vu qui la touche, elle, qui la menace, qui la terrifie ! Car, à ses pleurs continuels, nulle raison apparente, nul motif défini, nul prétexte même. Il ne manque pas de princes empressés à lui faire leur cour ; ce sont ceux du nord à présent, comme c'étaient ceux du midi à Strasbourg ; mais toujours les mêmes : la grande duchesse de Hesse Darmstadt, les princes de Nassau, la duchesse régnante de Saxe Gotha, le prince de Schwartzbourg-Sondershausen, la princesse de Hohenlohe, le margrave de Hesse-Rothembourg, les princes de la Leyen et de la Lippe, le prince héréditaire de Saxe Weimar, que lui importe ! Elle leur est aimable sans doute, elle leur fait bonne mine, elle les invite à dîner, mais ce n'est point leur présence qu'elle désire, et, sur cette joie-là, elle est blasée.

On a transformé en théâtre la grande salle du manège de l'École d'équitation : elle y va une fois pour l'inaugurer, écoute distraitement les plats couplets en son honneur, n'y retourne plus. On essaye de la distraire en la promenant aux environs ; elle regarde à peine, dans ce délicieux Biberich, les serres du prince de Nassau ; entraînée par sa fille et sa nièce, elle revient un soir dîner, mais elle s'ennuie du bal, du château illuminé, même du jardin dévalant jusqu'au Rhin, pailleté de lampions et rougi de feux de bengale. A Francfort, où elle va rendre la visite du Prince primat, elle reçoit d'un air agréable les hommages qu'on lui rend ; elle fait ses compliments des beaux dîners, des opéras de *Titus* et du *Sacrifice interrompu*, elle loue comme il convient la tenue de la garde bourgeoise ; elle sourit aux vivats, elle s'incline à l'enthousiasme ; elle n'oublie personne en ses présents : elle a une façon à elle d'offrir au maréchal de la Cour une tabatière de 7,200 francs, où brillent, en diamants, les lettres J. N. ; elle a marqué des tabatières pour les deux chambellans, pour le colonel des gardes, pour le contrôleur, des joncs à sept brillants pour le fourrier de la chambre, le conseiller d'économie et le décorateur des tables, elle a désigné des montres pour le colonel de la garde à cheval, les valets de chambre et l'inspecteur des postes ; elle n'a eu garde d'omettre Monseigneur l'évêque pour une opale entourée de brillants et surtout Mademoiselle de la Leyen, la nièce du Prince primat et, comme si, dès lors, elle avait résolu le mariage qu'elle lui fera faire trois ans plus tard, elle lui a dédié une montre avec médaillon en brillants de 3,000 francs ; mais ni les acclamations des Francfortois, ni les promenades, ni les beaux spectacles, ni, au retour à Mayence, les jolis concerts que lui donnent ses deux cantatrices et le célèbre violoniste Boucher, rien n'éteint ses inquiétudes, rien n'atténue ses tristesses, rien ne diminue le désir maladif qui la dévore, d'être appelée par l'Empereur, de le rejoindre, de le tenir, de s'assurer ainsi qu'il n'échappera point.

Par chaque courrier, elle le sollicite ; par chaque courrier, il remet le voyage ; d'abord, il a sans doute envie qu'elle vienne et il le montre, mais, bien qu'il soit sincère, il ne se détermine point et, durant près de deux mois, il la tient constamment suspendue : qu'on regarde ses écritures : le 2 novembre : « Il ne me manque plus que le plaisir de te voir, mais j'espère que cela ne tardera pas ; » le 16 novembre : « Si le voyage n'était pas si long, tu pourrais venir jusqu'ici... j'attendrai ce que tu en penses ; » le 22 novembre : « Je me déciderai dans quelques jours à t'appeler ici ou à te renvoyer à Paris ; » le 26 novembre : « Je verrai dans deux jours si tu dois venir. Tu peux te tenir prête ; » le 27 novembre : « Je serai ce soir à Posen. Après quoi je t'appellerai à Berlin afin que tu y arrives le même jour que moi ; » le 3 décembre : « J'espère sous peu de jours t'appeler, mais il faut que les événements le veuillent. » Et la même chose le 10, le 12, le 15, le 20 décembre : « J'espère dans cinq ou six jours pouvoir te mander. »

Alors, les journaux qui, pourtant, s'occupent si peu de Joséphine, qui sont si discrets sur la vie qu'elle mène, annoncent naturellement à chaque poste le départ pour Berlin. Cinq fois, ils insèrent la nouvelle et la démentent autant de fois. L'Impératrice, d'ailleurs, ne renonce pas ; elle insiste ; elle se cramponne à son idée ; à défaut de Berlin, elle ira s'installer à Fulde ; au moins ne veut-elle point quitter Mayence. Elle y est mal, tout le monde se plaint autour d'elle ; ce ne sont que mines renfrognées, soupirs qu'on ne se donne pas même la peine de dissimuler en baillements. Exaspérée de Mayence, Madame de la Rochefoucauld s'insurge en paroles contre l'Impératrice, l'Empereur et surtout la France. Cela revient à Napoléon. « Madame L..., écrit-il, est une sotte si bête que tu devrais la connaître et ne lui prêter aucune attention. » Joséphine fait semblant de ne pas entendre. Il y revient par le courrier suivant : « La personne dont je t'ai voulu parler est Madame L... dont tout le monde dit bien du mal. On m'assure qu'elle était plus Prussienne que Française, je ne le crois pas, mais je la crois une sotte qui ne dit que des bêtises. » Et sur le même thème : « Je hausse les épaules de la bêtise de Madame de L... Tu devrais cependant te fâcher et lui conseiller de ne pas être si sotte. Cela perce dans le public et indigne bien des gens. Quant à moi, je méprise l'ingratitude comme le plus vilain défaut du cœur. Je sais qu'au lieu de te consoler, ils t'ont fait de la peine. » A la fin, comme cela devient insupportable, il écrit : « Renvoie ces dames qui ont leurs affaires. Tu gagneras d'être débarrassée de gens qui ont dû bien te fatiguer. »

Cela montre assez l'état de cette cour, l'anarchie qui y règne, à quel point Joséphine sait peu imposer le respect et se défendre même contre ses servantes.

Il est vrai qu'elle a pour principale ennemie sa dame d'honneur, celle qui devrait la soutenir davantage, et que l'excellent Ordener est l'homme le moins propre aux fonctions que Napoléon lui a imposées. Elle se débat dans l'oisiveté mauvaise conseillère ; elle ne trouve nulle part l'avis utile, le conseil nécessaire, désintéressé qui relèverait sa faiblesse, l'empêcherait de faillir et sauvegarderait sa dignité.

Elle reste donc et s'éternise à Mayence, attendant toujours le signe qu'elle espère depuis deux mois. Mais Napoléon, arrivé et installé à Varsovie, n'éprouve plus du tout le besoin qu'elle le rejoigne : le 3 janvier, il lui écrit : « Je serais d'avis que tu retournasses à Paris où tu es nécessaire; » le 7, bien plus nettement : « Rentre à Paris pour y passer l'hiver. Va aux Tuileries et fais la même vie que tu as l'habitude de mener quand j'y suis. *C'est là ma volonté.* » Le lendemain : « Je t'avais priée de rentrer à Paris... Paris te réclame. Vas-y. C'est mon désir. » Et il réitère l'ordre ou le désir, le 11, le 16, le 18, plus souvent sans doute. C'est seulement sur cette lettre du 18 que Joséphine se décide : « Si tu pleures toujours, je te croirai sans courage et sans caractère. Je n'aime pas les lâches. Une Impératrice doit avoir du cœur. » Il faut donc partir : sans doute, l'Empereur sait que Paris, après la vache grasse de 1804, ne voit point sans ennui la vache maigre de 1806 succéder à la vache coriace de 1805 ; deux hivers à la suite sans une cour qui réside, sans fêtes, sans bals, sans réceptions, c'est dur pour les marchands. Par ordre, les princesses du sang et les princes d'Empire ont ouvert leurs maisons, mais il y a pénurie de danseurs et, pour les bals de l'Archichancelier, il faut lever, à Saint-Cloud, une conscription de pages.

C'est le motif qu'allègue Napoléon; mais il en a d'autres que Joséphine a devinés dans sa jalousie instinctive contre « les belles de la Grande Pologne ».

Avant le départ Joséphine fait ses présents : le préfet Jean-Bon-Saint-André reçoit une belle tabatière en or émaillé avec chiffres en brillants (écaille noire doublée en or avec chiffres en brillants, tout à fait *Convention*), l'évêque, une moins riche en or émaillé, puis le maire, le médecin de Wisbaden — elle n'eût point été elle-même si elle n'avait profité de cette occasion de prendre les caux — le directeur de la douane et le directeur de la poste : des boîtes de 3,800 à 4,300 francs selon le grade. Pour le maréchal Kellermann, il en faut une à part, à cercle de brillants avec les portraits de l'Empereur et de l'Impératrice peints par M. Parent. Et il y a encore une parure en camées pour Madame Lorge, femme du général ; une très médiocre, en mosaïque fond turquoise, pour la princesse de Hohenzollern, trois de rien du tout pour Madame Jolivet et Madame Dibelius, et pour la fille du proviseur du lycée : et c'est fini. Point de garde d'honneur, point de jeunes filles à compliment, rien qui, après ce long séjour de quatre mois, marque des habitudes prises, des liaisons formées, quelque chose d'analogue à ce qui était à Strasbourg l'année précédente. Jean-Bon-Saint-André attend l'Impératrice à Gemersheim où elle passe la nuit et de là, elle part pour Strasbourg. Elle arrive, accepte une fête improvisée par le préfet Shée, repart pour coucher à Bar-sur-Ornain, chez Madame Oudinot à qui elle offre une parure en cornalines brûlées gravées en creux et montées en or à feuilles de chêne de 1,660 francs. Réception des jeunes personnes de la ville offrant des fleurs : ci, deux petites montres de col. Avant Paris, on s'arrête encore à Épernay chez Madame Moët : elle aura pour son dérangement une parure en coquilles orientales enrichie de perles de 1,050 francs, et la fille du maire, pour son compliment, une petite parure en coquilles blanches. Enfin, voici le département de la Seine et, à la lisière, le préfet et les autorités; grâce à eux, on n'est aux Tuileries qu'à huit heures moins le quart. Et le lendemain, trois salves d'artillerie; quatre jours après, toutes les autorités qui défilent et font leurs compliments; puis, la vie reprise comme si l'Empereur était présent, avec les messes du dimanche, les cercles diplomatiques, les présentations d'étrangers et d'étrangères, les grands spectacles à l'Opéra, même des bals particuliers, des visites de manufactures et de monuments et des auditions au Conservatoire : chaque semaine, un jour ou deux à Malmaison, avec une société sur qui l'Empereur garde l'œil ouvert et d'où il chasse impitoyablement toute brebis galeuse. C'est là que, comme à l'ordinaire, on célèbre la Saint-Joseph et c'est par des petites pièces d'Alissan de Chazet et de Longchamps que les princesses Caroline et Pauline viennent débiter et détonner en compagnie de Mesdames Ney, Lavallette et Junot, de MM. Junot, de Brigode, d'Angosse et de Montbreton. Cela est froid, malgré les couplets et l'Impératrice, quoiqu'elle fasse pour paraître contente, reste inquiète, agitée, comme sous la menace d'un malheur.

Et le voici le malheur: Le petit Napoléon, le fils aîné de Louis et d'Hortense l'enfant que préfère l'Empereur, qu'il a depuis trois ans désigné comme son successeur, est pris du croup et, en deux jours, meurt à La Haye. Il meurt le cinq mai — coïncidence étrange! — Le 8, on en a la nouvelle à Paris, mais Joséphine qui, depuis le 6, est installée à Saint-Cloud, n'ose point partir sans l'autorisation de l'Empereur. De plus, elle est souffrante : on a dû lui mettre un vésicatoire derrière la nuque. Le 10 seulement, après un conseil des dignitaires où Cambacérès a pris sur lui d'autoriser le voyage, elle se met en route incognito avec une suite des plus restreintes : une dame, un chambellan, un écuyer, le médecin de service, un premier valet de chambre et une femme de chambre. Elle s'arrête à Lacken où elle attend Hortense qu'elle ramène à Malmaison. N'avait-elle point lieu d'être inquiète et n'est-ce point ici la terminaison de sa fortune? Les propos qui vont s'échanger, les projets qui vont se former à Tilsitt, c'est, plus tôt ou plus tard, la répudiation, la déchéance, l'épouvantable abandon.

Deux années passent où elle est ballottée, Napoléon ne parvenant point à prendre une décision, voulant d'abord achever telle ou telle partie de son œuvre avant d'accomplir cette séparation définitive qui coûte tant à son cœur : elle pressent les dangers, elle s'en inquiète, elle se rassure ; elle est éveillée aux indices, elle surveille les propos. L'Empereur part pour la guerre d'Autriche : il voudrait que Joséphine restât ; elle obtient à grand'peine de l'accompagner jusqu'à Strasbourg, de l'y attendre. Cette fois, plus de spectacles ni de théâtres; presque point de visites de princes et de princesses d'Allemagne, à l'exception de quelques Badois qui font une apparition de simple politesse. Ce qui vient trouver l'Impératrice, c'est sa famille : Hortense en pleine lutte avec son mari et qui ne sait où aller, Stéphanie qui s'efforce d'échapper à sa belle famille, Catherine qui vient d'être chassée de ses États par l'insurrection, qui est partie de Cassel sans bagages, sans suite, sans maison, et est venue se réfugier à Strasbourg. Qui encore? deux dames polonaises, Madame Krasinska née Radziwill, la femme du colonel des Chevau-légers et Madame Lubienska, née comtesse Ossolinska, femme d'un chef d'escadron. Ces deux dames sont du voyage, logent au palais et participent à la vie intime ; au même titre que Madame de la Rochefoucauld qui s'absente le plus qu'elle peut et

LE MARIAGE DU PRINCE EUGÈNE A MUNICH.

Tableau de Ménageot.

Musée de Versailles

1. *Le Prince Murat.*	4. *Dames du Palais.*	7. *La Princesse Auguste.*
2. *L'Empereur.*	5. *Le Roi de Bavière.*	8. *Le Prince Eugène.*
3. *L'Impératrice.*	6. *La Reine de Bavière.*	9. *Le Prince Primat.*

[illegible] depuis [illegible] est installée à [illegible]. Quand [illegible] l'Empereur. De plus, elle [illegible] [illegible] couper la coupe. Le [illegible] [illegible] et [illegible] à peu sur les [illegible] se [illegible] avec une [illegible] des [illegible] le médecin de [illegible] valet de chambre [illegible] femme de chambre, elle [illegible] elle [illegible] comme à Malmaison. [illegible] et la combinaison [illegible] qui vont se [illegible] la déchéance. [illegible]

[illegible] Napoléon ne parvenant point [illegible] décision [illegible] achever telle ou telle partie de [illegible] séparation définitive qui coûte tant à son [illegible] les dangers, elle [illegible] elle se [illegible] elle [illegible] les propos. L'Empereur part pour [illegible] attendre. Cette [illegible] de princes [illegible] de Cassel [illegible] à Strasbourg, [illegible] Radziwill, [illegible] dames sont de [illegible] en [illegible] qu'elle [illegible]

disparaît avant la fin, Madame de Serrant, Madame Devaux, et quatre hommes : Ordener, Beaumont, Monaco et Deschamps. La reine Hortense n'a, en femmes, avec elle, que la gouvernante de ses fils, Madame de Boubers; Stéphanie et Catherine ont leurs allemandes; passée la duchesse de Courlande qui vient de marier à Francfort sa fille à M. Edmond de Périgord, le fond de société ce sont les Strasbourgeoises: Madame Mathieu-Faviers, femme de l'ordonnateur en chef qui semble en grande faveur et qui prête ses chevaux à l'Impératrice les premiers jours, la générale Walther, puis Madame Shée, la femme du préfet qu'on voit peu, peut-être Madame Brice-Montigny la femme du gouverneur du palais; en vérité, cela ne compte pas. Des promenades au jardin botanique et à l'Orangerie Joséphine, quelques visites aux monuments — dont Joséphine ne paraît guère curieuse, car c'est le 6 juin seulement, à ce quatrième séjour, que, pour la première fois, elle va voir le tombeau du maréchal de Saxe — quelques courses aux environs, sans jamais franchir le Rhin, car il faut l'autorisation expresse de l'Empereur pour sortir de l'Empire et il ne permettra même point à Joséphine d'aller aux eaux de Bade, c'est toute la vie. Brusquement, éclate quelque nouvelle de victoire, mais c'est Ratisbonne, l'Empereur est blessé; il ne l'a point voulu écrire à sa femme sur le moment, « il lui a simplement mandé qu'il avait eu une attaque de bile »; mais elle finit par le savoir et ses inquiétudes redoublent : c'est l'Empereur lui-même qui s'efforce de la rassurer : « La balle qui m'a touché ne m'a pas blessé, lui écrit-il; elle a à peine rasé le tendon d'Achille. » Même l'entrée à Vienne que vient annoncer le colonel Guéhéneuc ne la remet point, et l'enthousiasme de la ville, et la sérénade que donne la garde d'honneur au-devant de la terrasse du palais sur des bateaux illuminés, et le feu d'artifice improvisé, et la joie des paysans. Sans doute, elle fait ce qu'il faut, elle envoie cinquante napoléons aux musiciens; elle accepte la fête que la ville veut lui offrir — mais lorsqu'elle se rend, le 29 mai, à l'orangerie de la Robertsau, à travers les avenues illuminées, qu'elle assiste au concert, au feu d'artifice et au bal, qu'elle tient cercle avec cette affabilité qui lui gagne tous les cœurs, elle sait à n'en point douter que, après la journée indécise du 21, le 22, la victoire a été infidèle, que, à Essling, l'Empereur a dû se retirer — qu'importent les causes? — et qu'il n'a échappé à un désastre entier que par l'étonnante résistance de Masséna. Même, elle en perd la réserve accoutumée, elle en oublie toute prudence. A Metternich qui arrive à Strasbourg pour être échangé contre l'ambassadeur de France, elle fait dire, lorsqu'il descend de voiture, de se rendre de suite chez elle. « Je la trouvai, dit-il, très vivement préoccupée des suites que pourrait entraîner l'événement en question. *Elle me mit au courant de ce qu'elle avait appris et je ne gardai plus aucun doute sur l'importance de la défaite.* Les détails étaient si précis si positifs que Joséphine ne doutait pas que, en arrivant à Vienne, je ne trouvasse les négociations en train. L'Impératrice admettait même que je pusse rencontrer Napoléon en route pour revenir en France. » Ainsi, après treize années de vie politique, à la neuvième année où elle est la femme du maître de la France, voilà où elle en est et à qui elle adresse ses confidences! L'Empereur avait quelque raison de tenir hors de l'intimité de sa cour, les diplomates étrangers.

Pour achever le tableau, voici qu'arrive à Strasbourg la duchesse de Montebello, partie de Paris à la première nouvelle que le maréchal a été blessé. Elle ne fait que relayer à la Maison-Rouge, ne prend pas le temps de venir au palais et c'est Joséphine qui va la trouver à son auberge.

L'Empereur vaincu, Lannes mourant, ce n'est rien encore, mais elle le sent, tout est en question pour elle : pas une fois, depuis le départ, Napoléon n'a pensé à l'appeler : ses lettres sont rares, courtes, sèches, uniquement remplies de nouvelles. Plus d'effusion, plus de tendresse; un *tout à toi* banal. Nul encouragement, nulle gentillesse. C'est fini. Et elle n'ose même plus demander à le rejoindre, elle, si pressante les années d'avant, si convaincue qu'elle fera plaisir. Timidement, ce qu'elle sollicite, c'est Bade, et elle est refusée; on lui accorde Plombières. Mais elle irait se cacher n'importe en quel trou, elle n'y tient plus, elle ne peut plus soutenir la vie de représentation qu'elle est encore obligée de mener à Strasbourg. Dès reçue la nouvelle à demi rassurante de la jonction de l'Armée d'Italie elle part, elle disparaît, elle se terre à Plombières où du moins personne ne la verra pleurer.

***

Ce bref résumé des voyages impériaux durant les campagnes, complète, précise, affirme ce qu'on a vu des séjours aux eaux, donne toute la physionomie des quatre années, montre la déchéance graduelle et les échelons qu'il a fallu descendre; mais il manque, pour qu'on ait une notion de la vie de Joséphine, une esquisse rapide de ces voyages où elle accompagne l'Empereur et dont le triomphal retour d'Aix-la-Chapelle a pu donner seulement l'idée.

En 1805, c'est le voyage d'Italie d'où elle revient à ce point fourbue, après la galopade d'une traite de Turin à Fontainebleau, que ses pieds enflés ne peuvent entrer dans ses souliers et que, après, il lui faut un mois de cure à Plombières. En 1806, c'est le voyage de retour de Munich — rien. — En 1807, l'Empereur, partant pour l'Italie au plein de l'hiver, refuse de l'emmener. Elle s'en désole et elle eût certainement péri au passage du Mont-Cenis où Napoléon et ses compagnons de route faillirent rester : mais, en 1808, du 2 avril au 14 août, c'est le voyage de Bayonne. Sans doute, sur ces quatre mois et demi, près de trois s'écoulent à Marrac dans ce misérable petit château où, au rez-de-chaussée, l'Empereur et l'Impératrice ont chacun cinq chambres, mais où, à l'unique étage en mansardes, on a entassé dans treize chambres ou cabinets noirs, pêle-mêle, Meneval, Bacler d'Albe, la garde-robe de l'Empereur, un grand officier, un valet de chambre, Madame Gazzani, Madame de Montmorency, quatre femmes de chambre, deux valets de chambre et les chefs de la bouche. Des mouches partout, en telle quantité et à tel point qu'on ne peut bailler sans en avaler. Une vie malgré tout encore assez gaie dans sa tranquillité, par le relâchement de l'étiquette, et surtout, pour Joséphine, par la croyance à une reprise de faveur. Mais c'est l'étonnant retour qu'il faut voir : du 21 juillet au 14 août, on voyage : pour éviter la chaleur, l'Empereur prétend arriver vers huit ou neuf heures du matin dans les villes où il s'arrêtera ; on part donc à telle heure du matin ou de la veille qu'il est nécessaire. Le cortège se compose d'une voiture de service à quatre chevaux pour les valets de chambre, de deux voitures à six chevaux pour les dames et les officiers, de la voiture de l'Empereur à huit chevaux d'une calèche à quatre chevaux pour le cabinet et d'une voiture à quatre chevaux pour la bouche. Le reste du service précède ou suit à douze heures d'intervalle avec dix voitures à six chevaux, quatorze à quatre chevaux et sept à trois chevaux. Devant l'Empereur, courent un écuyer, un page, trois sous-officiers, un sous-inspecteur des postes, un piqueur et trois courriers. Des brigades de chevaux de selle et des brigades d'attelage ont été d'avance envoyées dans chaque ville avec des pages, des sous-officiers coureurs, un peloton de gendarmes et un nombre plus ou moins grand de Chevau-légers polonais d'escorte. Tout est prévu : au jour, à l'heure, à la minute, tout est réglé, et pour vingt-cinq jours! Les préfets et les maires sont avisés ; à date fixe, les villes ont leurs fêtes préparées et les peuples y affluent. Impossible de tricher, défendu d'être malade, défendu d'avoir la migraine, défendu de ne point paraître à l'heure dite, dans la toilette qu'il faut, un sourire aux lèvres, des grâces dans la voix, de jolis gestes dans les mains. Pau, le 22, puis Tarbes, Auch, Toulouse pendant quatre jours, Montauban, Agen, Bordeaux, Saintes, Rochefort, Niort, Fontenay, Napoléon, Nantes, Paimbeuf, Angers, Tours, Blois, voilà l'itinéraire ; mais ce ne sont point les couchées. De Marrac, on part pour Pau (Gelos) à 9 heures du soir ; d'Auch pour Toulouse à la même heure ; de Toulouse pour Montauban à sept heures ; de Montauban pour Agen à six heures ; d'Agen pour Bordeaux à sept heures : toute la nuit, on roule, et c'est sur des routes imaginaires, au moins entre Bayonne, Tarbes, et Auch. On arrive brisé, roué comme on disait, et c'est l'entrée, les clefs, les arcs de triomphe, les discours, les gardes d'honneur, puis, dès la sortie de voiture, les présentations, les compliments, les ingénieux présents des jeunes filles, les ambitions allumées, les pétitions prêtes, les quémanderies à satisfaire ; puis, les fêtes populaires à regarder, et les bals, les spectacles, les cantates, les feux d'artifice; on ne se couche point : l'on repart, et c'est de même dans une autre ville, avec des divertissements, des gentillesses, des fatigues pareilles. Et Joséphine, non seulement est imperturbablement exacte, mais elle est constamment aimable : à coup sûr, elle ne peut, comme à Paris, avoir pour chacun une attention particulière et, par un mot, se retrouver en connaissance. Dans ce défilé de personnages nouveaux, dans ce passage ininterrompu d'êtres qu'elle envisage pour la première fois, c'est à peine si, de temps à autre, elle se raccroche à un nom déjà entendu et, dès lors, entre en conversation; mais elle possède un art si raffiné de parler les banalités et de trouver celles qui doivent le mieux plaire; elle sait si agréablement sourire, elle a une telle façon d'offrir les dons d'usages aux jeunes filles et aux dames qui lui présentent des fleurs, des étoffes, des bonbons, les produits du crû, qu'elle gagne tous les cœurs. Ce n'est point par une de ses dames ou par un chambellan qu'elle envoie les bijoux : elle les a sur elle; elle détache une montre de son corsage, elle tire une bague de ses doigts, elle a en mains une tabatière; ce qu'elle donne, c'est quelque chose d'elle, quelque chose qui lui appartient, qu'elle a porté une seconde et qu'elle semble avoir porté toujours. Le présent prend ainsi un air de spontanéité qui le rend plus précieux, qui le fait plus désirable : C'est *sa* montre, *sa* bague, *sa* tabatière, *sa* parure, *son* bracelet qu'elle a donné, non pas un bijou quelconque, un bijou anonyme qu'on se hâte de porter chez le joaillier pour en savoir la valeur. Ce n'est plus un présent, c'est un souvenir; pour la plupart, ce sera une relique.

Comédie, soit : qu'est-ce donc que la vie? A coup sûr, Joséphine, en pareils cas, est une incomparable actrice; jamais elle ne porte sur son visage un air d'ennui et de lassitude; jamais elle ne prend une façon hautaine pour embarrasser les gens; jamais elle ne se moque aux spectacles les plus risibles; jamais elle ne montre une répugnance aux cérémonies les plus fastidieuses; jamais elle ne se dispense des corvées les plus rudes. Pour quelle cause? Pour rester avec l'Empereur, montrer sa bonne volonté, faire preuve d'un dévouement à ses désirs. Cela sans doute; car si, une fois, terrassée par la migraine, elle est obligée de se mettre au lit à la descente de voiture, anéantie qu'elle est par la fatigue, jamais elle ne manque au départ, ne fait attendre une minute, ne laisse échapper une plainte, tant elle a peur que Napoléon ne la laisse en arrière, ne parte de son côté, ne lui enjoigne de regagner Paris. Mais ce n'est point tout: elle est femme du monde, femme bien élevée, femme élevée à la française, elle sait ses devoirs; plus haut elle est montée, mieux elle sent les obligations de politesse et d'égards, et, de ces égards, les premiers qu'on doive marquer, c'est de subir et d'accueillir les respects. A cela, quelque nuance de vanité peut se mêler, mais qu'importe? Son devoir ici, elle le remplit mieux qu'aucune souveraine ne l'a jamais fait en France; et elle le remplit tout entier, elle le remplit mieux en province qu'à Paris, parce qu'elle n'y mêle presque jamais cet air de familiarité qui nuit à son prestige. Elle y prend ce qu'il faut de grâce pour apparaître comme la bonne souveraine, mais elle y garde assez de dignité pour rester la souveraine; ainsi a-t-on pu dire justement après de tels voyages :

« Napoléon gagne les batailles; Joséphine gagne les cœurs. »

*
* *

Ainsi, dans un minutieux détail, a-t-on suivi l'existence de Joséphine durant qu'elle fut impératrice, et, de ses goûts, de ses habitudes, des façons qu'elle a adoptées, des cadres qu'elle a traversés, a-t-on pris quelque idée. Sans doute, l'on n'a touché ici qu'un des éléments d'information; l'on n'a regardé que l'Impératrice et c'est sur elle seule qu'a été menée l'enquête : rien donc des relations de l'épouse, de la mère, de la bru, de la belle-sœur, avec son mari, ses enfants et ses alliés; rien de la vie de Joséphine avant l'Empire et après le divorce; rien de l'histoire de Malmaison, si nécessaire pourtant. C'est l'Impératrice seule qui est en jeu et c'est uniquement le spectacle qu'elle a donné à ses contemporains qu'on a prétendu restituer. C'est sur les faits qu'on vient de voir qu'ils ont formé leur opinion et c'est sur cette opinion qu'a été rendu jusqu'ici le jugement de la postérité.

« Caractère bienveillant, tact social tout particulier » dit Metternich; « jugement sain, grande habitude de la société » dit Lavallette, et tous à la suite, Beugnot, Meneval, Mollien, Savary, Rapp, tous les mémorialistes sans exception, s'accordent à vanter son affabilité, son tact et la plupart ajoutent : sa bonté.

Tous aussi sont unanimes en jugeant son intelligence : « Elle avait un esprit peu étendu » disent ensemble Lavallette et Metternich; « elle n'avait pas un esprit supérieur » dit Meneval.

Quant à la portée de cet esprit et à son envergure, l'on peut se trouver d'accord avec les contemporains. Il manque, certes, à Joséphine, l'esprit de conduite, le haut dessein, le désir d'aller au grand. Elle est la gaspilleuse, et sa folie de dépense, l'incapacité où elle est de se régler jamais, le gouffre de Malmaison, le gouffre des couturiers, le gouffre des bijoutiers, cette vie la plus absurdement prodigue qui fût jamais au monde, suffisent pour en fournir la preuve. En évaluant à vingt-cinq millions ce qu'elle a, pour ses fantaisies, dépensé en six années, l'on est au-dessous de la vérité : mais qu'une femme trouve un amant prêt à payer toujours toutes les dettes qu'il lui plaira faire, à quelle somme les montera-t-elle ? Joséphine a réalisé ce rêve, de ne compter jamais, d'ignorer la valeur des choses, de méconnaître l'argent, de ne voir que son désir du moment et de le satisfaire. Par là sans doute, elle s'est montrée médiocrement pratique et n'a point, comme le lui reprochait l'Empereur, assuré des rentes à ses petits enfants : mais elle a été dans la vérité de son rôle et de son tempérament, qui est un rôle et un tempérament de courtisane.

En même temps qu'elle manque de l'esprit de conduite qu'on trouve chez les bourgeoises économes, elle déploie en toute circonstance une habileté infinie pour retenir et garder près d'elle l'amant, l'époux qui, à chaque instant, cherche à s'échapper : elle tient en échec tous les Bonaparte : elle mène quantité d'intrigues, pratique des alliances et, dans ce siège de quatorze ans dont elle est l'objet, nul ne peut lui apprendre des tours pour se défendre, pour pratiquer des sorties et faire jouer des contre-mines. Elle a cet art suprême de ne laisser rien paraître de cette habileté et elle préfère qu'on la croie sotte plutôt que de se découvrir.

Elle a pris, ou elle a de naissance, étant femme, une habitude de la dissimulation qu'en toute occasion elle met en pratique. Elle a, comme dit Napoléon, *la négative* « c'est là son premier mouvement, sa première parole : *Non* et ce *Non* n'est pas précisément un mensonge, c'est une précaution, une simple défensive. » Elle n'avoue point, elle n'avoue jamais et, avec cette arme seule, mais constamment employée, elle est constamment en garde. Elle porte à s'en servir une telle habileté qu'un observateur tel que Beugnot a pu s'y tromper et vanter sa *sincérité*.

C'est qu'en effet sur tout ce qui ne touche pas à sa *position*, elle peut paraître et il semble même qu'elle soit sincère : que lui importe ? Il lui est plus simple, plus agréable et plus facile d'être aimable pour tous que de marquer à qui que ce soit une préférence ou une antipathie. A défaut de la prudence qui lui conseillerait une telle règle de vie, l'égoïsme la lui imposerait. Elle n'a point d'amis, ni d'amies qu'elle ne soit prête à sacrifier à son intérêt du moment ; point de parent, point d'enfant, mais en même temps elle fait des grâces à l'univers et chacun se retire charmé. La profondeur de son égoïsme est insondable, mais cet égoïsme revêt la forme particulière de l'affabilité et de l'attendrissement. Tout le monde s'y laisse prendre, elle même semble y croire. Et cela suffit.

L'égoïsme, lorsqu'une femme le dissimule assez pour faire penser qu'elle a du cœur, est à la fois la plus grande des forces et la meilleure des armes. Joséphine y excelle et il suffit qu'elle paraisse ainsi, car, pour ce qu'elle pense réellement, nul ne le sait, pas même elle. Car, chez elle, l'égoïsme est si profond et si naïvement absorbant qu'il s'ignore. La dissimulation est si habituelle que son jeu n'exige aucun effort, et qu'elle est d'abord en action. De fait, l'on ne saurait demander mieux : la sincérité qui est un besoin de nature et une faiblesse chez certains êtres masculins, n'est jamais qu'une apparence chez la femme et un moyen de mieux tromper. On ne doit donc exiger d'elle que de faire croire qu'elle éprouve des sensations ou des sentiments. Si elle en donne l'illusion, c'est assez. Joséphine a convaincu son mari et ses enfants qu'elle les aimait; elle a convaincu tout le monde qu'elle était bonne ; elle a convaincu Beugnot qu'elle était sincère. N'est-ce pas comme si elle avait été tout cela ?

Elle est une femme — la femme à la fois la plus civilisée et la plus sauvage; nulle instruction, nulle croyance, nulle règle morale; mais le sens du monde : sens qu'elle n'a point acquis, qu'elle a de naissance et qui la pare aux yeux. Du premier coup, elle sait entrer dans un salon, y marcher, y paraître, dire ce qu'il faut à chaque personne, faire les différences, gagner tous les cœurs. Où l'a-t-elle appris ? A la Martinique, à Panthémont, chez Barras ? Nulle part. Cela est un don. Elle est ainsi.

C'est là sa qualité majeure, l'unique peut-être. Avec ce tact du monde et cette affabilité qui sont de nature, elle sauve tout et le néant de son moral est couvert. Cela ne se rencontre-t-il pas chez quelques êtres ? N'en sait-on pas qui, partis de plus bas, n'ayant point reçu plus que Joséphine une tradition de politesse et une éducation de société se trouvent en leur atmosphère dans le premier salon où ils pénètrent et y sont mieux à leur aise que s'ils y avaient été élevés. Et l'inverse n'est-il pas vrai, et ne sait-on pas quantité de femmes et d'hommes bien nés, ayant reçu l'éducation qui convient, qui passent, dans le monde, leur vie à n'en pas être ?

Affabilité et tact, égoïsme, dissimulation, voilà les vertus mondaines de Joséphine : elle n'en a point d'autres, mais elle n'aurait pas besoin d'en avoir si elle se trouvait toujours avec Napoléon. Il est, pour elle, le guide et le mentor nécessaire ; qu'il gronde ou qu'il se taise, il est là, cela suffit; elle se surveille, elle agit selon la règle qu'il a donnée ; et, en se soumettant à l'étiquette, elle contraint les autres à la subir. Par là, elle se maintient en son rang, s'établit en sa dignité, et, par crainte plus que par goût, elle se trouve de pair avec sa fortune. Mais, que Napoléon s'absente, alors pareille à ces étoffes molles dont elle aime à se parer, elle se laisse toute aller ; elle oublie ce qu'elle est devenue pour ce qu'elle a été, retombe à ses fréquentations, s'amuse à des niaiseries, se fait la complice d'inventions plaisantes, rit aux histoires salées, supporte les méchantes humeurs de qui l'entoure, se plaît aux cancans de femmes de chambre, retourne à sa vie d'autrefois. Napoléon manquant, tout lui manque, car elle n'a pas, d'elle-même, pris une idée qui la maintienne et la porte au-dessus des autres ; sa dignité n'est que de reflet ; sa tenue ne lui est imposée que par la conscience de son intérêt, par la peur de perdre sa *position*.

Cette position, quel fardeau ! Quelle lutte pour la conquérir, quel continuel effort pour s'y maintenir et, au fond, quelle triste vie ! Qu'on mette de côté ce qui en est la joie principale, le gaspillage, la toilette, les bijoux, Malmaison ; rien que la vanité satisfaite, mais à quel prix ! Pas une minute de calme, d'apaisement, même de tranquillité. Cette femme qui serait volontiers sédentaire passe son temps d'impératrice à courir les routes, à changer perpétuellement d'horizon et de cadre. Une inquiétude qui la dévore, une attention qui la surmène : que dit-il ? que pense-t-il ? que va-t-il faire ? S'il part, elle part. S'il voyage, elle voyage. S'il demeure, elle reste. Elle attend, des heures, des jours, épiant le moindre bruit et craintive au moindre souffle. *Ne point déplaire* au maître, ne point donner prise, et faire bonne contenance, garder bon visage, se renseigner sans avoir l'air, écouter sans qu'on s'en doute, sentir constamment sur soi la menace de la répudiation, savoir cette répudiation inévitable, mais gagner du temps, retarder l'accident, et cela, quatre années durant !

Quelle vie ! Quel supplice pour une autre femme : mais, telle qu'elle est, Joséphine, avec sa nature, son existence de hauts et de bas, cette suite d'alternatives qui emplissent son passé, y est moins sensible sans doute que ne serait une femme dont la vie eût été établie dès l'enfance, même en une position médiocre, mais définie et stable. Elle peut, même au milieu des plus graves inquiétudes, jouir d'un chapeau, d'une robe, d'un bijou, elle peut potiner avec ses femmes de chambre ses dames du Palais, les femmes qui lui font visite; elle peut regarder ses fleurs, jouer avec ses bêtes, faire des patiences. Elle a ce côté d'enfance qui, forcément, la distrait et l'empêche de s'assombrir. Ce n'est point une martyre, pas plus que ce n'est un grand esprit ni un pauvre esprit. C'est, il semble, en la plus étonnante fortune qui soit, fortune où elle n'est pour rien, où elle ne s'est en rien aidée et qui lui est tombée du ciel, comme la sublimation de la femme française — non point des vertus de la race, mais de ses charmes, de ses agréments et de ses vices de nature.

Des deux femmes qu'elle montre — celle qu'elle est, l'Empereur présent, celle qu'elle est, l'Empereur absent — celle-ci seule, sans doute, est la véritable et la sincère. C'est celle que voient les marchands, les cabotins, les femmes de chambre, les jardiniers, celle que voient, à des jours, les dames du Palais et les chambellans, la femme à dettes, à potins, à bestioles, qui mène au vrai la vie d'une fille la plus étonnamment entretenue, qui en a tout le fond d'être, tous les goûts, toutes les habitudes; mais, de celle-là, le public, même à la Cour, en devine seulement de petits côtés qu'il soupçonne, en raconte de petites historiettes qui passent encore pour bonté, gentillesse, agrément d'enfance: c'est l'autre femme que voit le public, celle tendue en son désir, en sa passion de ne pas déchoir, de ne pas être remerciée, congédiée vilainement, si adroite que, de ce continuel effort, sauf aux derniers jours et lors de la chute imminente, rien ne s'aperçoit: elle ne se guinde point, elle ne s'efforce pas; elle est juste ce qu'il faut et telle qu'il faut qu'elle soit. Elle y excelle à ce degré qu'elle y est constamment naturelle et sa comédie est si divinement jouée qu'elle fournit constamment l'illusion entière de la vérité. Aussi bien, qui peut dire qu'elle n'y soit pas sincère et que, ce rôle appris, elle n'y soit pas entrée au point de le vivre réellement? Serait-elle la première femme chez qui l'on relèverait une dualité de sentiments, une existence double, une tromperie sincère? Serait-elle la seule qui eût trouvé le moyen d'être ensemble très fille et très grande dame, en qui l'on constaterait à la fois tous les goûts qui font celle-là et tout le charme qu'il faut à celle-ci? Tromper, n'est-ce point toute la femme et pourvu qu'elle trompe sans que jamais l'on s'en aperçoive, qu'importe le reste ?

En vérité, les contemporains ont eu raison et c'est leur opinion qui doit demeurer : l'intime, le profond, le for intérieur des êtres, si, grâce à une recherche attentive l'on parvient à en prendre des indices, l'on n'y pénètre point ; il faut se tenir aux apparences qu'ils ont données et les juger sur le dehors ; les vertus domestiques consistent d'abord à rendre heureux le compagnon de vie : et Napoléon n'a cessé de proclamer le bonheur qu'il avait dû à sa femme. Quant aux vertus sociales qui, chez les civilisés, doivent primer toutes les autres, qui sont les seules sur qui la société ait un droit d'enquête, les seules qui lui importent et qui la regardent, Joséphine ne les possédait-elle point à un degré incomparable : la grâce qui la faisait agréable à regarder, l'affabilité qui lui indiquait les mots à dire, le tact et la mémoire, l'agrément de la voix et le charme du sourire, et cette admirable faculté de dissimuler et de mentir, la vertu sociale par excellence !

Ainsi vaut-elle parce qu'elle est femme et ne peut-on dire que, en son temps, elle représente, incarne, symbolise même *La Femme*, non la femme de foyer ou la femme de temple, la femme de chasteté et de sacrifice, de devoir et d'abnégation, mais la femme telle qu'il la faut dans le monde, dans le salon et le boudoir, la femme qui n'a rien appris et qui sait, d'instinct, tout ce qu'il faut, l'être de luxe, d'agrément et de plaisir, qui, par ses défauts plus encore que ses qualités, forme le lien des sociétés, en rejoint les membres épars, y établit une sorte de loi de galanterie et de politesse et qui, sans effort apparent, passe de sa bergère à un trône, n'y semble point enivrée, n'y éprouve point de gêne, y est *à son aise*. C'est là sans doute la qualité suprême — et combien rare et distinguée ! — qu'il faut reconnaître à Joséphine. Tout en gardant le souvenir de ce qu'elle a été et en ne s'en faisant pas accroire, elle se met de pair avec chaque situation nouvelle et elle n'y paraît point déplacée. Si elle a des incertitudes et des hésitations, lorsqu'elle est parvenue au

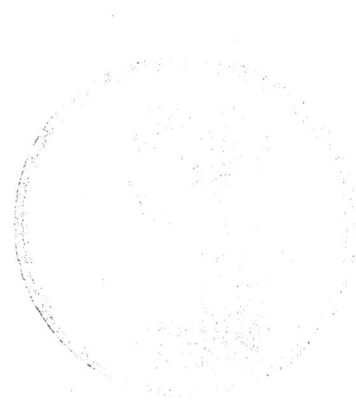

JOSÉPHINE EN 1805
Médaillon de Chinard

sommet, elle est de nature si malléable et si facile que, sur un regard de l'Empereur, elle se reprend tout de suite et se trouve au niveau : il n'est point de ses actes sociaux — et combien compliqués, difficiles, étranges ! — un seul qui fasse sourire ; il n'est point une de ses paroles publiques qui détonne ; il n'est point un de ses costumes qu'on regrette. Elle n'a point à se reprocher une faute de goût, pas un manque de tact, pas une vulgarité d'expression ou de tenue. La femme triomphe en elle, la Française, la créole, la femme qui n'est qu'une mondaine, et qui n'a besoin d'être rien de plus parce qu'elle ne saurait être rien de mieux.

TABLE DES MATIÈRES

ET DES

ILLUSTRATIONS

Pages

I. — L'EXISTENCE DE JOSÉPHINE 1

Où Joséphine a vécu. — Instabilité de la vie ; identité des cadres. — Le cadre obligé ; les comparses nécessaires. — L'Appartement des Tuileries — L'Appartement de Saint-Cloud. — Une Journée de Joséphine. — Le Réveil. — Les Chiens. — La Toilette. — Les Femmes de Chambre. — Les Dessous. — Le Coiffeur. — Les Robes. — Les Modes. — Les Fournisseurs et les Dépenses. — M. Leroy. — Les Bijoutiers. Les Bijoux. Les Fantaisies. — Les Dettes de Joséphine. — Le Secrétaire des Commandements. — La Cassette. — Les Secours, les Bienfaits, les Pensions. — Sainte-Périne. — Le Professeur d'Histoire. — Le Médecin. — Le Déjeuner. — Occupations de l'après-midi. — Les Solliciteurs. — Le Recommandations. — La Toilette du soir. — Le Dîner. — La Soirée.

II. — LA MAISON DE L'IMPÉRATRICE 73

Joséphine a-t-elle les caractères d'une souveraine ? — Ce qu'était la Reine de France. — Ce qu'était la maîtresse du Roi. — Ce qu'était la Maison de la Reine. — Ce que fut la Maison de l'Impératrice. — Organisation et Traitements. — Le Premier Aumônier. — Le Service de la Chambre. — La Dame d'Honneur (Madame de la Rochefoucauld). — La Dame d'Atours (Madame Lavallette). — Les Dames du Palais. Première promotion : Dames du Consulat. — Femmes du nouveau Régime. — Femmes de l'ancien Régime. — Piémontaises et Gênoises. — Relations de Napoléon. — Madame Maret. — Grandes Dames de l'ancienne Cour. — Mesdames de Montmorency, de Mortemart. — Madame de Chevreuse. — Toilettes. — Ton et Conduite. — Les Chambellans. — Les Écuyers. — Les Écuries de l'Impératrice.

Pages

III. — LES CÉRÉMONIES ET LES FÊTES 149

Prérogatives de l'Impératrice. Honneurs qui lui sont décernés. — Le Sacre et le Couronnement. Costumes. Cortège. Cérémonial. Les Fêtes offertes à Joséphine après le Sacre. — Joséphine à Milan. — Fêtes non politiques. — Baptêmes et Mariages de famille. — Banquets impériaux. — Grands Bals. — Présentations. — Cercles chez l'Impératrice. — Bals et Concerts. — Cercles dans les grands Appartements. — Théâtre de la Cour. — Joséphine dans les Cérémonies.

IV. — LES PETITS ET LES GRANDS VOYAGES 205

Saint-Cloud et Malmaison. — Les Voyages à Rambouillet. — Les Voyages à Fontainebleau (1807-1809). — Spectacles. — Chasses. — Les Voyages aux Eaux. — Voyage d'Aix-la-Chapelle, avec retour par Mayence et les bords du Rhin — Les deux voyages de Plombières. — Séjours de l'Impératrice aux Frontières. — Strasbourg et le Voyage d'Allemagne (1805). — Mayence (1806-1807). — Strasbourg (1809). — Les voyages avec l'Empereur. Voyage de Bayonne (1808).

Opinion sur Joséphine.

ILLUSTRATIONS

L'Impératrice Joséphine en 1806. Fac-simile en couleurs du tableau de Gérard (*Musée de Versailles.*) . . . . en regard du titre.

I. — Joséphine en 1800. Étude de P.-P. Prudhon pour le grand portrait du Louvre (*appartenant à M. Alfred Sensier*) 1

Joséphine en 1799. Aquarelle d'Isabey (*appartenant à M. Edmond Taigny*), en regard de la page 6

Joséphine en 1800. Pastel de P.-P. Prudhon (*appartenant à M. le duc de Trévise*), en regard de la page 12

Joséphine en 1805. Tableau de Gérard (*appartenant à Madame F. M.*), en regard de la page 20

Joséphine en 1807. Tableau de Gérard. (*Ancienne galerie de Malmaison ; appartenant à S. A. S. le duc de Leuchtenberg*), en regard de la page 26

Joséphine en 1808. Tableau de Lethière (*Musée de Versailles*), en regard de la page. 32

Joséphine en 1809. Aquarelle d'Isabey. (*Musée Turpin de Crissé, à Angers*), en regard de la page 38

CETTE ÉDITION

DE

JOSÉPHINE

IMPÉRATRICE ET REINE

a été imprimée

ET LES PLANCHES EN ONT ÉTÉ GRAVÉES ET TIRÉES

PAR JEAN BOUSSOD, MANZI, JOYANT & Cie

Éditeurs-Imprimeurs

à Asnières-sur-Seine

l'an 1898